MW01602746

© 1996, Gius. Laterza & Figli

Prima edizione 1996

Simona Colarizi

Biografia
della Prima Repubblica

Laterza

Proprietà letteraria riservata
Gius. Laterza & Figli Spa, Roma-Bari

Finito di stampare nell'aprile 1996
nello stabilimento d'arti grafiche Gius. Laterza & Figli, Bari
CL 20-4908-2
ISBN 88-420-4908-5

Ringrazio per i consigli e le anche troppo benevole critiche Toni Muzi Falconi che con pazienza ha letto tutto il libro mentre era in corso d'opera. Toni ha osservato in alcune parti un accentuato tono autobiografico; credo che abbia ragione. Mi auguro, però, che anche chi come me ha compiuto cinquant'anni riesca a ritrovare un riflesso di sé nella nascita, nella giovinezza e nella maturità di questa Repubblica, arrivata appunto al traguardo del mezzo secolo.

Introduzione

Il 2 giugno 1946 con la nascita della Repubblica termina il Regno Sabaudo, iniziato nel 1861, quando il primo Parlamento incoronò Vittorio Emanuele II re d'Italia per grazia di Dio e volontà della nazione. Dopo ottantacinque anni, l'ultimo dei sovrani Savoia, Umberto, che ha regnato solo un mese, va in esilio e porta con sé la famiglia reale, la regina, le principesse, il principe ereditario. Suo padre, il re Vittorio Emanuele III, è già da un anno lontano dal paese che non gli ha perdonato i lunghi anni di fiancheggiamento alla dittatura, le responsabilità nella guerra e il disastro dell'8 settembre 1943, quando, dopo la firma dell'armistizio con gli alleati, il sovrano era fuggito da Roma abbandonando esercito e civili in balia degli invasori nazisti. Sono queste colpe a ricadere sul figlio che non era mai stato un personaggio di primo piano nell'Italia fascista. Mussolini, che suo malgrado aveva condiviso il potere con il re, non aveva permesso all'erede al trono di ricoprire ruoli di prestigio; il crollo del fascismo, per Umberto di Savoia non è certo un male anche se non basta ad assicurargli un futuro da monarca.

La monarchia perde di stretta misura il referendum: circa 11 milioni di voti a suo favore contro i circa 13 per la Repubblica; ma la sconfitta dei Savoia è molto più vasta e inappellabile di quanto non appaia dai dati elettorali. L'immediata contestazione dei risultati da parte dei monarchici e lo scarto ridotto di voti tra vincitori e vinti potrebbero far pensare ad una Repubblica costretta a farsi carico per anni e anni di una questione monarchica, destinata a diventare causa di permanente divisione nel paese. Nulla di tutto questo; i legittimisti si riducono subito ad una piccola minoranza, influente quasi esclusivamente nelle zone meridionali più arretrate è meno politicizzate dove i re, non importa se Savoia o Borbone, sono uno dei tanti simboli e feticci, come i santi e le madonne, dominanti un immaginario collettivo ancora primitivo. Nel resto del paese, il sentimento monarchico si dissolve rapidamente, e si rimargina così, nello spazio di un mattino, la ferita del referendum, con cui si chiude in modo quasi indolore un'epoca della storia d'Italia.

Per spiegare, allora, il significato del 2 giugno 1946, lo scontro monarchia-repubblica va ridefinito nei termini di un conflitto tra vecchio e nuovo, in cui alla fine prevale, di poco, la volontà di rinnovare le istituzioni, nonostante i tanti timori per il futuro. La partita si risolve così in un solo giorno, anche perché la paura del domani si spegne rapidamente via via che il presente appare più rassicurante del previsto. Certo, il cambiamento nelle istituzioni e nella rappresentanza, sancito dal referendum e dalle elezioni per l'Assemblea Costituente, marca una rottura netta con il passato; ma per il resto, società ed economia, costumi e valori restano ancora a lungo quelli di sempre. La vita dei cittadini continua insomma a scorrere sui binari dell'epoca precedente, anche perché il prevalere delle forze antifasciste moderate garantisce una transizione lenta e facilmente assorbibile dal Regno d'Italia alla democrazia repubblicana.

Eppure, è proprio la Dc, forza egemone del sistema e votata da milioni e milioni di cittadini in quanto massima garanzia del vecchio ordine, ad essere determinante per la vittoria repubblicana. La contraddizione è solo apparente, perché in realtà la pluralità delle anime cattoliche colloca la Dc in posizione trasversale rispetto alla frattura vecchio-nuovo. Per quanto consapevoli dell'orientamento filomonarchico prevalente nei suoi elettori, i vertici democristiani non danno alcuna indicazione di voto per il referendum, lasciando libertà di coscienza a militanti e simpatizzanti. Non è un appoggio esplicito per la Repubblica; ma quel ridotto margine di incertezza diventa decisivo per la vittoria dei repubblicani che possono contare solo sul sostegno dei partiti della sinistra, tutti insieme minoranza nel paese. Se la democrazia cristiana si fosse impegnata con tutto il suo peso nella campagna a favore della monarchia, probabilmente l'esito del referendum sarebbe stato diverso. Ma nella Dc non ci sono solo cattolici conservatori; anzi, nel 1946 alla guida del partito prevalgono gli innovatori, che per di più non sono mai stati monarchici. E tra i leader democristiani e le altre forze politiche dell'antifascismo c'è un accordo di fondo per ricostruire una nuova Italia che marchi una rottura della continuità non solo con lo Stato fascista, ma anche con il *Regno Sabaudo* dell'epoca prefascista.

La seconda guerra mondiale aveva mandato in rovina tutto l'edificio fascista, disgregato gli antichi poteri, spezzato persino l'unità territoriale della nazione e provocato una lotta fratricida che aveva messo in discussione la stessa identità della nazione. La lotta mortale tra italiani fascisti e italiani antifascisti si era combattuta in una patria che non aveva più un volto e un significato condiviso. Era scomparsa la comunità nazionale; e, nel '45, al momento di ricostruirla, non solo il passato fascista, ma anche quello monarchico appaiono una base troppo debole e infida per diventare il solido terreno in cui gettare le fondamenta del nuovo Stato. Nel Regno Sabaudo si era riconosciuta solo una minoranza di sudditi che al processo risorgimentale aveva partecipato attivamente. Le masse che erano rimaste estranee alla costruzione della nazione, avevano trovato nelle grandi ideologie e nella religione la propria identità collettiva: c'era un popolo socialista e un popolo cattolico;

mancava un popolo italiano. Al potere era invece insediata una «borghesia patriottica», contrapposta al proletariato «antinazionale».

La divisione di classe aveva soffocato in Italia il processo di nazionalizzazione, con conseguenze pesanti per la crescita di un tessuto civile e per la tenuta stessa delle istituzioni liberali del Regno che poggiava su una società debole, priva di un comune sentimento nazionale. Il conflitto sociale era divenuto dunque esplosivo, potenzialmente distruttivo dello Stato nazionale che aveva finito per difendersi nel peggiore dei modi, trasformandosi in dittatura fascista. Né la monarchia, né la classe dirigente liberale avevano avuto il coraggio di aprire le porte del potere alle masse, di convertire il Regno in uno Stato democratico nel quale tutto il popolo avesse pieno diritto di cittadinanza e potesse infine riconoscersi. Il re dava, invece, il suo consenso all'ascesa di Mussolini che in cambio gli prometteva la continuità della monarchia in una nazione blindata. La dittatura imponeva dall'alto e con la forza il sentimento nazionale, in palese contraddizione con i valori di libertà che sono all'origine stessa dell'ideale di nazione. La nazionalizzazione identificata con la fascistizzazione della società restava dunque una scatola vuota, nonostante vent'anni di martellante propaganda patriottica. Certo, miti e rituali nazionali, enfatizzati a dismisura dal fascismo, lasciavano un segno che non riusciva però a tradursi in libera e profonda convinzione interiore; né portavano a quell'assunzione di responsabilità individuali e collettive che la dittatura comprime e la democrazia esalta.

Quando nel '46, con le elezioni per l'Assemblea Costituente, i partiti cattolico, socialista e comunista diventano gli arbitri della nuova Italia, la possibilità di dar vita ad una nazione compiuta diviene determinante per la scelta a favore della Repubblica. Rappresentanti delle masse che nel Regno Sabaudo non si sono riconosciute, Dc, Psi e Pci si assumono l'onere di integrarle compiutamente nello

Stato repubblicano che va costruito su basi tanto solide da allontanare la minaccia di altre avventure dittatoriali. L'acquisizione di una piena identità nazionale, avviata nei canali partitici, non è però un processo rapido né lineare; tanto più che, investiti di questo compito primario, i partiti si trasformano in garanti delle istituzioni repubblicane, travalicando il ruolo fisiologico di mediatori tra società civile e istituzioni. Sono essi, infatti, a farsi carico della fedeltà dei loro militanti, iscritti e simpatizzanti alla Repubblica democratica che inevitabilmente finisce per venire identificata con il sistema politico, nato già con i connotati di una vera partitocrazia. L'identità partito-Stato garantisce, certo, la fedeltà delle masse in cui è profondamente radicato il senso di appartenenza all'organizzazione politica; ma la maturazione di una coscienza nazionale si ottiene solo per riflesso. A risentirne è soprattutto il rapporto tra i cittadini e lo Stato, che sembra rimanere un'entità estranea agli italiani. Insomma, la patria è il partito; è il partito a definirsi italiano e ad imprimere questo aggettivo sul popolo socialista, comunista e cattolico.

Quando però, sul finire degli anni Ottanta, i partiti cominciano a declinare, è logico che la crisi di fiducia nella rappresentanza politica rimetta in discussione l'intero edificio istituzionale e, in alcune fasce minoritarie, addirittura l'appartenenza allo Stato-nazione. Il livido tramonto del vecchio sistema partitico che si disgrega sotto i colpi delle inchieste giudiziarie, è immediatamente percepito dall'opinione pubblica come la fine della «prima» Repubblica. E non potrebbe essere altrimenti, se si considera appunto il ruolo che le forze politiche hanno svolto nel '46, facendosi garanti del patto sui fondamenti. La lunga transizione verso una «seconda» Repubblica palesa tutta la difficoltà di riempire il vuoto, per certi versi incolmabile, lasciato dai vecchi partiti. Eppure, molto prima della morte ufficiale della Dc, del Psi e del Pci, il «partito-nazione» si dissolveva via via che le masse si integravano nella vita dello Stato. La società cambiava, maturava in termini di coscienza democratica, di certezza dei propri diritti; le grandi ideologie declinavano, le subculture si indebolivano nel processo di omologazione culturale che unificava gli italiani. Era logico che questo profondo mutamento mettesse in discussione anche quei grandi partiti che avevano educato e integrato le masse, cercando di trasformarle in una cittadinanza.

Il processo di costruzione della nazione non è ancora compiuto. La profondità della crisi in atto fa affiorare ritardi ingiustificabili, sacche di emarginazione, di arretratezza e di incultura che sono in stridente contraddizione con i traguardi raggiunti dall'Italia, moderno Stato europeo, tra i primi dieci più industrializzati del mondo. Accanto ad un paese ricco, soddisfatto, colto, civile e democratico, convive un paese povero, oppresso dalla criminalità, privo di risorse e di valori che getta un'ombra scura sull'identità nazionale. Cinquant'anni non sono bastati a sanare i mali secolari e a risolvere i vecchi e i nuovi problemi che lo stesso sviluppo della società ha portato con sé. Eppure, se si torna indietro all'Italia in macerie che i cittadini avevano di fronte nel '46, mezzo secolo di democrazia appare un patrimonio prezioso da investire nel futuro. Oggi si vive una fase difficile e confusa come tutti i periodi storici di transizione, quando vengono rimessi in discussione princìpi, valori e regole del passato. Ma proprio la storia di ieri dovrebbe rassicurare i più pessimisti che, sconfortati dal presente, guardano con ansia all'avvenire e dimenticano di voltarsi indietro.

Biografia
della Prima Repubblica

1
Le macerie

Il voto del 2 giugno 1946

La guerra è finita da un anno, ma le ferite aperte dal conflitto sono ancora sotto gli occhi e nel cuore di tutti gli italiani che la mattina del 2 giugno 1946 si mettono in fila davanti alle scuole per votare. I bombardamenti hanno squarciato le città e le campagne mostrano i segni del passaggio degli eserciti che le hanno trasformate in campi di battaglia. I volti della gente sono affilati, i corpi magri coperti da abiti logori; in tanti vestono il colore nero del lutto. L'elenco delle vittime è così lungo che in molte, troppe famiglie si piange un congiunto caduto sui lontani fronti di battaglia, ma anche dietro casa, nelle valli e sui monti dove si è combattuta la resistenza; per non parlare di chi è rimasto ucciso sotto le bombe per strada o negli improvvisati rifugi. E poi ci sono gli invalidi e i mutilati a mantenere viva la memoria della tragedia appena vissuta che ha lasciato anche altre piaghe incancellabili. Le distruzioni morali non sono meno profonde di quelle materiali in un paese sconfitto e affamato, lacerato dall'odio di una guerra civile, privato improvvisamente delle certezze e dei valori fino a ieri imposti dall'alto, sommerso e disorientato dalla confusione di linguaggi del nuovo ceto politico.

Nei palazzi romani dove con fatica si cerca di ricostruire uno Stato, è forte la preoccupazione per questa chiamata alle urne che dopo un ventennio di dittatura segna uf-

3

ficialmente l'inizio del mondo nuovo. Si temono disordini, ma si ha anche paura che prevalgano indifferenza e passività; sovversione e astensione potrebbero entrambe compromettere il futuro di un paese che deve ancora legittimare i suoi governanti. Nulla di tutto questo. La cittadinanza ha un comportamento esemplare: pochi gli incidenti; molto alta la percentuale dei votanti, superiore all'80%. Per un giorno, speranza e ottimismo, desiderio di riscatto e voglia di partecipare prevalgono sul dolore, la disperazione e il cinismo. Si va alle urne quasi con allegria: ormai è estate e il sole scalda anime e corpi dopo il gelo dell'inverno. A dare un'aria di festa alla giornata, ci sono le donne che votano per la prima volta: sono venute con i padri, i mariti, i fratelli, i fidanzati che le guidano ai misteri di questo rito sconosciuto, fino ad oggi prerogativa esclusiva dei maschi come il sacerdozio per la Chiesa cattolica. A questa iniziazione partecipano anche tanti uomini nati e cresciuti nell'Italia di Mussolini, che hanno avuto tuttalpiù l'esperienza dei plebisciti. Lo Stato fascista aveva realizzato finalmente l'eguaglianza tra i sessi privando tutti, maschi e femmine, dei diritti politici e condannando l'intera popolazione ad applaudire il capo.

La soggezione è durata vent'anni, abbastanza per portare a maturità due generazioni di italiani che non conoscono il significato della parola democrazia; ma un tempo non sufficiente per cancellare del tutto nei più anziani la memoria delle libertà perdute quando la dittatura aveva imposto il suo giogo al paese. L'ultima votazione risale al lontano 1924; in quell'occasione, lo squadrismo fascista non aveva dato tregua agli elettori. Solo chi ha più di quarant'anni può ricordare quel giorno e sa leggere una scheda elettorale dove compaiono i simboli di tanti partiti; per tutti gli altri, liste e preferenze per i candidati restano un mistero. Più facile appare il voto referendario con una sola alternativa, monarchia o repubblica; basta una croce, che persino i tantissimi elettori analfabeti sono in grado di tracciare. In ogni caso, gli italiani superano la prova.

Nessuna sorpresa viene dai risultati elettorali per l'Assemblea Costituente, che confermano le previsioni della vigilia. Si affermano i partiti di massa, la Dc, lo Psiup (i socialisti) e il Pci, che fin dalla caduta di Mussolini avevano cominciato a riaggregare le grandi masse disperse dal crollo dell'edificio fascista. Incerto fino all'ultima scheda resta, invece, l'esito del contestuale referendum tra repubblica e monarchia che vede i repubblicani prevalere di poco: 54% alla Repubblica, 46% alla monarchia, con un margine di circa 2 milioni di voti. Lo spoglio delle schede dura giorni e giorni, abbastanza per stancare anche i più accesi partigiani dell'uno o dell'altro schieramento. Malgrado il sospetto di brogli, innescato dallo scarso margine tra vincitori e vinti e alimentato anche dalle lunghe operazioni di verifica dei voti – più di un milione di schede nulle –, quando viene ufficialmente proclamata la Repubblica, la protesta dei monarchici è assorbita con relativa facilità. A spegnere l'ondata legittimista contribuisce sicuramente la lealtà di Umberto di Savoia che, dopo un momento di incertezza, fedele alla parola data, prende la via dell'esilio; ma aiuta anche la saggia decisione dei costituenti appena insediati, che eleggono capo provvisorio dello Stato repubblicano il monarchico De Nicola, quasi a simbolo della pacificazione nazionale.

La volontà di riunificare il paese, di rimarginare le ferite della guerra, di colmare le fratture vecchie e nuove che lacerano la società civile, sembra animare la nuova classe dirigente antifascista. Al potere si sono insediati i nemici di Mussolini che avevano vissuto l'esperienza della marcia su Roma e avevano visto con i loro occhi smantellato pezzo dopo pezzo tutto l'edificio del vecchio Stato liberale. Allora come adesso, l'Italia usciva da una guerra mondiale che aveva acuito divisioni e conflitti, esasperato gli animi, sovvertito ogni regola del vivere civile. Su questo terreno il fascismo era cresciuto fino a conquistare il potere; e il timore che la storia si possa ripetere angoscia gli antifascisti eletti nel 1946. Alle spalle ciascuno ha una ventennale storia di opposizione: la maggioranza dei cattolici e dei liberali si era silenziosamente appartata per farsi dimenticare dalla dittatura; i più esposti alle rappresaglie fasciste, comunisti, socialisti, democratici, avevano preso la via dell'esilio; ma in tanti erano finiti al confino e nelle carceri, che avevano continuato a riempirsi di prigionieri politici per tutto il ventennio. Per quanto relativamente pochi, gli antifascisti irriducibili non avevano mai smesso di combattere in clandestinità, rischiando ogni giorno la pelle in una lotta che col passar del tempo appariva sempre più disperata.

Il crollo del fascismo nel luglio '43 non mette fine alla battaglia, che anzi acquista un significato ultimativo tale da coinvolgere tutti i settori dell'antifascismo, anche quelli silenti e passivi. L'occupazione nazista della penisola, il risorgere di uno Stato fascista imposto dalle armate tedesche, l'esplodere della guerra civile costringono ad una scelta che non consente diserzioni, malgrado la forte tentazione di lasciare agli eserciti il compito di liberare il paese e la ripugnanza a spargere altro sangue dopo il tanto già versato. La resistenza armata unifica i partiti dell'antifascismo, espressione di tante anime diverse, di ideali ed esperienze storiche agli antipodi; nel passato erano stati nemici dichiarati e nel futuro si ritroveranno su fronti opposti. In questo momento, però, li accomuna la convinzione che il nuovo Stato da fondare vada conquistato armi alla mano dai suoi cittadini. Di fronte al mondo e di fronte alle masse di sudditi che la dittatura fascista lascia in eredità, gli antifascisti affermano il diritto-dovere di un popolo all'autodeterminazione, persino a rischio della vita.

L'unità politica dell'antifascismo si protrae ancora per qualche tempo dopo la liberazione, anche se diventa ogni giorno più difficile conservare l'armonia nei governi di coalizione adesso che il paese si è risvegliato. I partiti che si sono guadagnati sul campo l'investitura a dirigere l'Italia del dopo fascismo, hanno una base da reclutare, militanti e attivisti da orientare; e vanno poi esauditi bisogni, richieste, desideri, sogni che, troppo a lungo compressi, sembrano ora emergere tutti insieme con la spinta incontenibile di un'ondata di piena. La diga della dittatura ha ceduto e il fiume della protesta sociale riprende a scorrere gonfio, veloce e pericoloso quasi come nel primo dopoguerra.

Qualunquismo e miseria

Nelle regioni del Sud, le prime ad essere liberate dagli eserciti alleati, il dopoguerra fa riemergere le vecchie piaghe irrisolte di una miseria secolare che pesa sul tessuto civile e sociale ancora profondamente arretrato. Cinque anni di conflitto non hanno certo contribuito a migliorare la situazione, apparsa già drammatica agli anglo-americani sbarcati in Sicilia nel 1943. Fame, epidemie, delinquenza e criminalità organizzata opprimono la popolazione delle grandi città semidistrutte dai bombardamenti dove ogni giorno affluisce una folla di dolenti in fuga dalle campagne. Qui è venuto a mancare anche quel poco che c'era: il passaggio degli eserciti di occupazione ha dato il colpo di grazia alle coltivazioni esangui. Sono troppe e troppo numerose le famiglie per ogni piccolo pezzo di terra strappato ai grandi latifondi e alle immense proprietà che un regime ancora feudale lascia nelle mani di pochi privilegiati; sono invece tante le braccia, ma non c'è e non c'è mai stato lavoro per tutti. Adesso che dai fronti di guerra tornano gli uomini, lo sconforto cresce anche perché resta ancora chiusa la strada del lavoro all'estero, estrema risorsa nel passato per la massa dei disoccupati.

Fin dai primi giorni della liberazione era cominciato l'esodo verso le città nella speranza di trovar qualcosa da fare, magari al servizio degli alleati che pagavano bene e avevano a disposizione ogni ben di Dio. Napoli, che vive una vera e propria stagione d'oro, sembrava diventata la mecca per questo esercito di pellegrini disperati; ma, finita la festa con la partenza degli inglesi e degli americani, anche qui ricomincia la desolante caccia quotidiana al pane e al lavoro. Una popolazione così provata e oppressa dal problema elementare della sopravvivenza, appare nel complesso passiva e indifferente ai grandi rivolgimenti politici che in tre anni hanno trasformato dalle fondamenta il vecchio Stato. Certo, alla caduta del fascismo al Sud come altrove l'entusiasmo è arrivato alle stelle; ma la folla festante scesa in piazza gioiva per la fine della guerra, nell'illusione che il crollo della dittatura portasse automaticamente la pace. Interessava ben poco quali sarebbero stati gli eredi del regime fascista; per la grande maggioranza della popolazione meridionale un potere vale l'altro; ai vecchi dominatori si sostituiscono i nuovi, con diverse bandiere, ma identica volontà oppressiva.

Il cammino verso una presa di coscienza politica è ancora molto lungo: era appena cominciato nel primo dopoguerra quando Mussolini aveva imbavagliato gli italiani, e in vent'anni anche quel poco che era stato seminato aveva finito con l'isterilirsi. L'antifascismo ha avuto poca eco in queste regioni, entrate nel dopoguerra senza neppure passare attraverso il trauma della resistenza che, nel resto dell'Italia, ha coinvolto volente o nolente la popolazione civile. Prime ad essere liberate dagli eserciti inglesi e americani, le masse meridionali rimanevano indifferenti agli appelli degli antifascisti e ben poco solidali con chi si batteva per liberare il paese dai nazi-fascisti; in una parola, apparivano estranee alla ripresa di una nuova vita politica che proprio nel Mezzogiorno, tra il '43 e il '45, aveva il suo laboratorio. E perché stupirsi, se si considera che nei piccoli villaggi come nei grossi centri rurali, alla ribalta è salito il vecchio notabilato di sempre, illeso nei suoi privilegi e nelle sue ricchezze sotto la dittatura, pronto comunque ad indossare i nuovi colori del potere dopo aver rapidamente dismesso la camicia nera. Il generale trasformismo fa ombra agli sforzi di rinnovamento dei veri antifascisti, una minoranza esigua nell'insieme di una classe dirigente meridionale che è specchio fedele del degrado di queste regioni. Né migliore è il tessuto civile nelle grandi città, Napoli, Palermo, Bari, dove la guerra ha distrutto i pochi insediamenti industriali, facendo regredire gli operai a sottoproletari e soffocando sul nascere la crescita di un ceto borghese moderno.

Solo gli appelli della monarchia sembrano in grado di suscitare qualche scintilla di interesse politico in questa plebe: «'o re e 'a famiglia» sono feticci ancestrali capaci di commuovere il popolo dei diseredati. E poi c'è l'Uomo Qualunque, il nuovo movimento di Giannini che parla direttamente al cuore delle masse di piccoli borghesi spaventati del presente e terrorizzati del futuro. La discesa nella scala sociale, innescata dalla guerra e in apparenza inarrestabile, li priva della certezza del proprio status che sentono minacciato anche dai partiti antifascisti. La condanna del fascismo, proclamata dal nuovo ceto politico, suona come un verdetto liquidatorio dell'ordine passato e mette sul banco degli imputati quanti si sono adeguati ai valori fascisti e hanno ubbidito supinamente alla dittatura. Al contrario, consola e compiace il processo al potere politico, qualunque sia il suo colore, che Giannini porta avanti con toni dissacranti e beceri, in nome di un diritto al disimpegno violato ieri dai fascisti, oggi dagli antifascisti.

In effetti, la lezione organizzativa del fascismo non è stata respinta dai partiti dell'antifascismo, impegnati a riaggregare le basi di massa del regime nei nuovi canali democratici. Alla dittatura bastava solo l'apparenza del consenso, ottenuto con il rigido inquadramento della popolazione nella fitta rete associativa del fascismo; adesso, le forze politiche hanno bisogno di una effettiva partecipazione, di scelte convinte, addirittura fideistiche, a garanzia di questa democrazia pluralista appena nata che ha fragili basi in una nazione ancora incompiuta. L'invadenza della politica lamentata dai qualunquisti è un'esigenza insopprimibile per chi cerca una legittimazione diretta da parte degli italiani, che non hanno mai avuto vera dignità di cittadini né sotto lo Stato liberale né sotto quello fascista. L'assunzione della piena cittadinanza passa dunque per l'adesione al partito; ma la mediazione partitica che suscita le critiche di tanti, non solo dell'Uomo Qualunque, è indispensabile ad assicurare il governo di una società di massa così giovane e immatura.

Naturalmente, la contestazione verso i partiti antifascisti che nel Mezzogiorno porta consensi ai qualunquisti, ai monarchici e, dal '46, ai neofascisti, risorti nel Movimento sociale, si alimenta anche di altri motivi, più concreti e tangibili, capaci di fare largamente breccia nell'animo delle classi medie. Il nemico da battere sono i partiti della sinistra antifascista che risuscitano l'antico timore di un sovvertimento sociale; insomma, adesso come in passato spaventa la minaccia del comunismo, che sembra emerso dal ventennio fascista e dal conflitto mondiale più potente di prima. Il partito comunista ha alle spalle una grande potenza, l'Urss, che siede al tavolo dei vincitori della guerra per decidere il destino dell'Italia; ha nel governo nazionale i suoi uomini che occupano posti chiave al dicastero della Giustizia e persino in ministeri economici; in pochi mesi, ha già messo in piedi una fortissima organizzazione, affiancata da una rete di associazioni collaterali; controlla i sindacati e insieme al partito socialista ha nelle mani il 40% degli elettori. E, soprattutto, ed è un fatto di grande novità, riesce a farsi ascoltare dai contadini del Sud.

Gli appelli antifascisti alla lotta di liberazione nazionale sono andati dispersi; ma la magica promessa della terra ha suscitato un'eco travolgente nelle masse rurali che si sono immediatamente mobilitate. E questa volta la fiammata non accenna a spegnersi. Nelle campagne sperdute del Mezzogiorno sono arrivati i professionisti della politica che sanno cosa dire e come organizzare le lotte. A cominciare dal '43 per più di cinque anni, con bandiere, paletti e vanghe, folle di contadini vanno ad occupare le terre dei grandi latifondisti, preparano il terreno, lo dividono in lotti, iniziano la semina e la coltivazione; e non accennano ad andarsene. Non è facile scacciarli; bisognerebbe far intervenire l'esercito, arrestarli, sparare sulla massa, come si usava nel passato. Adesso però a fermare il pugno di ferro dei tutori dell'ordine pubblico ci sono i ministri socialisti e comunisti, che propongono di riformare tutto il sistema della proprietà agraria meridionale.

Gli alleati della coalizione governativa sono costretti a cedere qualcosa. Le prime leggi per l'assegnazione delle terre ai contadini risalgono al '44; ma si tratta solo di piccoli passi che costano molto alla destra antifascista, consapevole del malumore crescente nelle fasce sociali direttamente colpite dagli espropri. I grandi proprietari terrieri del Sud con il loro voto all'Uomo Qualunque e ai monarchici lanciano al nuovo ceto politico antifascista una sfida pericolosa, anche perché in Sicilia la protesta degli agrari trova nel movimento separatista uno strumento estremo di lotta; e per uno Stato appena nato, la secessione è una minaccia pesante. A preoccuparsi più degli altri è la Dc, che punta a raccogliere tutti i consensi moderati nel Mezzogiorno come nel Settentrione, ma non può scontentare le sinistre col rischio di rompere anzitempo i governi di unità nazionale. L'intesa antifascista è ancora un bene prezioso, almeno fino a quando non saranno scritte le regole costituzionali e firmato il trattato di pace. Eppure, giorno dopo giorno, cresce la tensione e aumenta il pericolo per la stessa legalità democratica che viene violata clamorosamente, proprio in Sicilia, il 1° maggio 1947 a Portella delle Ginestre. Ad aprire il fuoco su un corteo di lavoratori in festa è un gruppo di banditi, guidati da Salvatore Giuliano; ma ad armare i loro fucili sono stati i grandi agrari.

11

Il vento del Nord

Se nel Sud si comincia a sparare, anche al Nord i fermenti sociali lievitano e lo scontro politico si fa via via più acceso. Qui il risveglio di una coscienza politica, già matura nel primo dopoguerra, ha addirittura preceduto la caduta della dittatura. Gli scioperi operai del marzo '43 sono stati il segnale della riscossa antifascista che ha mobilitato proletari e borghesi, mettendo a dura prova il regime morente. Dopo il crollo del fascismo, l'illusione di libertà è durata, però, solo quarantacinque giorni; poi l'Italia settentrionale è stata di nuovo stretta nella morsa dei fascisti, sostenuti dalle truppe naziste. I terribili mesi dell'occupazione tedesca e della Repubblica di Salò hanno lasciato un segno incancellabile sulla popolazione, costretta a fare una scelta di campo che, qualunque fosse, metteva a rischio l'esistenza di ognuno. La resistenza non consentiva posizioni neutrali o prudente passività; colpiva i collaborazionisti, ma comprometteva anche i cittadini inermi, esponendoli alle rappresaglie del nemico e dei fascisti repubblicani, diventati via via più spietati quanto più cresceva il senso della disfatta e dell'isolamento.

Nessuno al Nord ha potuto ignorare chi fossero gli antifascisti, perché combattevano e quali obiettivi perseguivano; e molti si sono fatti persuadere; molti si sono entusiasmati; molti, per convinzione o solo per opportunità, hanno dato il loro contributo alla lotta di liberazione nazionale. Nell'estate del '44 i partigiani erano circa 80.000; ma il loro numero si è triplicato nella primavera del '45, al momento dell'insurrezione generale delle grandi città del Settentrione, quando c'è stata una vera corsa per salire sul carro dei vincitori. E col nuovo ceto politico antifascista che si prepara a governare l'Italia, sembrano tutti desiderosi di trovare un accordo, specie chi ha qualcosa da farsi perdonare del proprio passato. Il mondo imprenditoriale che in queste regioni ha la roccaforte, non nega la sua collaborazione. Al contrario dei grandi agrari meridionali, che puntano sui cavalli perdenti della monarchia e del qualunquismo, gli industriali settentrionali si muovono con maggiore abilità. Non hanno esitato ad abbandonare la barca del fascismo quando stava per affondare e si preparano adesso a trovare un *modus vivendi* con l'antifascismo nella certezza che i governi passano, i regimi si susseguono, ma la ricchezza della nazione resta nelle mani dei capitalisti.

Il solo pericolo può venire dai comunisti che puntano a sovvertire il sistema economico; e il Pci è diventato in poco tempo fortissimo, grazie anche al suo ruolo egemone nella guerra partigiana. Dal Nord spira un vento di rinnovamento che gonfia le vele dei partiti di classe; quasi a sancire la svolta a sinistra, nel '45, la direzione del governo è passata nelle mani di un esponente del partito d'azione, Ferruccio Parri, il partigiano «Maurizio», uno dei capi del Corpo Volontari per la Libertà; un socialista, Romita, siede al ministero dell'Interno e lo stesso segretario comunista è nominato Guardasigilli. Anche se Parri dura solo pochi mesi, sostituito alla guida del governo dal democristiano De Gasperi, le sinistre hanno ancora un peso determinante nella coalizione antifascista. Certo, gli industriali si sentono tranquillizzati dalla politica moderata di Togliatti, che sembra assumersi il compito di garante dell'unità nazionale con i cattolici e la destra liberale. Ma, soprattutto, a mitigare la paura dei comunisti, c'è la divisione del mondo sancita tra le potenze vincitrici: non è in discussione l'appartenenza dell'Italia alla sfera di influenza degli Stati Uniti, in assoluto il vero regno del capitalismo contrapposto a quello del comunismo sotto il dominio dell'Unione Sovietica. L'alleato americano, che ha sacrificato uomini e consumato risorse immense nel conflitto europeo, ha tutta l'intenzione di mettere a frutto un investimento così costoso, garantendosi in primo luogo dal rischio di sovvertimenti rivoluzionari nei paesi sotto il suo controllo.

La grande industria si arma dunque di pazienza; e in attesa che l'ubriacatura resistenziale passi, si rende disponibile a patteggiare con i sindacati che vorrebbero cambiare tutte le regole in fabbrica, mettendo padroni e operai seduti allo stesso tavolo per decidere insieme le scelte produttive. In conclusione, però, sono pochi i vantaggi guadagnati dalla classe operaia sul piano della cogestione aziendale, anche perché la minaccia della disoccupazione influisce sulla trattativa, dominata dalla richiesta urgente di congelare i licenziamenti. Proprietari e maestranze sanno bene che nella guerra è andato disperso quasi il 65% della capacità industriale del paese: tante fabbriche sono completamente distrutte; altre hanno avuto danni rilevanti agli impianti; per molte si pone il problema di riconvertire la produzione bellica; tutte hanno bisogno di rifornimenti e di materie prime che possono arrivare solo dall'estero; per non parlare delle difficoltà di far funzionare le industrie in un paese dove il sistema dei trasporti è ormai quasi inesistente, la rete elettrica e idrica completamente da risistemare. E naturalmente, al Nord come al Sud, dai fronti tornano i soldati che si aspettano di trovare un lavoro dopo i tanti sacrifici della guerra.

Né ci si può illudere di scaricare sull'agricoltura la pressione dei disoccupati dell'industria. Per quanto nel loro insieme più ricche di quelle del Mezzogiorno, le campagne settentrionali risentono tutte le conseguenze della guerra che ha colpito duramente zone fertili e zone povere, con livelli di arretratezza paragonabili alle più misere regioni del Sud. Qui, come nelle aree industriali, il proletariato contadino ha abbracciato con entusiasmo la causa antifascista e si è immediatamente riconosciuto nelle organizzazioni di classe appena risorte. Specie in Emilia, Romagna e Toscana dove la lotta partigiana è stata particolarmente cruenta e lo Psiup e il Pci hanno profonde radici in una subcultura rossa da anni dominante, la protesta sociale mette a dura prova i proprietari terrieri, ma crea difficoltà anche ai partiti classisti che a stento riescono a contenere l'impazienza rivoluzionaria dei militanti.

Contadini e padroni hanno alla spalle una lunga storia di sanguinosi scontri, culminati nell'offensiva fascista che proprio in queste regioni, nel '21-22, aveva avuto il suo epicentro. Non sono bastati vent'anni a far dimenticare offese, percosse, omicidii, persecuzioni; e nelle brigate partigiane molti sono andati per combattere contro il nemico di classe in camicia nera, convinti che la sconfitta del fascismo avrebbe segnato l'inizio della rivoluzione proletaria. A guerra finita comincia l'attesa; ma c'è chi non vuole aspettare troppo a lungo e prende da solo l'iniziativa. Ci sono zone nell'Emilia rossa dove, nel '45, per tutta l'estate, si vive nel terrore: nessuna pietà per gli uomini del vecchio regime e una sete di vendetta che fa lungo l'elenco delle uccisioni e dei processi sommari. Cadono nel vuoto gli inviti del Cln ad affidare i collaborazionisti alle autorità; ma largamente disatteso è anche l'ordine di consegnare le armi agli alleati. I partigiani non intendono affrontare il futuro disarmati, anche perché cominciano a capire subito che l'avvenire non è proprio come se lo aspettavano.

I capi socialisti e comunisti parlano sempre meno di guerra civile e di guerra partigiana; prevale l'espressione «lotta di liberazione nazionale» o, addirittura, «secondo Risorgimento», quasi si voglia rassicurare la borghesia patriottica che interpreta la resistenza come una nobile battaglia per deporre gli ingiusti governanti e scacciare gli eserciti stranieri dal sacro suolo della patria. Anche sulla stampa, nei comizi e persino nelle sezioni di partito si parla troppo di democrazia, legalità, ordine, parole che suonano vuote alle orecchie dei militanti, dei giovani come dei vecchi, vissuti per vent'anni sotto la dittatura fascista, magari conservando nel cuore il mito della dittatura del proletariato, rilanciato con forza dai successi dell'Urss nella seconda guerra mondiale. La patria del comunismo è un faro; Stalin una leggenda; per sua fortuna, Togliatti gode anch'egli della luce riflessa promanante dalla casa madre che gli assicura la fedeltà assoluta e l'obbedienza cieca della base militante e dei dirigenti, anche se delusi dalla moderazione e dalla cautela del capo.

Il Pci è già nel '46 una grande forza politica e si prepara a spodestare il partito socialista che un tempo aveva l'indiscussa egemonia delle sinistre. Rispetto ai socialisti, i comunisti hanno un'organizzazione più efficiente, un ceto dirigente di veri professionisti della politica, un'ideologia totalitaria e, appunto, l'*imprimatur* di Mosca. Sono elementi di forza ma anche di debolezza, non foss'altro per la grande paura che il partito comunista suscita nei settori borghesi e tra gli stessi alleati della coalizione antifascista. Da qui, la necessità di muoversi con estrema prudenza per conservare intatta l'unità dei governi ciellenistici, indispensabili alla legittimazione del Pci nel nuovo sistema. La rivoluzione proletaria è un obiettivo irrealistico in una nazione che, entrata nella sfera di influenza degli Stati Uniti, si va riorganizzando sul modello delle democrazie dell'Occidente capitalistico. Se i comunisti vogliono radicarsi nel paese e venire accettati a pari dignità con le altre forze politiche, devono riporre nel cassetto i sogni rivoluzionari, tanto più che i primi segnali della guerra fredda tra Usa e Urss preludono al riaprirsi di un conflitto durissimo tra comunisti e anticomunisti, non meno lacerante di quello appena concluso tra fascisti e antifascisti.

Paradossalmente, più radicali del Pci appaiono i socialisti e gli azionisti che, privi di legami diretti con l'Unione Sovietica, si illudono di veder nascere dalla sconfitta dei totalitarismi un'Europa socialista. Nonostante la loro intransigenza, nessuno degli obiettivi più qualificanti del programma delle sinistre va in porto: svanisce il sogno di una polizia democratica, rinnovata nei suoi ranghi attraverso un reclutamento in massa dei partigiani; fallisce l'epurazione che puntava a sostituire tutta la classe dirigente compromessa con il regime; non si riesce neppure ad ottenere

16

un'imposta straordinaria sul patrimonio e il cambio della moneta per colpire chi con la guerra ha fatto solo buoni affari. La Dc, che tiene ormai saldamente nelle mani la guida dell'esecutivo – e si prepara a conservarla per altri trentacinque anni – è come un muro di gomma. Resiste ad ogni richiesta, ben consapevole che, per quanto possano agitarsi Psiup e PdA, il Pci non intende arrivare al punto di rottura.

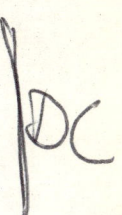

Anzi: Togliatti getta acqua sul fuoco delle polemiche prima che si trasformino in un incendio incontenibile. È proprio il segretario comunista, in qualità di Guardasigilli, a decretare nel 1946 la fine dell'epurazione che sta suscitando un'ondata di critiche contro la sinistra da quando sul banco degli imputati sono saliti i grandi industriali. L'amnistia, offerta al momento della vittoria della Repubblica, serve alla pacificazione del paese, ma anche a scacciare i sospetti che i comunisti usino l'epurazione come strumento per rovesciare l'economia capitalistica. Ed è sempre il Pci a disinnescare un'altra pericolosa bomba che sta per esplodere all'Assemblea Costituente nel marzo '47 quando la Dc, grazie all'appoggio dei comunisti e dei qualunquisti – oltre che di alcune tra le maggiori personalità dell'Italia prefascista –, e col voto contrario di tutti gli altri partiti, riesce a far passare l'articolo 7 della Costituzione che introduce nella Carta costituzionale il Concordato firmato dalla Santa Sede con lo Stato fascista nel 1929. Togliatti è ben deciso ad evitare un conflitto in materia di religione in un paese a stragrande maggioranza cattolica dove il pontefice gode di un'autorità indiscussa che si è ulteriormente ingigantita durante la guerra.

Persino i più accesi anticlericali, a guerra finita, hanno smorzato i toni della polemica contro la Chiesa che adesso appoggia la Dc dopo un ventennio di collusioni con il fascismo. Il fiancheggiamento alla dittatura aveva già assicurato una posizione privilegiata agli antifascisti cattolici, impegnati a continuare la loro battaglia politica all'interno

17

delle associazioni cattoliche che Mussolini non aveva osato toccare. Caduto il fascismo, questo vantaggio era raddoppiato; rispetto alle altre forze antifasciste che faticavano a riorganizzarsi, i democristiani avevano già pronti i loro quadri dirigenti e intermedi, e soprattutto avevano a disposizione tutta la rete associativa della Chiesa. Non stupisce, dunque, nel '46, lo straordinario successo elettorale della Dc, che supera il 35% dei voti; ma questa vittoria travolgente è in larga misura frutto di quell'*imprimatur* pontificio che De Gasperi ha ricercato con ogni cura. Il primo partito cattolico, il Ppi di Sturzo, nato nel gennaio 1919 come forza politica aconfessionale, era stato travolto dal fascismo senza che il papa alzasse un dito per salvarlo. I fondatori della democrazia cristiana, invece, hanno subito puntato tutte le loro carte sulla Chiesa perché proprio il papa si facesse garante dell'unità politica dei cattolici. Non è stato facile avere l'assenso di Pio XII, e, una volta ottenuto, il gradimento del pontefice è destinato a diventare un pesante condizionamento politico per la Dc; ma per il momento i vantaggi superano di gran lunga gli svantaggi.

Nelle macerie del dopoguerra, il partito cattolico, sotto l'ala della Chiesa, indica valori e comportamenti a tanti italiani privati improvvisamente delle loro certezze e bisognosi di fede per affrontare il domani. Chi non crede al sogno del socialismo trova conforto negli ideali di solidarietà e di pace che vanno a lenire le sofferenze appena vissute e il travaglio di un'esistenza quotidiana ai limiti della sopportazione. Persino la brusca rottura con il passato appare sanata nella continuità delle parole d'ordine emblema del fascismo: dal trinomio impresso sulle bandiere fasciste, Dio, patria, famiglia, è scomparso solo il sostantivo patria; Dio e famiglia sono invece le fondamenta di un credo cattolico che ha una vasta eco nell'animo della popolazione, qualunque sia il settore sociale di appartenenza: contadini, ceti medi, ricca borghesia si sentono garantiti dalla democrazia cristiana contro i rischi di una transizione troppo brusca e sconvolgente verso un futuro ancora indeterminato. Piace, insomma, la natura moderata e interclassista della Dc dopo vent'anni di totalitarismo fascista e di fronte al risorgere della minaccia del socialismo.

Certo, ci sono cattolici oltranzisti e clerico-fascisti; e c'è una sinistra cattolica che fa riferimento alla dottrina sociale della Chiesa; ma la grande massa degli elettori vota la lista dello scudo crociato per un bisogno d'ordine, di tranquillità, persino di progresso, a patto che sia senza scosse, traumi, conflitti. La posizione centrale che la Dc si è immediatamente ricavata nei governi di coalizione antifascista sembra accontentare tutti, per lo meno fino a quando De Gasperi si mostrerà in grado di salvaguardare il delicato equilibrio tra la destra e la sinistra. E, in questo momento, sono soprattutto le forze reazionarie a dimostrarsi impazienti, perché le sinistre, consapevoli della fragilità del tessuto politico appena nato, sono attente a non lacerarlo. Il compito di integrare le masse nello Stato, completando un processo ancora incompiuto, richiede un tale senso di responsabilità da smorzare per il momento ogni tentazione egemonica.

Le delusioni che Pci e Psiup accumulano sono del resto ampiamente compensate dal successo ottenuto con la vittoria sulla monarchia e l'insediamento dell'Assemblea Costituente, dove le sinistre nel loro complesso, compresi azionisti e repubblicani, hanno più del 40% dei rappresentanti, impegnati a scrivere le regole della nuova Repubblica democratica. È però necessario arrivare tutti insieme con i cattolici e i liberali alla firma della Carta costituzionale, un vero e proprio patto sui fondamenti che, per la prima volta dalla nascita della nazione italiana, l'intera popolazione, tramite i partiti, sottoscrive. Nessuno può sottovalutare il significato di questo evento nella storia di un paese dove il sentimento nazionale è ancora così poco radicato, nonostante vent'anni di propaganda patriottica fascista. E il senso di appartenenza alla comunità, l'acquisizione di una piena cittadinanza sono la garanzia primaria al consolidamento delle nuove istituzioni e alla stessa credibilità dello Stato repubblicano appena nato. Tanto più che questa Italia, screditata dalla guerra del fascismo, ha bisogno di ritrovare legittimità anche davanti al mondo.

Comunisti e anticomunisti

I vincitori del secondo conflitto mondiale guardano con sospetto alla rinascita dello Stato italiano che è stato ben poco rispettoso degli impegni internazionali nella sua storia remota e recente. Naturalmente, la nuova Repubblica è ancora sotto osservazione; ma l'estremo pluralismo politico sconcerta inglesi e americani che faticano ad orientarsi in questa confusione di lingue e di posizioni. Soprattutto, li preoccupano i partiti della sinistra, così forti e radicali da far temere l'esplosione di conflitti incontenibili nel paese. Già durante la resistenza, gli anglo-americani diffidavano dei partigiani, a maggioranza rossa, come dimostra l'ordine ai Cln di far consegnare le armi al comando alleato dopo la liberazione. Rispetto alla Francia, dove i partiti socialista e comunista sono altrettanto forti, non c'era in Italia un generale De Gaulle a farsi garante dell'esito istituzionale della guerra partigiana. A Washington e a Londra la guerra civile in Italia appariva più simile a quella greca o jugoslava, non a caso due zone molto calde nella spartizione tra Est ed Ovest. Finito il conflitto, resta il timore di rivolgimenti rivoluzionari: quanto era successo in Italia nel primo dopoguerra, potrebbe ripetersi di nuovo. Adesso, però, la crisi interna di una nazione del blocco occidentale avrebbe inevitabili ripercussioni nei rapporti tra le due superpotenze – Stati Uniti e Unione Sovietica – che stanno diventando nemiche mortali.

Nei primi mesi del '47, la guerra fredda, ormai dichiarata, trasforma l'Italia in un paese di frontiera tra due mondi contrapposti. La penisola ha una posizione chiave nel mare Mediterraneo, da secoli la porta di accesso all'Occidente, che ora gli americani si incaricano di difendere dalla minaccia dell'impero sovietico, invitando gli Stati amici a serrare le file. Tutta l'Europa si prepara alla nuova emergenza internazionale con una significativa svolta politica: ad Est come ad Ovest, in ogni nazione cadono i governi di larga coalizione, che alla fine della guerra comprendevano le forze della destra e della sinistra antifascista. Adesso, i paesi del blocco sovietico si trasformano in dittature comuniste, direttamente agli ordini di Mosca; mentre nella sfera occidentale, dagli esecutivi vengono esclusi i partiti comunisti. Anche in Italia, dunque, nella primavera del '47, si spezza l'unità nazionale; nessuno, né comunisti né socialisti né cattolici, può ormai sottrarsi al condizionamento internazionale che obbliga perentoriamente ad una scelta di campo.

D'altra parte, firmato il trattato di pace e avviata a buon fine la stesura della Carta costituzionale, la sopravvivenza del governo di solidarietà nazionale con socialisti e comunisti non è più necessaria. Anzi; sta creando molte difficoltà alla Dc che, attaccata dalla destra, criticata dalla stessa Chiesa e incalzata dal presidente americano Truman, perde consensi nel paese e appare poco affidabile ai partner internazionali. Il fascismo non c'è più, mentre il comunismo preme alle frontiere e ha una quinta colonna formidabile in casa, dove il Pci dispone di un esercito di militanti e incanta milioni di italiani. Il cemento dell'antifascismo a poco a poco si sfalda sostituito da un altro fortissimo collante, l'anticomunismo, che spacca irrimediabilmente il paese in due blocchi, ancora una volta specchio dei rapporti tra le potenze. L'alleanza di guerra tra Stati Uniti e Unione Sovietica si è riflessa nell'unità antifascista; la divisione del mondo in due sfere polarizza la situazione politica anche in Italia.

È impossibile rimanere neutrali in uno scenario mondiale dove l'Europa sembra condannata a diventare di nuovo un campo di battaglia. Cattolici, liberali e democratici non hanno dubbi con chi schierarsi, e neppure i comunisti, che sono organicamente legati all'Urss. L'alleato americano difende le libertà politiche ed economiche minacciate dalla dittatura sovietica e si fa carico di una crociata anticomunista che entusiasma Pio XII; Mosca è la patria della rivoluzione bolscevica, il miraggio del proletariato socialista, ormai da un secolo in lotta contro il sistema capitalistico. Lo scontro sta assumendo i connotati di una guerra di religione senza esclusione di colpi che non lascia spazio a posizioni intermedie. Le prime vittime della tempesta appena iniziata sono i socialisti, che non riescono ad evitare la lacerazione dello Psiup, diviso tra riformisti e massimalisti. Saragat, che guida l'ala destra, sceglie il campo occidentale, dove sono allineati i partiti socialisti democratici europei; Nenni, invece, resta vincolato al Pci, timoroso di spezzare l'unità di classe, un imperativo categorico nei miti rivoluzionari.

Agli occhi dei lavoratori, la divisione internazionale ha la schematica semplicità di uno scontro tra ricchi e poveri, tra padroni e servi, tra borghesi e proletari; appare, insomma, la classica lotta di classe che si combatte da sempre all'interno di ogni nazione, dilatata adesso in un conflitto tra due grandi potenze. Diritti e libertà hanno debole eco nella coscienza del proletariato italiano che lo Stato liberale ha cercato di tenere il più a lungo possibile confinato ai margini della vita civile e che lo Stato fascista ha finito per privare di ogni libertà. Sono trascorsi solo due anni dalla fine del regime, troppo pochi perché il valore della democrazia si imponga sulla sete di giustizia sociale. Non basta la propaganda a tinte fosche degli avversari sugli orrori della dittatura comunista nei paesi socialisti, per far vacillare la certezza che lì si sia realizzato il paradiso in terra. Né si vuole credere alla descrizione dell'Urss afflitta dalla miseria: nel grande colosso proletario che ha sconfitto il nazismo, i lavoratori al potere stanno sicuramente meglio di quelli italiani, oppressi dai mali del dopoguerra.

Piuttosto, è proprio l'immagine opulenta del blocco occidentale a confermare questa elementare interpretazione della guerra fredda. Ma questa radicata convinzione che l'America sia il regno dell'abbondanza spinge la maggior parte della popolazione italiana ad abbracciare la causa dell'Occidente, come dimostrerà di lì a poco la sconfitta delle sinistre nel 1948, alle prime elezioni politiche per il Parlamento. Insomma, a scegliere il campo sovietico sono solo le masse attive politicamente del Psi e del Pci, il 31% degli elettori; tutto il resto degli italiani, borghesi e proletari, si schiera dall'altra parte. E non c'è da stupirsi. In Italia si soffre la fame, e non per modo di dire: chi non ha lavoro non sa letteralmente come procurarsi da mangiare e chi ancora ha la paga non riesce a comprare neppure i generi di prima necessità. La rarefazione dei prodotti che possono arrivare solo dall'estero fa salire alle stelle i prezzi che ogni giorno il perverso meccanismo del carovita ritocca verso l'alto. Nell'estate del '47 scoppiano tumulti di piazza e i negozi vengono presi d'assalto; solo alla fine dell'anno, con una rigida manovra economica, si riesce a circoscrivere la piaga dell'inflazione che colpisce duramente salari e stipendi e prefigura un domani ancora più drammatico dell'oggi.

Anche in quelle fasce sociali dove il pane non manca, si vive in ristrettezze: la carne compare di rado sulla tavola e un pollo arrosto è addirittura una festa. Ogni briciola, ogni avanzo di cibo è conservato e riciclato in zuppe, ribollite, pizze che hanno lasciato un ricordo nella cucina degli italiani. Quanto al resto, le esigenze sono ridotte al minimo: un vestito passa di padre in figlio, da fratello a fratello e, alla fine, non si butta neppure quando il tessuto è bucato; serve per biancheria, coperte, scarpe e calze; insomma, una montagna di stracci che non si esaurisce mai, destinata nell'ultimo girone alla beneficenza per quelli ancora più poveri. Ma, al di fuori delle mura domestiche, la stessa penuria di beni sta paralizzando l'intera economia del paese. Gli industriali non hanno le materie prime per far funzionare gli impianti; gli agrari non hanno attrezzi e macchine per coltivare e concimi per fertilizzare i campi; i commercianti non hanno nulla da vendere; e lo Stato non ha soldi in cassa per aiutare i cittadini e neppure per pagare i suoi impiegati.

Gli Stati Uniti hanno invece tutto quello che in Italia manca e sono pronti a sostenere gli amici in difficoltà. Ma, appunto di amici si deve trattare. Nel suo viaggio a Washington all'inizio del '47, De Gasperi se l'è sentito dire esplicitamente; e queste stesse parole si leggono nelle lettere che i tanti emigrati italo-americani spediscono ai familiari italiani in occasione delle elezioni del '48, quando la battaglia elettorale assume per le masse il significato di una scelta tra benessere e miseria. I finanziamenti del piano Marshall hanno cominciato ad affluire, allentando la morsa della fame; ma c'è ancora da superare la prova delle urne che potrebbe far recedere i benefattori americani in caso di vittoria dei comunisti. Alla sfida ci si prepara dunque con il fiato sospeso, da una parte e dall'altra. Rispetto al 1946, il clima politico si è fatto incandescente e la campagna elettorale ha toni così esasperati da far temere un'esplosione incontrollabile. L'avversario politico è il nemico, anzi, un demonio. Per gli anticomunisti è il diavolo rosso che domina nel regno dei senza Dio, pronto a distruggere, violare, rubare, fare strame persino dei valori più sacri e degli affetti più esclusivi. Per i comunisti è il capitalista cattivo, lo schiavista, il padrone spietato che opprime i deboli, affama i lavoratori, ne fa carne da cannone per le sue guerre.

La Chiesa che è scesa in lizza con tutte le sue armate di preti, monache e laici, contribuisce non poco a questo irrazionale delirio collettivo. Miracoli, processioni, prediche, omelie, rosari e persino la minaccia di scomunica a chi vota per i rossi, creano una straordinaria mobilitazione della popolazione cattolica. Ma anche dall'altra parte

24

c'è una chiesa laica che sta allestendo uno spettacolo dallo stesso significato mistico: cortei e manifestazioni con bandiere, inni, canzoni; assemblee di contadini, operai, intellettuali, partigiani; e, poi, la propaganda porta a porta dei volontari che predicano il vangelo del socialismo e cercano di ottenere il voto. Alla fine, la Dc vince; anzi, stravince con oltre il 48% dei suffragi, un successo straordinario e irripetibile. Ha fatto il pieno dei voti cattolici, di quelli della destra reazionaria e conservatrice, letteralmente terrorizzata dalla minaccia del comunismo; ma ha avuto anche i suffragi dei moderati e persino dei progressisti laici che auspicano per il futuro un'Italia saldamente ancorata all'Occidente.

Socialisti e comunisti che si sono presentati insieme nel cartello del fronte democratico popolare, crollano al 31%. Hanno perso i voti dei socialdemocratici e qualche frangia di elettori proletari, spaventati anch'essi dalla prospettiva di perdere gli aiuti americani. Davanti agli sconfitti si spalancano anni di dura lotta, perché, passata la grande paura, i nemici di classe hanno rialzato la testa. Gli industriali si ritrovano finalmente con le mani libere per licenziare la manodopera sovrabbondante che impaccia la ripresa produttiva; i grandi agrari pretendono il ritorno della legalità nei loro fondi; i piccolo-borghesi vogliono marcare più visibilmente la distanza che li separa dai proletari. Finalmente, si può mettere persino sotto processo la resistenza, quel simbolo sacro che le sinistre hanno agitato in questi anni per far tacere chi nel fascismo ha visto soprattutto un baluardo contro la sovversione rossa.

Nella gioia della vittoria, serpeggia la tentazione di farla pagare cara ai vinti: basterebbe dichiarare al di fuori della legalità il partito comunista, colluso col nemico sovietico, per liberarsi definitivamente dalle sinistre e garantirsi la pace sociale. Ci sarebbe poi un ottimo pretesto per chiudere definitivamente i conti con il Pci: un attentato alla vita del segretario comunista, nel '48, fa esplodere di colpo nelle masse il malumore e la rabbia accumulate in questi anni e rese quasi insopportabili dalla disfatta elettorale. Spontaneamente, il popolo della sinistra scende in piazza; ma alcuni vanno a disseppellire le armi nascoste, nell'illusione che sia scoccata la tanto attesa ora X della rivoluzione. Il Pci frena; anche se Togliatti, gravemente ferito, non può parlare, i dirigenti comunisti interpretano correttamente le sue indicazioni strategiche. Un moto rivoluzionario in Italia non era possibile ieri e non ha alcuna possibilità di successo oggi; servirebbe solo a giustificare la messa fuori legge dei comunisti. Si deve dunque smobilitare; tanto più che questa volta la polizia interviene contro i manifestanti con una durezza ed una decisione senza precedenti.

Ma le repressioni non valicano i confini della legalità. La Dc è prudente e fa orecchie da mercante alle richieste dell'estrema destra. Il Pci è un partito troppo forte e troppo radicato nelle masse perché si possa espellerlo dal sistema in modo indolore; e, in ogni caso, la sola prospettiva di scatenare una guerra civile fa orrore a De Gasperi, che non vuole certo ripetere gli errori della classe dirigente liberale nel lontano '22. Nessun Mussolini è ancora comparso all'orizzonte italiano in questo secondo dopoguerra; è però rinato un piccolo movimento neofascista, il Msi, che alle elezioni ha riscosso il 2% dei voti. Sembra poco, ma anche il partito fascista all'inizio non aveva molti elettori. Arretrare pur di poco sul terreno della democrazia potrebbe essere fatale; e, del resto, gli strumenti tradizionali a garanzia dell'ordine pubblico sono sufficienti; tuttalpiù si può usare la mano pesante, magari servendosi dei corpi di polizia celere dove sono stati reclutati numerosi militanti fascisti della Repubblica di Salò. Importa soprattutto mantenere le sinistre sotto stretto controllo, spuntando l'arma delle lotte per il lavoro, immediatamente represse e criminalizzate come agitazioni politiche che mirano a sovvertire le istituzioni democratiche. Dopo lo sciopero per l'attentato a Togliatti, è facile far passare anche la più pacifica manifestazione di disoccupati per la prova generale della rivoluzione bolscevica.

E di disoccupati in Italia ce ne sono tanti; nel 1951 arrivano quasi ai 2.500.000, il dato più alto dalla fine della guerra. La ricostruzione è cominciata, ma è ancora lontano il momento della ripresa produttiva. I cancelli delle fabbriche si aprono solo per far uscire maestranze ormai inutili che vanno ad ingrossare l'esercito dei senza lavoro. Lo Stato non interviene; non investe il grosso dei finanziamenti Marshall nella produzione industriale e concede col contagocce i lavori pubblici pur così necessari a rimettere in sesto le infrastrutture distrutte dalla guerra. Trattiene, invece, ogni dollaro concesso dagli Stati Uniti, per riempire le casse vuote del ministero del Tesoro, nonostante questa politica miope si attiri le critiche dei keynesiani di Washington. L'industria è lasciata libera di crescere come vuole; a chi ha la forza per sopravvivere viene concesso qualche credito; chi non ce la fa da solo, è condannato. La Confindustria sembra gradire questo indirizzo economico; anche se, a partire dal 1948, esponenti democristiani sostituiscono i ministri liberali nei dicasteri economici, il parametro di riferimento resta il liberismo, per lo meno per quanto attiene al settore industriale. Le proteste dei ministri socialdemocratici, che guardano soprattutto agli effetti disastrosi di questa politica sulle masse operaie, non bastano a far cambiare linea; del resto, anche a loro De Gasperi è pronto a concedere qualcosa.

Riforme e continuità nel Sud

I governi usciti dalle elezioni del '48 sono un capolavoro di mediazione in un paese spaccato in due. Anche se Psi e Pci sono esclusi per principio dalla sfera decisionale, la Dc cerca di assicurare agli esecutivi da lei diretti una posi-

27

zione centrale nel sistema, coalizzandosi da un lato con il Pli che fa da ponte con l'estrema destra, e dall'altro con il Pri e il Psdi come copertura a sinistra. È un equilibrio che serve anche a mantenere intatta la delicata natura interclassista del partito cattolico che non può sopportare nessuna politica troppo sbilanciata in un senso o nell'altro. Se il mondo industriale è stato soddisfatto, vanno adesso tutelate anche altre fasce sociali per rispondere alla domanda che sale impaziente dalla sinistra democristiana. La scelta cade sul Mezzogiorno agricolo, dove i contadini non hanno ancora smesso di occupare le terre, mantenendo vivo un fermento che è fecondo terreno di coltura per le sinistre. Il partito cattolico ha serie difficoltà a penetrare in queste regioni dove i rapporti di proprietà, fermi al Medioevo, esasperano una lotta di classe primitiva senza mediazioni possibili. La Dc punta, invece, a costruire un tessuto sociale di piccoli agricoltori che nel resto dell'Italia sono uno dei pilastri portanti dell'elettorato popolare cattolico; ma per raggiungere questo obiettivo deve espropriare i latifondisti.

La scelta è coraggiosa, specie se si considera il prezzo politico che la Dc sarà costretta a pagare di lì a poco alle elezioni del '53, quando il vecchio mondo agrario, colpito a morte, gonfierà le liste dei monarchici nel Sud. Tuttavia, la riforma agraria ha un risultato assai meno brillante di quello atteso sul piano economico. Il frazionamento dei latifondi in piccoli e piccolissimi appezzamenti non riesce a rivitalizzare l'agricoltura meridionale. In controtendenza rispetto ai moderni orientamenti che privilegiano fondi di medie dimensioni a colture specializzate, i lotti vengono coltivati con tutto quanto serve esclusivamente al sostentamento della famiglia contadina; e non sempre si riesce a sopravvivere. I terreni espropriati sono incolti o mal coltivati da secoli, situati in zone impervie, irraggiungibili, prive d'acqua; e mancano strade, ponti, acquedotti e cisterne, insomma tutte le infrastrutture di base che dovrebbero sorgere grazie alla Cassa per il Mezzogiorno, istituita nel 1950. I contadini però non possono aspettare: tanti preferiscono vendere per andare a cercare fortuna in città; chi, invece, non ha avuto nulla, a poco a poco rinuncia al sogno della terra. Finalmente, nelle campagne meridionali ritorna la pace sociale, ma a garantirla è ormai la fuga in massa dai campi, destinata con gli anni a lasciare in abbandono intere zone del Sud dove rimangono solo donne e vecchi. I giovani se ne vanno e per molti la prima tappa dell'esodo sono i centri urbani meridionali trasformati in veri e propri cantieri.

La ricostruzione edilizia, come tutto il resto, va avanti in economia; i soldi sono pochi, i materiali costano. Ci si arrangia un po' con tutto: molta calce, poco cemento, nessun rispetto per le norme di sicurezza sul lavoro, tanta manovalanza in nero che lavora un giorno sì e uno no, totale disprezzo per le disposizioni urbanistiche. Gli imprenditori edili occupano l'ultimo gradino nella scala degli industriali, ma lasciano un segno indelebile sull'Italia. In pochi anni, Napoli e Palermo, due capitali gioiello del Sud, sono sventrate e storpiate da palazzi e palazzoni fino a diventare irriconoscibili; e lo stesso destino tocca a tanti altri centri urbani nel Mezzogiorno, nel Centro e nel Nord di un paese indifferente a un patrimonio artistico invidiato da tutto il mondo. A un decennio di distanza, comincerà anche la distruzione delle bellezze naturali, con il sacco delle coste diventate meta della villeggiatura di massa. Sono così poche le voci di protesta per questo scempio, da non essere udibili. Del resto, il livello di cultura degli italiani è notevolmente basso: la percentuale di analfabetismo resta altissima, nel 1951 è ancora del 12,9%; l'obbligo scolastico, in alcune zone completamente disatteso, è fermo alla quinta elementare; sempre nel 1951, gli italiani in possesso di una licenza media inferiore sono il 5,9%, i diplomati il 3,3% e i laureati l'1%; pochi leggono i giornali, pochissimi i libri; persino la lingua italiana è parlata correttamente solo da una metà della popolazione.

Per i cittadini, avere un tetto è sicuramente più importante che conservare un tesoro d'arte; e i costruttori fanno buoni affari senza bisogno di investire grandi capitali. È logico che su questo mercato in crescita continua, il solo fiorente nel Sud, la criminalità organizzata metta subito gli occhi e le mani. La guerra ha fatto crescere la pianta malavitosa più robusta che mai in queste regioni dove da tempo immemorabile la delinquenza è radicata in forme peculiari: la mafia siciliana, la camorra napoletana, la 'ndrangheta calabrese. La disgregazione dello Stato italiano, la presenza degli eserciti anglo-americani, lo sbandamento e la fame della popolazione hanno dato una straordinaria autorevolezza alle organizzazioni criminali, dotate di una conoscenza e una capacità di controllo del territorio che non è stata sottovalutata neppure dagli alleati prima e dopo lo sbarco in Sicilia. Per preparare il terreno all'occupazione della penisola, a Washington sono stati attivati i contatti che la comunità italo-americana ha conservato con i parenti siciliani; e, una volta sbarcati i soldati, il comando militare americano non ha certo respinto la collaborazione offerta dalla mafia. L'ordine nelle retrovie e il consenso della popolazione erano beni così preziosi da far accettare a occhi chiusi chiunque se ne facesse carico.

Questo insolito ruolo politico-amministrativo dei mafiosi non era venuto meno del tutto con il ritiro delle truppe americane dall'Italia; l'affermarsi delle nuove istituzioni democratiche e la ripresa di una libera contesa politica che si combatte tra chi ha il maggior numero di voti, fanno apparire appetibili i servizi della mafia offerti ai notabili vecchi e nuovi, tutti preoccupati per il dilagare delle sinistre tra i contadini. Gli uomini di cosa nostra, si sa, sono esperti collettori di consensi e sono pronti anche a sporcarsi le mani. Ne sanno qualcosa i lavoratori che, come si è visto, a Portella delle Ginestre, si sono trovati sotto il fuoco del bandito Giuliano; ma l'elenco dei crimini non si ferma qui, anzi, è destinato a diventare sempre più lungo negli anni a venire quanto più si stringe il legame mafia-politica. Chiunque voglia avere il potere in Sicilia, prima o poi finisce col farsi appoggiare dai mafiosi; cede anche la Dc, che ha faticato ad entrare nell'isola e, al dunque, trova sicuramente comodo venire a un più facile compromesso con i potentati locali, persino al prezzo di passare per l'intermediazione criminale.

Del resto, una volta rimosso il problema della scomparsa di uno Stato legale in Sicilia e via via in altre zone calde del Sud, il costo della criminalità non sembra così alto ai politici che stanno lontano, a Roma, e vogliono sapere il meno possibile di quanto avviene laggiù; ai dirigenti nazionali, ai deputati e ai senatori viene chiesto solo di intervenire su magistratura e polizia, quando capita qualche guaio agli amici degli amici che sono sempre puntuali ed efficientissimi al momento delle elezioni nella raccolta di voti. Certo, giudici e poliziotti avrebbero parecchio da fare se volessero veramente perseguire la delinquenza organizzata che dal mercato agricolo degli ortofrutticoli ha spostato rapidamente i suoi traffici sull'edilizia, in piena fioritura. La cementificazione di Palermo arricchisce i mafiosi; mentre a Napoli i camorristi mettono le mani sulla città. E anche qui il potere politico, ampiamente colluso, fa finta di non vedere; anzi, comincia già a entrare in affari con la camorra. La Cassa per il Mezzogiorno, varata con le migliori intenzioni dal governo che punta a rilanciare l'agricoltura e a gettare le basi di uno sviluppo industriale nel Sud, diventa subito un'occasione d'oro per aggregare consensi clientelari con poca fatica e ricavarsi magari qualche margine di guadagno in proprio. Al nuovo ricco banchetto, naturalmente, si siedono anche i padrini e i compari che vincono tutte le gare di appalto per le opere pubbliche.

Una corruzione così diffusa, fin dalle origini della Repubblica, si spiega soprattutto con la debolezza del tessuto civile meridionale. Del resto, basta guardare ai governi delle province per rendersi conto che la Dc accetta qui un sistema di alleanze politiche improponibile a livello nazionale, ma anche impensabile nelle regioni del Centro-Nord. A Napoli, fino al 1957, domina il «viceré», l'armatore monarchico Achille Lauro, rimasto famoso per i pacchi di pasta distribuiti al momento delle elezioni o per la banconota da mille lire tagliata, coi due pezzi che venivano ricongiunti solo quando, ad urne chiuse, tornava il conto delle preferenze. E fedelissimi ai Savoia sono tanti sindaci delle città del Sud, governate da giunte di centro-destra che vedono i democristiani seduti allo stesso tavolo con monarchici e neofascisti. Per quanto la Dc si sia rafforzata con le votazioni del '48, in questa parte d'Italia la destra è ancora molto forte e si prepara ad avere un vero e proprio balzo in avanti con le amministrative del '51 e del '52, quando gli agrari si prendono la loro vendetta sul partito cattolico che ha osato toccare le loro proprietà.

Non basta a sostenere la Dc l'influenza del clero, che qui è stretto alleato dei notabili locali e presta orecchio benevolo alle indignate proteste dei latifondisti espropriati. Al Sud non c'è mai stata come nel Nord una subcultura cattolica, fiorita intorno alle parrocchie e ai preti di campagna che predicavano il vangelo tra i contadini e gettavano i primi semi di un cristianesimo sociale, veicolo di politicizzazione per le masse rurali, entrate in misura cospicua nelle organizzazioni sindacali cattoliche fin dall'inizio del secolo. I vescovi meridionali sono invece un potere lontano dal popolo, attenti custodi di un ordine antico che poggia sul dominio degli agrari e dei mafiosi, a prescindere dai rivolgimenti politici dello Stato italiano. E questo potere hanno sempre difeso, nel '22 e nel '45, cercando l'accordo con tutti i governi, neri o bianchi, purché tutto restasse come prima. Paradossalmente, è proprio l'egemonia che i democristiani si sono conquistati nell'Italia repubblicana a diventare, col tempo, l'arma vincente per la Dc anche nel Mezzogiorno. Il successo dei monarchici dura ancora pochi anni; declina quando il Sud filogovernativo si rende conto che il vero padrone è la Dc, disponibile a molto concedere e a poco innovare.

Del resto, la resistenza sul terreno politico dei proprietari terrieri diventa insostenibile di fronte al franare inesorabile del loro potere economico. Espropriati o meno, i grandi agrari sono al tramonto in un paese che con la ricostruzione sta avviandosi a passi da gigante verso lo sviluppo industriale. Le campagne che si spopolano a pochi mesi dalle assegnazioni delle terre, sono già un segnale di morte per il Sud agricolo; e i contadini che diventano muratori nelle città meridionali si preparano a un viaggio ancora più lungo, in direzione dei grandi centri industriali del Nord, appena arrivano i primi segnali di una ripresa del lavoro in fabbrica.

La società tra passato e presente

Alla fine degli anni Quaranta, sono ancora pochi ad avere fiducia nell'avvenire: la popolazione vive in pesanti ristrettezze e per di più in preda alla paura della terza guerra mondiale, diventata un incubo generale nel 1950 con lo scoppio della guerra di Corea. Nel 1949, l'Italia è entrata a far parte della Nato, firmando con gli alleati occidentali un trattato di difesa militare che offre alle sinistre l'occasione per una campagna pacifista, capace di suscitare una vasta eco anche nell'animo di chi avversa i partiti di classe. Il ricordo del conflitto mondiale è ancora troppo bruciante tra gli italiani che guardano spaventati al riarmo dell'Italia, vincolata di nuovo ad un accordo con i potenti della terra, pronti a scagliarsi gli uni contro gli altri. Invano il governo spiega che l'aiuto economico degli Stati Uniti ha un prezzo; i cittadini non vogliono perdere i finanziamenti americani, ma sono pronti a firmare gli appelli delle sinistre contro il Patto Atlantico in nome della pace. È un grande successo per Psi e Pci che si sentono duramente ghettizzati nel sistema politico ad egemonia democristiana; ma non basta a riportare l'ottimismo nelle file della sinistra, che perde terreno giorno dopo giorno.

La svolta moderata, iniziata con il '48, annulla molte delle conquiste sociali e civili realizzate nel dopoguerra sull'onda della resistenza. L'unità sindacale si è spezzata al momento dell'attentato a Togliatti, quando la componente cattolica della Cgil ha contestato la natura politica dello sciopero generale; adesso il potere di contrattazione in fabbrica del sindacato rosso è insidiato da altre due organizzazioni, Cisl e Uil, rispettivamente cinghia di trasmissione della Dc e del Pri e Psdi. Comincia poi a serpeggiare una certa stanchezza tra gli operai, continuamente mobilitati in una catena di lotte e di scioperi che non portano alcun risultato, tranne una riduzione del salario e una minaccia di licenziamento più incombente di prima. La vita in fabbrica si fa dura per chi ha la tessera del Pci o del Psi; le paghe sono basse e si lavora a ritmi massacranti; basta però solo un lamento, un piccolo atto di insubordinazione per perdere subito il maledetto lavoro; e la prospettiva di andare ad ingrossare la massa dei disoccupati fuori dai cancelli incute timore e consiglia prudenza anche alle teste più calde. Nei capannoni ci sono spie e informatori al servizio dei padroni; negli stabilimenti più moderni si provvede con un efficiente sistema di schedatura delle maestranze che non lascia dubbi su chi debba essere allontanato, in caso di restrizione del personale.

Ma anche fuori dalle fabbriche ci si sente un po' oppressi e soprattutto controllati. Sull'Italia è calato un manto protettivo che impedisce alla giovane Repubblica di crescere in piena libertà. La Costituzione aveva dato agli italiani gli strumenti per avviarsi ad una vita democratica matura; ma alla Dc è apparsa troppo avanzata per regolare l'esistenza di cittadini così irresponsabili e impreparati. Dopo la cerimonia solenne del voto, il 22 dicembre 1947, la Carta costituzionale, entrata in vigore il 1° gennaio dell'anno successivo, è stata chiusa in un cassetto; la maggioranza centrista l'ha insomma congelata, lasciando inevasi gli impegni sottoscritti da tutti i partiti antifascisti. Nelle istituzioni dove non c'è stato un vero ricambio del personale, la normativa fascista rimane in vigore, come se nulla fosse avvenuto: polizia, magistratura, amministrazione pubblica, università, scuole e persino ordini professionali sono ancora regolati dalle leggi emanate durante la dittatura che garantiscono innanzi tutto ordine, rigida disciplina, attenta tutela del principio gerarchico e, in generale, una gestione autoritaria e verticistica del potere, specchio della struttura centralistica dello Stato rimasta anch'essa intoccata. Dei nuovi istituti previsti dalla Costituzione non c'è traccia: Regioni, Corte Costituzionale, Consiglio Superiore della Magistratura, Consiglio Nazionale dell'Economia e del Lavoro, tutte le innovazioni che dovevano presiedere allo smantellamento delle vestigia dittatoriali, sono rinviate al futuro.

In pratica, nei primi dieci anni di vita della Repubblica, la democrazia in Italia resta più che altro un'enunciazione di princìpi, di fatto estranea alla vita quotidiana dei cittadini. Solo la sfera politica si è uniformata alle regole democratiche, il che non è poco dopo un ventennio di dittatura; ma una coscienza democratica che dia piena cittadinanza al popolo italiano non trova un terreno di crescita e di sviluppo favorevole. La responsabilità di questo ritardo va a carico delle forze politiche che guidano il paese, anche se si possono comprendere le ragioni dei governanti e soprattutto la loro ossessiva paura dell'esplosione di conflitti sociali incontrollabili, addirittura rivoluzionari. La minaccia comunista che grava sull'Europa non è solo un alibi per la Dc e i suoi alleati, tanto più che la cautela di Togliatti, attentissimo a non violare la legalità, non deriva da una scelta democratica: il comunismo, ispirato alla dottrina marxista-leninista delle origini, resta il pilastro portante del Pci.

I comunisti italiani hanno preso atto di una situazione internazionale che li penalizza, adeguandosi alle regole dei sistemi occidentali per non correre il rischio di una messa al bando; ma il legame con l'Urss non è in discussione. Nessuno può prevedere i rivolgimenti futuri in un mondo dove si è andato costruendo un equilibrio basato sul terrore delle armi atomiche, ormai in possesso di entrambe le superpotenze. Nell'attesa, Togliatti resta al fianco di Stalin, anche se in Italia si batte per il rispetto della democrazia e per la piena attuazione del dettato costituzionale. Il partito comunista ha capito benissimo che la Costituzione è salvaguardia indispensabile alla sua stessa sopravvivenza e alla libertà di milioni di lavoratori socialisti e comunisti; ed è proprio per frenare la spinta delle sinistre che la Dc evita di assolvere al mandato costituzionale. De Gasperi vuole insomma guadagnare tempo e, soprattutto, assicurare alla Repubblica un'infanzia senza traumi e senza accelerazioni, tanto più che l'avvenire, già alle porte, prefigura trasformazioni e sconvolgimenti profondi.

Ad agevolare il compito di tutela paternalistica svolto dai governi centristi c'è poi la Chiesa, che in questi anni ha un ruolo decisivo nella società civile; anzi, manifesta un'invadenza così vistosa anche nella sfera politica da travalicare ampiamente i limiti d'azione concessi dal Concordato. Non sono bastati gli interventi diretti durante la campagna elettorale del '48, che hanno visto scendere in campo tutto l'apparato organizzativo laico ed ecclesiastico; nel successivo decennio il clero, basso e alto, rimane in prima fila, insinuandosi in ogni ganglio della vita dello Stato e dei cittadini. L'equilibrio moderato assicurato dagli esecutivi centristi è anche troppo avanzato per le alte gerarchie ecclesiastiche, che contestano la scelta democristiana di governare con i partiti laici. Il liberalismo è avversato almeno quanto il comunismo dalla destra cattolica che preferirebbe di gran lunga una coalizione governativa di centro-destra, con monarchici e missini che sono fedeli sostenitori dell'alleanza tra lo scettro e la tiara. E, se De Gasperi resiste, vescovi e cardinali nel 1951 rispolverano persino il vecchio Sturzo nel tentativo di sperimentare una giunta con i neofascisti del Msi, in occasione delle elezioni amministrative a Roma.

Al vertice della Santa Sede è salito un gruppo di prelati oltranzisti, chiamati appunto il «pentagono vaticano», che benedice la crociata anticomunista di Truman e incoraggia l'intollerante campagna del senatore statunitense McCarthy. Ma la lotta contro i comunisti non si combatte solo nei palazzi del potere. È la moralizzazione della società il punto di partenza per sconfiggere definitivamente i nemici che hanno abbracciato la falsa fede marxista proprio per il decadere degli ideali cristiani; il vuoto di valori lasciato dal materialismo dominante nel mondo moderno va colmato con il messaggio spirituale della Chiesa, che ogni Stato dovrebbe assumere come orientamento fondamentale della vita dei cittadini. Insomma, in Vaticano si spera di continuare quanto si era iniziato così bene in epoca fascista, quando Mussolini aveva impresso sulle sue bandiere il trinomio Dio, patria, famiglia. Anzi, stavolta il pontefice si è garantito da ogni sorpresa sgradita, investendo sul partito cattolico, la Dc, che è riuscita, in gran parte per merito appunto della Chiesa, a conquistare i voti di quasi metà del paese. E il successo del partito cattolico che tiene saldamente nelle mani il governo è un'ottima garanzia per conservare immutata l'influenza del clero sulla popolazione.

Nel complesso, la società italiana sembra rimasta più o meno simile a quella del ventennio, obbediente alle autorità, parsimoniosa, poco istruita. Le famiglie sono numerose: nel 1951 la media è di 4 componenti, inferiore solo di uno 0,3 rispetto al 1936; i nuclei familiari che comprendono 7 o più persone sono ben l'11,7% del totale. Nel Sud e nelle zone agricole, coltivatori diretti e mezzadri vivono per la grande maggioranza in famiglie allargate, cioè più coppie e almeno due generazioni abitano sotto lo stesso tetto, obbediscono al capofamiglia, lavorano da mattina a sera, si riposano e si divertono secondo precisi, intramontabili rituali secolari che nessuno osa mettere in discussione. E i coltivatori diretti sono nel 1951 il 30% della popolazione attiva in Italia. Gli italiani sono anche dei buoni fedeli, come emerge da un rilevamento a metà degli anni Cinquanta: il 65%-70% frequenta la chiesa, ascolta la predica del prete che indica che cosa è permesso o proibito. È sicuramente consentito entusiasmarsi per il campionato di calcio, che dopo l'interruzione della guerra si è ripreso a disputare nel '46; e si può fare il tifo per i ciclisti del Giro d'Italia, anche se la competizione sportiva tra i campioni assume un carattere politico, Bartali bianco contro Coppi rosso. È però un modo indolore per scaricare le tensioni di un duro, pericoloso conflitto politico; così come a stemperare le asprezze dello scontro comunisti-anticomunisti contribuisce l'ironia dello scrittore Guareschi, autore nel 1948 di *Don Camillo*, un romanzo che ispira una serie cinematografica destinata ad avere un grandissimo successo.

Per nulla gradita alla Chiesa è però gran parte della produzione narrativa e cinematografica che fiorisce in questi anni, finalmente libera di esprimersi dopo il lungo periodo di silenzio imposto dalla dittatura fascista. E l'impegno civile e sociale che la percorre sembra quasi voler riscattare il passato di tanti intellettuali, troppo supini e accomodanti verso il fascismo. Tra il '47 e il '50, il mondo della cultura italiana vive una straordinaria stagione letteraria, segnata dai capolavori di Pavese, Calvino, Pratolini, Moravia, Primo Levi. Accanto a loro ci sono i registi del neorealismo, che firmano film indimenticabili: nel '47 De Sica vince con *Sciuscià* l'Oscar speciale e nel '48 fa il bis con *Ladri di biciclette*; e poi ci sono Visconti, Rossellini, Fellini che suscitano l'entusiasmo dei critici internazionali, ma piacciono assai poco alla classe dirigente democristiana e ancor meno al clero. Descrivono un paese povero che mostra ancora sanguinanti le ferite della guerra recente e della miseria secolare; parlano delle passioni umane; mostrano senza pudori la fatica di vivere, e quasi sempre manca il lieto fine. Insomma, sembrano film di denuncia, di opposizione, immediatamente bollati come opere filocomuniste, distruttive di quell'immagine di ordine, di tranquillità, di sana laboriosità e di buoni sentimenti che sta a cuore alla Chiesa.

Nel grande circuito delle sale cinematografiche parrocchiali non entrano; ma non si riesce, comunque, ad impedire lo sviluppo di un ricco filone culturale di sinistra destinato a diffondersi in tutto il paese. Insomma, nonostante l'egemonia democristiana, la forza della destra e il peso del Vaticano, il partito cattolico governa in una democrazia dove le opposizioni rivendicano i loro diritti, a partire da quello di comunicare. Nel fuoco delle polemiche finisce così anche la Rai, strettamente controllata da un gruppo dirigente supino alle direttive della Chiesa. Il sogno del fascismo che voleva una radio in ogni casa si è quasi avverato, e la Dc ne ha subito approfittato per monopolizzare e censurare l'informazione politica, a partire dalla campagna elettorale del '48 quando padre Lombardi, il «microfono di Dio», trasmetteva i suoi appelli anticomunisti. Nel 1950 però si aprono i primi spiragli con l'avvio del terzo programma radiofonico, interamente dedicato alla cultura, dove si comincia a parlare, con cautela, persino degli scrittori messi all'indice dal Santo Uffizio. È il sintomo di un cambiamento che palesa anche la crescente insofferenza di alcune fasce cattoliche più consapevoli, decise ormai a svincolarsi dall'abbraccio un po' troppo soffocante della Chiesa.

Per quanto l'Italia, rispetto all'Occidente capitalistico, abbia ancora un'economia arretrata e una società civile debole, il suo inserimento, a guerra finita, nella sfera di influenza degli Stati Uniti sta producendo un'accelerazione straordinaria di tutti i processi di crescita economica e culturale. Il vecchio mondo agrario è al tramonto e nel suo declino condanna a morte mentalità, comportamenti, costumi che costituivano il solido terreno di radicamento del cattolicesimo tradizionale. La ripresa industriale che dal 1952-53 prefigura il boom di fine decennio, ha già spostato l'asse portante dell'economia italiana dai campi alle fabbriche. La società rurale sta per cedere il primato alla società urbana, cuore della classe operaia e della borghesia produttiva, conquistati l'una agli ideali del socialismo, l'altra a quelli del liberalismo. Il partito cattolico rischia di trovarsi disarmato in campo nemico, se si adagia sulla conservazione di un esistente in agonia, come sembra invece chiederle la Chiesa.

Alla Dc cominciano ad arrivare segnali poco rassicuranti. Tra i suoi alleati di governo laici sta crescendo l'impazienza verso lo strapotere dei clericali, che è stato accettato perché è servito a difenderli dalla minaccia di un sovvertimento sociale comunista, ma diventa intollerabile quando dilaga anche nella sfera delle libertà individuali. La pretesa di orientare la vita privata, i comportamenti, le opinioni, persino di dettare le regole morali e di imporre divieti e censure, suona offensivo ai liberali, ai repubblicani, ai socialdemocratici che reclutano consensi nelle fasce più ricche e colte della popolazione. Certo, nel predominio indiscusso delle due subculture rossa e bianca, i ceti medi liberal-democratici e progressisti sono una minoranza; ma rappresentano pur sempre le élite intellettuali, professionali e degli affari, spina dorsale della classe dirigente italiana che punta a fare del paese una nazione moderna, ancorata strettamente all'Occidente capitalistico e omologata ai suoi valori.

Non è un caso che al momento della riforma del sistema elettorale, varata nel 1952 per affrontare le elezioni dell'anno successivo, all'interno del quadripartito scoppi la tempesta. Sono state proprio le previsioni negative della vigilia a consigliare questo intervento legislativo, contestato dalle sinistre che lo definiscono una «legge truffa»: i cattolici sanno bene che perderanno a vantaggio della destra i voti guadagnati nel '48, così come i repubblicani e i socialdemocratici temono l'annunciata emorragia verso le sinistre. Per opposte ragioni, gli esecutivi centristi hanno scontentato le estreme, le une sul piede di guerra per l'esproprio dei latifondi, le altre ormai esasperate dalla disoccupazione e dalla repressione che avvelenano la vita dei lavoratori. Il premio in seggi che modifica la legge proporzionale, dovrebbe assicurare alla democrazia cristiana, «apparentata» con Pli, Pri e Psdi, una larga maggioranza in Parlamento per governare stabilmente. Nonostante questa consolante prospettiva, il dissenso esploso nei partiti laici è così forte da determinare la sconfitta del cartello governativo che non riesce a raggiungere il 50,1% dei voti, la soglia minima per far scattare il previsto premio in seggi.

Nei dissidenti laici prevale un senso di insofferenza e di rivalsa nei confronti dell'egemonia democristiana sul sistema che la nuova legge protrarrebbe per un tempo indeterminato. E, dietro il potere della Dc, c'è la grande ombra della Chiesa cattolica, il pilastro della conservazione e della reazione. È significativo che nella campagna elettorale del '53 l'appello ai valori antifascisti, lanciato come di consueto dalle sinistre, abbia un'eco forte anche nella borghesia colta. L'antifascismo, che sembrava diventato patrimonio esclusivo dei partiti di classe, è un ideale da rivendicare per chi comincia a sentirsi deluso dalla nuova Italia, così simile per tanti aspetti alla vecchia. A dieci anni dal crollo della dittatura fascista, dimenticate le paure e gli affanni dell'immediato dopoguerra, riaffiora prepotente il desiderio di andare avanti con passo più spedito verso quel futuro per il quale anche tanti giovani borghesi hanno combattuto durante la resistenza.

41

2
La trasformazione

La grande migrazione interna

Nel 1954, nelle case degli italiani più agiati fa la sua comparsa la televisione. Nell'immediato sembra una eccentricità per pochi originali che sono così fortunati da permettersi il lusso di comprare il nuovo costoso giocattolo. È invece l'inizio di una nuova epoca che proprio in questo oggetto simbolo vede materializzarsi la rottura col passato. In poco tempo, la televisione si diffonde per tutta la penisola, dalle città del Nord ai paesini del Sud; e diventa un ineguagliabile strumento di unificazione nazionale e di omologazione culturale che con straordinaria rapidità abbatte barriere secolari. Proletari e borghesi, settentrionali e meridionali guardano lo stesso piccolo schermo, si entusiasmano per gli stessi personaggi, mode, giochi, sono influenzati dagli stessi messaggi pubblicitari e imparano persino a parlare la stessa lingua. Quanto sembrava ancora così difficile da raggiungere attraverso i lenti processi di politicizzazione e di istruzione pubblica, si realizza di colpo, senza quasi che il ceto politico e gran parte della classe dirigente se ne accorgano.

Gli intellettuali della sinistra guardano alla televisione con sospetto o tuttalpiù con superiore distacco; i conservatori diffidano come sempre di ogni novità; i democristiani che hanno il controllo totale di questo nuovo medium, ne intuiscono solo fino a un certo punto le immense potenzialità. Si limitano a gestirla, attenti soprattutto a censurare le trasmissioni perché rimangano rigorosamente nei limiti della morale cattolica. La politica ha uno spazio marginale, circoscritto all'informazione filogovernativa dei telegiornali; non c'è approfondimento né dibattito. Gli ingessati «mezzibusti» leggono con rassicurante serietà le veline inviate dai palazzi di un potere che appare ancora senza volto; solo dopo dieci anni i politici compariranno sullo schermo nelle prime tribune politiche che inaugurano la campagna elettorale del 1963, quando ormai davanti al televisore sono incollati milioni di italiani. Nel 1954, sono ancora relativamente pochi i fortunati cittadini che possiedono la Tv da esibire in salotto davanti agli occhi affascinati degli amici invidiosi; per vedere la televisione si va in genere nei locali pubblici, nei bar, persino nei cinema, dove i gestori, prima della proiezione serale del film, organizzano visioni collettive delle trasmissioni a quiz di Mike Bongiorno. E non è solo Mike a riscuotere un successo straordinario: presentatori, cantanti, attori comici, ballerine diventano in un lampo famosi e amati quanto e più dei divi del cinema; sono popolarissime persino le «signorine buonasera» con volti, sorrisi e modi da fidanzatine perbene che piacciono alle mamme italiane. Insomma, sui rotocalchi e nelle chiacchiere della gente il mondo della televisione acquista giorno dopo giorno uno spazio crescente. È logico che un numero sempre maggiore di italiani non resista a lungo alla tentazione di avere il televisore in casa: nel 1954 gli abbonati alla Tv non arrivavano ai 90.000, nel '57 sono più di 600.000; nel '60, in occasione dei giochi olimpici, superano i 2 milioni. La tentazione delle olimpiadi in televisione è irresistibile, vale insomma qualsiasi sacrificio: magari si fa un debito o si compra a rate l'apparecchio; ma nessuno vuole perdersi il grande spettacolo sportivo. È anche questa una prima, impercettibile frattura con la parsimonia dei vecchi tempi,

44

quando spendere denaro per qualcosa di nuovo richiedeva accurata riflessione sui costi e benefici e, soprattutto, ci si interrogava sull'effettiva, improrogabile necessità dell'acquisto. La televisione, bene superfluo e strumento di intrattenimento, annuncia la fine di un'epoca di ristrettezze, per molti addirittura di fame, e apre i primi spiragli all'era dei consumi e del tempo libero.

Il faticoso periodo della ricostruzione è ormai alle spalle. Al Nord, le vecchie fabbriche rimesse a nuovo lavorano a pieno ritmo e l'attività ferve nei capannoni grandi e piccoli, nelle officine, negli stabilimenti sorti all'improvviso un po' ovunque così numerosi da lasciare interdetti. Il capitalismo che nel dopoguerra i comunisti davano per agonizzante, in preda all'ennesima ultima crisi mortale, gode ottima salute. Se ne cominciano ad accorgere anche i militanti del Pci e del Psi che girano da sezione a sezione nelle periferie delle grandi città; e ne sanno qualcosa i sindacalisti che vivono l'esistenza quotidiana dei lavoratori industriali. La ripresa economica sta generando uno sconvolgimento difficile da controllare nella classe operaia che cambia pelle con stupefacente rapidità. I licenziamenti del decennio precedente hanno già contribuito ad allontanare dal posto di lavoro un'intera leva di operai anziani, pieni di esperienza, specializzati nei loro compiti e impegnati nella politica. Adesso che i cancelli si riaprono, varca la soglia delle fabbriche un nuovo tipo di maestranza, giovane, poco istruita e inesperta, senza alcuna memoria diretta della lotta antifascista e neppure delle battaglie combattute solo ieri contro la polizia di Scelba.

Questi giovani appena assunti vengono quasi tutti dalle campagne e tra questi sono tantissimi i meridionali che tentano la grande avventura nelle ricche regioni settentrionali. È stato calcolato che dal 1951 al 1974 emigrano dal Sud complessivamente 4.200.000 persone; di questi, la maggior parte si ferma nel Nord Italia. Ma per gli emigranti è come andare fuori dai confini nazionali, in territori sconosciuti e nemici, di cui non capiscono la lingua, i costumi, le abitudini. Per chi è nato e vissuto nei campi, è già traumatico inurbarsi, sopportare la solitudine e l'anonimato delle città, la prigionia soffocante delle otto ore chiusi negli stabilimenti; adesso, per di più, bisogna affrontare il mondo estraneo circostante, il freddo e le fitte nebbie degli inverni, l'ostilità della popolazione locale che mostra subito di non gradire i nuovi arrivati. Non c'è da stupirsi, se si considera che, iniziata alla spicciolata, l'ondata migratoria dal Sud si converte in poco tempo in una vera e propria invasione. Centinaia di migliaia di contadini provenienti dalle regioni meridionali (nel 1962 sono già circa un milione e mezzo) si affollano con i più elementari bisogni da soddisfare nelle città del tutto impreparate ad accoglierli. Basta l'esempio di Torino che da 700.000 abitanti nel 1951, passa nel 1967 a quasi 1.200.000, mentre, in questo stesso periodo, i comuni della cintura torinese vedono aumentare dell'80% la popolazione residente. Alla fine degli anni Sessanta il capoluogo piemontese diventerà la terza più grande città «meridionale» d'Italia dopo Napoli e Palermo. L'impatto iniziale di questa gigantesca ondata migratoria è sconvolgente: non ci sono case, letti, mense, servizi igienici e ospedalieri, scuole e asili da mettere a disposizione di chi ha in tasca solo qualche lira, quel poco che è rimasto dopo aver pagato il lungo viaggio. C'è solo il lavoro nelle fabbriche, e neppure per tutti; in ogni caso, anche in fabbrica l'accoglienza è gelida quanto il clima.

Una vena di razzismo serpeggia nelle reazioni della popolazione settentrionale che abbandona interi quartieri invasi dai «terroni»: l'apartheid scatta a Torino, dove la borghesia lascia il centro storico per rifugiarsi in collina; e a Milano, dove il fiume degli emigrati viene fermato alle soglie della città, nelle baracche della cintura milanese, immediatamente soprannominata «Corea». Se i ricchi chiudono la porta in faccia ai meridionali per non vederli e incontrarli, il resto della popolazione deve per forza imparare a convivere con loro, anche se la diffidenza è tanta persino tra i più poveri, spaventati dalla concorrenza sul mercato del lavoro dove adesso si aprono le prime opportunità. Gli industriali mostrano subito di privilegiare i nuovi arrivati, che, affamati, disorientati e spoliticizzati, appaiono assai più malleabili degli operai locali e pronti ad accettare qualsiasi paga. Gli emigrati non hanno una tessera sindacale o di partito; tuttalpiù hanno in tasca una lettera di raccomandazione del prete di campagna del loro lontano paese, e ad una parrocchia di queste inospitali città del Nord si sono rivolti per avere aiuto.

Il canale attivato li porta direttamente nelle braccia del sindacato cattolico, che improvvisamente si trova a gestire un numero immenso di nuovi iscritti, che conducono una dura esistenza fuori e dentro la fabbrica, con bisogni e richieste urgenti da soddisfare. La Cisl non vuole certo deluderli, tanto più che la vita quotidiana, a stretto contatto con le maestranze comuniste e socialiste, potrebbe in poco tempo fuorviare i giovani operai cattolici, farli passare nell'altro campo, dove si lotta contro i padroni. E contro i padroni si schierano anche i cislini, con altre parole, ma con uguale slancio combattivo. Svanita ogni traccia del vecchio sindacato «giallo», supino agli ordini degli industriali e strumento di lotta contro i sindacati rossi, la Cisl ritrova il messaggio originario del cristianesimo sociale che invita a proteggere i deboli, a consolare gli afflitti, ma anche a battersi contro le ingiustizie, ad aiutare gli oppressi perché crescano in consapevolezza di sé e dei propri diritti. Il successo è assicurato; giorno dopo giorno i cislini guadagnano autorevolezza in fabbrica, sfidando l'egemonia della Cgil. Nel 1955, la vittoria della Cisl alla Fiat è una doccia fredda per la Fiom, la fortissima organizzazione dei metalmeccanici, da sempre pilastro incrollabile della classe operaia rossa.

La concorrenza cislina produce però dei vantaggi per tutto il movimento sindacale che fino a quando era rimasto esclusivo monopolio della Cgil, cinghia di trasmissione del Pci e del Psi, aveva subìto tutti i contraccolpi dell'offensiva anticomunista. Adesso, sul piano delle rivendicazioni salariali, di migliori condizioni di lavoro, di tutela insomma dei lavoratori, sindacati rossi e bianchi finiscono per incontrarsi di nuovo, perché gran parte degli obiettivi sono comuni. Nel '48 era stata la contesa politica, lo scontro ideologico comunismo-anticomunismo a dividerli. Nel '55 questo conflitto non si è, naturalmente, esaurito; ha perduto però i toni ultimativi della guerra fredda al suo stadio iniziale, quando per un momento il mondo è sembrato precipitare verso il terzo conflitto mondiale. Nella cornice della distensione internazionale, i cattolici cambiano tono e anche le sinistre smorzano il loro linguaggio rivoluzionario, anche perché la consapevolezza che il sistema capitalistico è vivo e fiorente rinvia ad un avvenire ancora più lontano la promessa della rivoluzione. La parola d'ordine «il capitalismo non si riforma, si abbatte» suona vuota in un contesto quotidiano dove c'è tanto da migliorare, dalle piccole esigenze dei lavoratori industriali a quelle più vistose di un paese in crescita tumultuosa, privo però di adeguate strutture materiali e civili per affrontarla.

L'apertura a sinistra

Lo sviluppo è così rapido da mutare radicalmente nel giro di pochissimi anni il volto del paese. Neppure la lacerazione della seconda guerra mondiale ha portato un cambiamento così profondo. Certo, da un punto di vista politico ed istituzionale, nel 1946 la rottura col passato è stata radicale, dalla dittatura si è passati alla repubblica democratica, dal re e dai gerarchi fascisti ai partiti antifascisti; ma per il resto la società, per tutto il decennio successivo al conflitto, è rimasta quella che era. Adesso invece la transizione investe tutti gli aspetti della vita degli italiani, che sem-

brano aver dimenticato le paure e le incertezze del dopoguerra, quando il timore dell'avvenire aveva portato tanti
a guardare con nostalgia al passato. Dal 1950 al 1960 il
reddito nazionale aumenta del 47%; ma crescono complessivamente tutti gli indicatori della qualità dell'esistenza,
a cominciare dall'alimentazione: nel '41-50 il consumo
medio di carne per abitante era di circa 5 chili all'anno; nel
successivo decennio '51-60, è di circa 17 chili; e triplicati
sono i consumi di frutta e di olio, raddoppiati quelli del lat-
te, più di quattro volte superiori quelli di zucchero. Positivi
anche i dati che riguardano la salute: i casi di tifo, difterite
e meningite sono dimezzati e quasi scomparsa è la mala-
ria, 21 casi nel '51-60 contro gli oltre 40.000 del '41-50.
Un'ondata di ottimismo rivitalizza il paese: le industrie hanno ripreso a tirare, i prodotti italiani si vendono bene, le
occasioni di lavoro si moltiplicano per la classe operaia, ma
anche per i ceti medi del commercio, delle libere professioni e persino del pubblico impiego che vedono dilatarsi
la sfera dei servizi in armonia con i processi di modernizzazione industriale. A infondere speranza nel futuro c'è anche il rasserenarsi dell'orizzonte internazionale che allontana l'incubo del terzo conflitto mondiale. Nel 1953, la fine della guerra di Corea e la morte di Stalin riaprono il dialogo tra le potenze che hanno fretta di chiudere il contenzioso rimasto irrisolto dal 1946, quando la trattativa di
pace si era bruscamente interrotta.

Se Stati Uniti e Unione Sovietica siedono allo stesso tavolo a Ginevra, in Italia i democristiani possono anche avviare un dialogo con le sinistre, magari cominciando con
i socialisti che sono diventati insofferenti dell'egemonia
comunista, anche se la scelta di rompere il cartello fronti-
sta e presentarsi in liste autonome alle elezioni del '53 è
concordata in piena armonia tra Psi e Pci. D'altra parte,
il dialogo con gli avversari è indispensabile di fronte ai tanti problemi da risolvere e alle nuove risposte da dare in un
paese che l'accelerata trasformazione rende irriconoscibi-

le persino agli occhi dei partiti al potere e all'opposizione, tutti preoccupati di perdere la presa sul proprio elettorato e sulla base militante. La coalizione centrista, uscita malconcia dal voto del '53, ha una maggioranza troppo fragile in Parlamento per assicurare stabilità agli esecutivi. Per i successivi dieci anni, i governi si susseguono in tempi sempre più ravvicinati; a volte durano solo qualche giorno o qualche mese, al massimo restano in carica per un anno e mezzo. Fallita la riforma elettorale e fatta cadere dalle nuove Camere la contestatissima «legge truffa», la Dc per quanto disponga del 40%, si deve affannare nella ricerca di alleati per governare.

Non bastano più i partner tradizionali, Pli, Pri e Psdi, che hanno ormai un peso elettorale così esiguo da non arrivare tutti insieme al 10%; i democristiani hanno bisogno di assicurarsi l'appoggio parlamentare di altre forze politiche e scendere a patti con loro. Non c'è molto da scegliere: o con la destra dei monarchici e dei missini o con la sinistra dei socialisti e dei comunisti; da un lato, ci sono i partiti non leali alla Costituzione repubblicana e democratica; dall'altro, i nemici dell'Occidente. Qualunque sia la scelta finale, il partito cattolico sa di scontentare una parte consistente di elettori e soprattutto di rischiare una gravissima spaccatura interna, inevitabile se viene meno il delicato equilibrio tra le tante e potenti correnti che rispecchiano la natura interclassista della Dc. Il prolungarsi del centrismo fino al 1961 diventa una vera e propria agonia; ogni decisione viene continuamente rinviata nella fondata speranza che, col trascorrere del tempo, maturino condizioni diverse per affrontare il cambiamento ineludibile. Il prezzo dell'incertezza è però il non governo; ed è un costo molto alto, considerata la fase di crescita tumultuosa della società italiana che avrebbe bisogno invece di essere gestita con cura, soprattutto per risolvere distorsioni e carenze strutturali, destinate ad approfondirsi sotto la spinta dello sviluppo incontrollato.

In realtà, Fanfani, il nuovo leader democristiano succeduto a De Gasperi, morto nel 1954, sa fin dall'inizio quale sarà l'alleato prescelto. È la stessa crescita economica che investe con un'ondata di piena le grandi masse cattoliche e socialiste a rendere ineludibile il confronto tra i grandi partiti. Le tappe forzate dell'industrializzazione stanno sconvolgendo l'ordine tradizionale, ad iniziare dalla fonte primaria della produzione nazionale che passa dall'agricoltura all'industria. Nel '48, l'industria aveva già acquistato il ruolo dominante nell'economia italiana, con un'incidenza sul prodotto interno lordo (Pil) del 35,5% contro il 32,8% dell'agricoltura che, nonostante la riforma agraria del '49, aveva continuato a declinare; nel '51 era al 22,8% del Pil e nel '56 scendeva ancora al 19,2%. Nel 1960, il totale degli occupati nel settore industriale supererà per la prima volta quello del settore agricolo. Tramonta la civiltà contadina e sale alla ribalta l'universo urbano, dove i cattolici hanno un insediamento debole, per lo più circoscritto ai ceti medi. È in gioco, dunque, la stessa anima popolare della Dc, preoccupata di ritrovarsi emarginata dal mondo operaio e dalle nuove classi emergenti, mentre si va, contemporaneamente, prosciugando il serbatoio di voti delle campagne. Lo hanno capito per primi i sindacalisti della Cisl che si sforzano di conquistare i consensi delle nuove maestranze industriali, aprendosi al dialogo anche con i sindacati rossi; e la stessa consapevolezza hanno le correnti della sinistra democristiana legate ai gruppi religiosi di base, guidati da alcuni sacerdoti che dissentono dalle direttive dei vertici vaticani.

È proprio in questi ambienti che nel 1955 matura la candidatura alla presidenza della Repubblica del democristiano Giovanni Gronchi, che viene eletto addirittura con i voti dei socialisti e dei comunisti. Dopo sette anni lascia il Quirinale Luigi Einaudi, economista liberale di grande prestigio, già ministro nei primi governi presieduti da De Gasperi, che la Dc aveva voluto ai vertici dello Stato anche per mantenere un equilibrio tra laici e cattolici cui spettava la presidenza del Consiglio. Questa tacita regola viene disattesa con l'arrivo di Gronchi; ma le sinistre non se ne curano, preferendo di gran lunga un democristiano amico, schierato a favore del dialogo con i socialisti e pronto a compensarli immediatamente dell'appoggio ricevuto. È infatti Gronchi ad iniziare lo scongelamento della Costituzione: tra il '56 e il '57 vengono finalmente attuati due istituti fondamentali previsti dalla Carta, la Corte Costituzionale e il Consiglio Superiore della Magistratura. Lo smantellamento della legislazione fascista è cominciato, anche se saranno necessari altri vent'anni per completarlo. L'elezione presidenziale è un passo avanti di grande importanza nel dialogo Dc-Psi che procede rapidamente, troppo rapidamente anche per Fanfani, preoccupato delle fortissime resistenze interne ed esterne al partito cattolico, quelle della Chiesa innanzi tutto.

I cardinali più vicini a Pio XII negli ultimi anni della sua vita, rimasti su posizioni oltranziste, vanno accentuando la loro intransigenza quanto più veloci e profonde appaiono le trasformazioni in atto nella società, illudendosi forse di poter arrestare o far tornare indietro l'orologio della storia. Dalla Santa Sede arrivano ogni giorno forti pressioni perché la Dc scelga l'altro cavallo, quello della destra monarchica e neofascista che promette di fermare la valanga del progresso. Forti soprattutto nel Sud, monarchici e missini sono determinati a difendere l'ordine tradizionale, il potere dei grandi proprietari terrieri, i privilegi grandi e piccoli dei ceti medi declinanti; e per combattere questa battaglia hanno ancora a disposizione le folle dei sottoproletari meridionali disperati che lo sviluppo economico non sfiora neppure. Chi non è emigrato al Nord vive il disagio di sempre, che si fa più amaro e insopportabile in paragone a quanto sta avvenendo nell'altra Italia dove il benessere è alle porte.

Fanfani e la sinistra democristiana non possono ignorare questa realtà, tanto più che nelle amministrazioni locali del Mezzogiorno la Dc governa insieme al Msi e al partito monarchico. E, ovviamente, nessuno può sottovalutare le indicazioni e i suggerimenti della Chiesa che la destra democristiana tende a leggere come altrettanti ordini e divieti. Tramontato il bipolarismo comunisti-anticomunisti, la nuova spaccatura tra fautori del centro-destra e del centro-sinistra attraversa il corpo del partito cattolico che cerca di conservarsi intatto, barcamenandosi tra le due sponde e rinviando appunto la scelta definitiva. Ma i piccoli passi che comunque si fanno, vanno tutti in una direzione gradita alle sinistre. È così per l'inversione di marcia nella politica economica passata dall'indirizzo liberista, puntello dell'asse Dc-Confindustria, al dirigismo di Fanfani che immediatamente mette in allarme gli industriali e risveglia invece l'interesse di socialisti e comunisti. Sancito nel 1955 dalla creazione del ministero delle Partecipazioni statali, il nuovo interventismo dello Stato inaugura una stagione di progressiva dilatazione dell'economia pubblica destinata a durare fino ad oggi.

Lo Stato-imprenditore

Anche se a metà degli anni Ottanta si cercherà di tornare indietro di fronte ai guasti, all'inefficienza, ai bassi livelli di produttività delle imprese statali, diventate costosissime e arrugginite macchine assistenziali, serbatoio di voti clientelari, nel 1955 la nascita dello Stato-imprenditore sembra la vera soluzione alla questione del come rendere compatibili benessere e giustizia sociale. Là dove non arriva l'iniziativa privata che insegue i suoi interessi egoistici e non ha disponibilità finanziaria illimitata, può invece intervenire l'imprenditoria pubblica con i suoi grandi mezzi. La ricchezza prodotta va ad arricchire il patrimonio nazionale e a sostenere le fasce più deboli, non coinvolte dallo sviluppo industriale e rimaste prive di occupazione anche nel pieno della ripresa produttiva. Si comincia dai lavori pubblici e dagli investimenti nel settore dell'energia; e di entrambi c'è un gran bisogno. Gli industriali comprano il petrolio sul mercato più caro del mondo, monopolizzato dal cartello petrolifero delle «sette sorelle» che non fanno sconti, anche se le fabbriche italiane, ormai funzionanti a pieno ritmo, moltiplicano le commesse giorno dopo giorno. Quanto ai lavori pubblici, la richiesta è immensa: una parte del paese è ancora da ricostruire dalle macerie, e poi servono infrastrutture, strade, acquedotti, ferrovie, indispensabili allo sviluppo industriale; per non parlare delle case da edificare nelle città, investite dal travolgente processo di urbanizzazione.

I piani per l'edilizia popolare e per una rete autostradale che in poco tempo riesce a coprire chilometri e chilometri della penisola, assicurano collegamenti preziosi per il traffico del materiale industriale e vanno incontro ai bisogni della tanta manodopera ancora in cerca di occupazione. In Italia, il serbatoio di braccia è un pozzo senza fondo che solo adesso comincia a svuotarsi, con grande gioia dei sindacati e dei partiti della sinistra, soddisfatti della svolta interventista dello Stato. In dieci anni, dal '51 al '61, il numero ufficiale dei disoccupati passa da quasi due milioni e mezzo a un milione e mezzo. Ma anche gli industriali, a poco a poco, si fanno meno diffidenti di fronte agli enormi vantaggi che l'intero mondo produttivo sta ricavando dal nuovo indirizzo economico. Il capitalismo italiano non ha mai espresso un ceto imprenditoriale coraggioso, autonomo, orgoglioso della propria identità e pronto al rischio. La storia dell'impresa in Italia, iniziata fin dagli albori sotto il mantello protettivo dello Stato, resta segnata da quei connotati parassitari che hanno bloccato lo sviluppo di una libera, forte e competitiva imprenditoria, capace di trasmettere una moderna cultura industriale nel paese. Ristretta nell'ambito di poche famiglie, circondata da una mini-comunità finanziaria prevalentemente speculativa, la grande industria è un pilastro della conservazione, diffidente verso i cambiamenti del potere politico e allarmatissima di fronte ai processi di crescita della società civile. Tuttavia, gli industriali sono pronti ad accettare qualsiasi sistema politico che continui a proteggere gli interessi del capitale e a garantire l'ordine. Andava bene nel 1910 Giolitti, anche se considerato un po' troppo tenero con i socialisti; era ancor più gradito, negli anni Venti e Trenta, Mussolini, per lo meno fino a quando non aveva cominciato ad interferire troppo nella sfera dell'economia; quanto ai governanti della nuova Repubblica, dopo momenti di ansia, la svolta moderata del '48 aveva inaugurato una stagione di idillio tra Confindustria e Dc.

La scelta di De Gasperi di affidare nel '46-47 ai ministri liberali i dicasteri economici aveva entusiasmato gli imprenditori, non tanto per amore del libero mercato, quanto soprattutto per timore che prevalessero le moderne teorizzazioni dirigiste. Persino il keynesismo era guardato con sospetto, non foss'altro per il rischio di un cambiamento negli equilibri del potere industriale che si voleva conservare immobile. È comprensibile dunque la paura serpeggiante in Confindustria a metà degli anni Cinquanta di fronte al dinamismo del nuovo Stato-imprenditore che, oltre tutto, appare un concorrente imbattibile. Ma l'allarme dura poco; in breve tempo gli industriali si rendono conto di aver trovato un grande alleato nella corsa allo sviluppo. Lo Stato costruisce le strade dove transitano i convogli che trasportano materiali, merci e prodotti industriali; lo Stato si preoccupa di dare un tetto a decine di migliaia di famiglie operaie che lavorano nelle grandi fabbriche; lo Stato investe capitali nelle trivellazioni per cercare il metano in Val Padana. Insomma, lo Stato-imprenditore sembra adoperarsi per accrescere le fortune del capitalismo, anche se non tutte le ombre sono dissipate.

Non piace agli industriali la sfida contro le multinazionali petrolifere, lanciata da uno dei primi autorevoli manager pubblici, Enrico Mattei che, a capo dell'Eni-Agip, va a trattare direttamente con i paesi arabi forniture di petrolio a costi più bassi. Tra capitalisti privati italiani e stranieri scatta una immediata solidarietà, tanto più che lo schiaffo alle «sette sorelle» mette a rumore la comunità economica internazionale, abituata a considerare l'Italia come il parente povero che accetta con gratitudine gli investimenti stranieri sul proprio territorio e paga senza discutere il prezzo delle materie prime indispensabili alla sua sopravvivenza. Per anni il governo italiano ha chiuso gli occhi di fronte agli arroganti interventi dell'ambasciatrice statunitense Claire Booth Luce, un vero e proprio incaricato di affari dei grandi gruppi imprenditoriali d'oltreoceano. La signora aveva persino minacciato la sospensione di commesse e forniture da parte di importanti aziende americane alle fabbriche italiane dove fosse stata prevalente la manodopera orientata a sinistra. Sembra quasi impensabile che adesso questo debole Stato, ancora a sovranità limitata, si metta contro gli interessi del grande capitale occidentale, attivando per conto suo nuovi canali diplomatici, per di più fuori dalla sfera Nato. Stupore, allarme, ma anche risentimento sono così forti da accreditare il sospetto al momento della tragica morte di Mattei, qualche anno più tardi, che non si sia trattato di un semplice incidente aereo.

Nell'immediato, però, i malumori serpeggiati tra gli imprenditori italiani si placano davanti ai vantaggi del costo più basso dell'energia, indispensabile per far girare al massimo il motore della ripresa economica. Del resto la più compiaciuta dell'interventismo statale appare proprio la maggiore industria italiana, la Fiat, che sta per lanciare sul mercato la rivoluzione dell'automobile. Tante autostrade e benzina a buon prezzo aprono le porte al grande boom del trasporto privato: gli autoveicoli che prima della seconda guerra mondiale, nel 1939, erano 400.000 e nel 1952 non arrivavano a 600.000, nel 1960 sono già

2 milioni e mezzo e nel '62 superano i 3 milioni, 59 autovetture per ogni mille abitanti (nel 1971 saranno quasi 11 milioni e mezzo). È un ulteriore, gigantesco passo avanti nello sviluppo che non è però privo di costi. In questo caso, la scelta ha anche conseguenze negative per la collettività: se lo Stato investe nelle costruzioni stradali, il trasporto su rotaia resta quello di sempre, vecchio, lento, carente o addirittura inesistente, specie nel Sud dove manca del tutto il doppio binario. Si ricoprono, invece, di asfalto chilometri e chilometri d'Italia, con devastazioni e danni artistici e ambientali che solo vent'anni più tardi gli italiani impareranno a mettere nel conto perdite. Tra la fine degli anni Cinquanta e i primi anni Sessanta, socialisti e comunisti in polemica con il governo vedono solo il primo aspetto del problema. I mancati interventi per modernizzare e rinnovare la rete del trasporto pubblico sono rinfacciati alla Dc, accusata di servire gli interessi del grande capitale, in particolare del gruppo Agnelli, leader del mercato automobilistico.

E gli italiani comprano con entusiasmo le automobili Fiat: prima la Topolino, poi la Seicento e tutti gli altri modelli che la fabbrica torinese sforna ormai a centinaia di migliaia, ognuno secondo le esigenze e la disponibilità di spesa dei diversi settori sociali. Insomma, l'auto diventa un bene di massa che, per altri aspetti, ha nella vita degli italiani lo stesso significato rivoluzionario della televisione. A metà degli anni Cinquanta, la mobilità dei cittadini aveva già ricevuto un'accelerazione incredibile con la grande diffusione degli scooter, la vespa e la lambretta; adesso, però, il nuovo mezzo fa cadere la barriera secolare della distanza. All'improvviso, il mondo si fa più piccolo e contemporaneamente più grande. È soprattutto la nuova dimensione di libertà il dato preminente di questa ulteriore accelerazione nella crescita del paese: liberi di muoversi, gli italiani cominciano a sentirsi più liberi di pensare, di decidere, di criticare, di scegliere, di disobbedire. Nel muro autoritario e protettivo che partiti e chiese hanno costruito dopo il fascismo per riportare all'ordine la società civile, si cominciano a intravedere le prime crepe.

Alle origini della partitocrazia

Eppure, le destre e la Chiesa sembrano determinate a non allentare la presa, anche se vanno incontro ad un susseguirsi di sconfitte. Il dilatarsi della sfera pubblica nell'economia ha sul piano politico conseguenze importanti che, in questo primo periodo, avvantaggiano soprattutto la Dc, pronta ad approfittare dei nuovi spazi per consolidare la sua forza. Rispetto al Psi e al Pci che, a guerra finita, hanno dovuto costruirsi una fitta rete organizzativa nel paese, il partito cattolico aveva a disposizione l'intera struttura ecclesiastica per la raccolta dei consensi. Ma il servizio offerto non era gratuito; veniva pagato al prezzo di una dipendenza dalla Santa Sede che comincia ad apparire troppo condizionante nel momento in cui le scelte politiche maturate a piazza del Gesù non sembrano più così gradite al di là del Tevere. A garantire una maggiore autonomia alla Dc contribuiscono adesso i nuovi manager pubblici, tutti naturalmente di sicura fede democristiana, che Fanfani mette alla testa delle imprese statali, degli enti e degli istituti finanziari, diventati gangli vitali dello sviluppo economico. Nelle loro mani passa un fiume di denaro che rappresenta uno strumento efficacissimo di consenso clientelare quale nessun'altra forza politica ha mai avuto a disposizione.

Sotto questo profilo, la vicenda della Cassa per il Mezzogiorno, istituita nel 1950, è emblematica. Fino al '53, nel Sud, la Dc è insidiata dai monarchici e dai missini che, con un pacchetto di voti di tutto rispetto, dettano le condizioni del governo nelle province. La situazione comincia a cambiare quando si apre il rubinetto della spesa pubblica, che immediatamente frutta al partito cattolico quanto con anni di propaganda e di attività politica non aveva neppure sperato di raggiungere. Basta la promessa di un ponte, di una strada, dell'apertura di un cantiere perché interi paesi si convertano alla fede democristiana, abbandonando le vecchie bandiere dei Savoia o le insegne della fiamma tricolore. E chi cerca di resistere al fascino dello scudo crociato, non ha vita facile: è sufficiente chiudere quello stesso rubinetto che eroga finanziamenti, per condannare una città e chi la governa. Questa sorte tocca a Lauro, il «viceré» di Napoli, che nel 1957 la Dc decide di spodestare. È venuto il momento di cambiare le giunte meridionali e al nuovo corso si devono rassegnare anche gli alti prelati del Sud, che si accorgono subito di aver perduto una parte del loro potere condizionante sulla Dc.

Si cominciano così a stringere i primi nodi di quell'intreccio tra spesa pubblica e interessi partitici, destinato col passare degli anni a trasformarsi in una rete fittissima che ingabbia fino a soffocare l'economia e il sistema politico italiano. Ma negli anni Cinquanta sono flebili le voci che si levano a denunciare l'uso privatistico delle risorse statali da parte del partito cattolico che sta procedendo ad una vera e propria «occupazione dello Stato». Solo un pugno di intellettuali dell'area laica, favorevoli all'intervento statale in economia, sembrano rendersi conto della mutazione genetica in atto che porta dal sistema politico imperniato sui partiti alla partitocrazia. Il gruppo di neomeridionalisti che ha fondato la rivista «Nord e Sud» e gli «Amici del Mondo» che si staccano dal Pli per dar vita al partito radicale, sono l'espressione più moderna di una cultura liberale da sempre fortemente minoritaria nella società italiana, dominata dalle due grandi religioni cattolica e marxista, entrambe affascinate dalla prospettiva dei partiti-Stato. Anche se la Carta costituzionale fa solo un breve cenno ai partiti, nessuno nel dopoguerra, di fronte alle rovine di un paese allo sbando, ha contestato il ruolo che le grandi organizzazioni politiche dovevano svolgere per riaggregare le masse e dotarle di nuovi valori. E nessuno, dopo vent'anni di regime fascista, ha potuto negare la funzione fondamentale dei partiti nel governo di una moderna società di massa che andava educata ai diritti-doveri della cittadinanza e guidata all'esercizio della politica. Mussolini aveva incentrato tutto l'edificio del regime sul partito fascista, usando questo strumento con straordinaria capacità per assicurarsi un potere dittatoriale sul popolo italiano; ma, nel '45, i grandi partiti che operano in un sistema democratico e pluralista non hanno ripudiato il modello organizzativo fascista; anzi, per molti versi ne sono stati i diretti eredi.

Da qui deriva però la tentazione, sempre più irresistibile, di attribuirsi compiti e responsabilità istituzionali, fino ad incidere sulla natura stessa dello Stato democratico che si trasforma appunto in Stato partitocratico, con tutte le conseguenze negative già previste e denunciate negli anni Cinquanta dalle élite liberal-radicali. La loro polemica, come si è detto, cade nel vuoto: socialisti e comunisti si limitano ad attaccare la Dc per l'uso spudoratamente clientelare delle posizioni di privilegio acquistate nella sfera pubblica; ma tacciono sugli altri aspetti del problema, quasi che il clientelismo non fosse la logica conseguenza dell'improprio utilizzo del potere statale. In realtà lo Stato di diritto, estraneo alla cultura marxista e cattolica, non è il principio informatore dell'agire politico del Pci, del Psi e della Dc, che hanno accettato lealmente la cornice costituzionale della Repubblica democratica, ma tendono ad aggirarne regole e meccanismi per rafforzare i rispettivi partiti, considerati il cuore pulsante della democrazia.

L'occupazione dei centri nevralgici dell'economia pubblica è solo uno degli aspetti del dilagare dei partiti nelle istituzioni: fin dagli anni Cinquanta, il Parlamento perde progressivamente la sua centralità, mentre gli esecutivi sono condannati ad una perpetua debolezza. Ormai la vera partita politica si perde e si vince dietro le quinte delle Camere, e i giocatori non sono i rappresentanti del popolo e i gruppi parlamentari, ma le correnti e gli uomini dei partiti. Un dirigente partitico, con incarichi di rilievo, vale più di un deputato o di un senatore; un membro della direzione più di un ministro; un segretario più di un presidente del Consiglio. E non potrebbe essere altrimenti, dal momento che ministri e governi si decidono nelle segreterie dei partiti, diventate arbitri assoluti anche della loro durata. I costituenti, timorosi di un potere esecutivo forte che potesse rivendicare piena autonomia dall'Assemblea legislativa, hanno finito per consegnare le chiavi del governo nelle mani delle organizzazioni partitiche, le vere padrone del Parlamento. Qui siede la massa dei deputati-peones che i partiti hanno messo in lista e fatto eleggere. La fedeltà al partito e l'obbligo di obbedienza alle direttive delle segreterie prevalgono anche sul rispetto del mandato ricevuto dagli elettori, che può essere tranquillamente violato, senza provocare alcuna crisi di coscienza; spetta ai partiti decidere cosa è bene per il paese e quali siano i reali interessi del proprio elettorato, considerato un minore da proteggere e da educare, incapace in ogni caso di fare da solo le sue scelte.

Il 1956 e la crisi della sinistra

Arbitri indiscussi del destino del paese, negli anni Cinquanta i partiti sembrano ancora incerti sulla strada delle nuove alleanze per garantire al sistema una più stabile guida. L'ipotesi di un centro-sinistra, annunciata dalla svolta della Dc in politica economica, si rafforza nel '56, quando si spezza il cordone ombelicale tra Psi e Pci, fino a quella data legati da un patto di unità d'azione. Ad avvelenare il clima tra i due partiti contribuiscono i rivolgimenti in atto nel blocco orientale dove il processo di destalinizzazione, avviato da Krusciov, sta mettendo in fermento tutti i paesi dell'Est fino a sfuggire di mano al nuovo capo del Cremlino. Nel novembre 1956, la repressione dell'Armata rossa in Ungheria, che cancella le speranze suscitate dal nuovo corso sovietico, offre ai socialisti l'occasione per sciogliersi definitivamente dall'abbraccio soffocante del Pci, che ormai da anni esercita la sua egemonia su tutta la sinistra. Ma le pratiche del divorzio non consensuale si trascinano per molto tempo e pesano su entrambe le famiglie, dove dirigenti, militanti e base manifestano forti resistenze alla separazione. Anni di lotte fianco a fianco, prima contro il fascismo, poi contro le forze della conservazione vittoriose nel '48, hanno fatto dell'unità di classe un vero e proprio dogma, smorzando le diversità ideologiche e appiattendo le due specifiche identità.

A chi combatte ogni giorno contro il padrone-borghese, importa ben poco la distinzione dottrinaria tra il marxismo-leninismo del Pci e il marxismo senza Lenin del Psi. L'obiettivo comune, ancora nel cuore di tutti, è la costruzione del socialismo, che si può raggiungere con la rivoluzione o per via più pacifica, seguendo gli ordini di Mosca o facendo da soli. La differenza non è certo irrilevante; anzi ha segnato una frattura storica mai rimarginata nel movimento socialista internazionale. Eppure, non sembra un ostacolo insormontabile agli occhi della base socialista, che spera nella riconciliazione dei due partiti. Se si riesce in fabbrica ad andar d'accordo persino con i cattolici della Cisl, non si capisce perché socialisti e comunisti si debbano schierare in campi avversi; tanto più che il Pci, anche se fa un gran parlare della mitica rivoluzione bolscevica, nei fatti non ha mai agito, per lo meno apertamente, per preparare il fatidico salto rivoluzionario. È vero che lo «zoccolo duro» comunista, ancora in adorazione di Stalin, ha tirato un sospiro di sollievo quando Krusciov ha mandato i carri armati per «salvare il socialismo» a Budapest; mentre la grande maggioranza dei socialisti, solidali con gli ungheresi in rivolta, non ha creduto alla favola della controrivoluzione borghese, organizzata dagli agenti della Cia e orchestrata dalla Chiesa. Ciononostante, l'Ungheria è lontana, appartiene all'Urss; i suoi problemi non riguardano insomma l'Italia, collocata nella sfera di influenza statunitense. E poi, se si va a guardare come si muovono le potenze nei loro rispettivi domini, ci sarebbe molto da criticare anche per quanto riguarda gli Stati democratici dell'Occidente, costretti a smantellare le loro colonie non certo in modo pacifico, per non parlare della crisi di Suez, esplosa proprio nello stesso fatidico '56.

Sono dunque altre le considerazioni che, a poco a poco, convincono anche una larga parte della base socialista riluttante a staccarsi dai comunisti. La consapevolezza che al Pci non è consentito di principio l'accesso al governo si è ormai diffusa tra il popolo della sinistra, per lo meno nei settori militanti. I socialisti ne hanno preso coscienza fin dal '48 sulla loro pelle, quando la paura delle sinistre al potere ha innescato una fuga travolgente di elettori proprio dalle file del Psi. Gli Stati Uniti, la Chiesa, la Dc, i partiti di destra e del centro laico non permetteranno mai più ai comunisti di varcare le soglie dei ministeri. Fino a quando resta in vita l'impero sovietico, cioè fino al termine della guerra fredda nel 1989, una forza politica che si dica comunista non è legittimata a governare un paese dell'Occidente capitalistico. Nessun veto pregiudiziale pesa invece sui socialisti italiani, pecora nera di una famiglia europea socialista rigorosamente allineata al blocco occidentale; ma naturalmente il Psi si deve staccare dal Pci e fare aperta dichiarazione di fedeltà alla Nato. Tra il '55 e il '56, entrambi i passi sono stati compiuti da Nenni; gli resta solo da convincere tutto il partito, che sul finire del decennio sembra farsi sempre più malleabile di fronte alla prospettiva di entrare nell'esecutivo.

Il miracolo economico appare un'occasione straordinaria e irresistibile agli occhi dei socialisti che nella loro lunga storia hanno governato una sola volta, alle origini della

Repubblica. Nel '45, però, i governanti avevano ben poche risorse per soddisfare le immense, disperate richieste di un paese in macerie; adesso invece lo Stato ha riempito le sue casse, i posti di lavoro non mancano e molti italiani si stanno già arricchendo. Insomma, sembra arrivato il momento magico in cui tutti, anche i più poveri, possono godere del benessere in arrivo, sempre che, a garantire una più equa distribuzione della ricchezza nazionale, il Psi entri nel governo. Sono tanti i mali del paese da curare, tante le ingiustizie da sanare; vanno abbattute le barriere di classe di una società gerarchica che ostacola l'ascesa, a cominciare dall'istruzione; si devono tutelare bambini, donne, anziani, malati, insomma le masse dei deboli, esclusi dai benefici dello sviluppo; va risolto una volta per tutte il problema del Mezzogiorno che, già vecchio di un secolo, resta una piaga aperta anche nel corpo della Repubblica democratica. Anche se governare con la Dc non significa certo realizzare il sogno del socialismo, è pur sempre possibile avviare una politica sociale che da anni gli Stati più evoluti del Nord Europa hanno intrapreso con successo; e si può persino ipotizzare una programmazione economica che incida sul modello capitalistico, finalizzando la crescita non più al profitto privato, ma al bene della collettività.

Non c'è tempo da perdere, come dimostrano le resistenze crescenti dei settori della destra politica ed economica, decisi a far di tutto per impedire l'ingresso del Psi nella mitica stanza dei bottoni. Restare all'opposizione con il Pci significherebbe lasciare nelle mani dei potenti di sempre la carta dello sviluppo, che verrebbe usata per perpetuare i privilegi e tutelare gli interessi di classe, come è sempre avvenuto nella storia d'Italia. Abbattere il capitalismo non è possibile; si può provare però a riformarlo, tanto più che la sinistra democristiana, i socialdemocratici di Saragat e i repubblicani di La Malfa appaiono disponibili a trattare con il Psi sulle riforme. Certo, ognuno vede il riformismo dal suo punto di vista; ma il dibattito che si sta sviluppando su questi temi smuove le acque della cultura di una sinistra italiana ancora dominata dagli ideologismi e attardata su vecchie dispute dottrinarie. Gli intellettuali e i politici socialisti e comunisti, come la maggior parte dell'intellighenzia e della classe dirigente italiana, provengono da studi umanistici, invecchiati e provinciali dopo un ventennio fascista che ha represso ogni spirito critico e isolato l'Italia dal circuito internazionale. Fino alla seconda metà degli anni Sessanta, le scienze sociali sono pressoché ignorate e gli studi di economia languono; persino in campo letterario le voci più innovative di Vittorini, Pavese, Calvino, Pasolini, sono ascoltate con diffidenza se non addirittura censurate.

Qualcosa comincia a cambiare proprio sul finire degli anni Cinquanta, anche perché il terremoto che nel '56 scuote il mondo comunista italiano e internazionale ha un'eco molto forte negli ambienti intellettuali. Al contrario della base militante comunista che al mito di Stalin non vuole rinunciare, il mondo della cultura è profondamente emozionato dalla denuncia degli orrori dello stalinismo. E al momento della rivolta ungherese, la richiesta di libertà che a Budapest sale dalle folle di lavoratori, di studenti, di popolo, scatena in molti una crisi di coscienza profonda; alcuni perdono la fede, altri abiurano. La tutela oppressiva del partito-chiesa che interviene in ogni momento dell'esistenza dei suoi fedeli, persino nella sfera privata, è stata accettata dagli intellettuali con disciplina nel clima di vigilia rivoluzionaria che prima il secondo conflitto mondiale, poi la guerra fredda hanno alimentato. Col passar del tempo, però, nella pacifica vita di ogni giorno dove si smorzano le paure ingigantite e le illusioni oniriche, questa militanza vissuta come eroica missione comincia a pesare. La normalità del quotidiano invita ad una riflessione più pacata sulla realtà e ciascuno vuole essere libero di pensare, di criticare, di giudicare passato e presente, anche a costo di sfidare gli anatemi del partito.

C'è un mondo nuovo da scoprire, da rappresentare, da interpretare che sembra rendere remotissimo il passato appena trascorso; ma soprattutto, vecchi, polverosi e improponibili appaiono i parametri ideologici e culturali elaborati negli anni Venti per leggere la realtà degli anni Sessanta. La rottura della continuità è senza ritorno in tutto il paese, tanto più evidente nei giovani che, nati durante il secondo conflitto mondiale e arrivati adesso alla soglia dei vent'anni, non hanno alcuna conoscenza diretta della tragedia vissuta dall'Europa dei totalitarismi e sono stati appena sfiorati dalle distruzioni belliche. Della sofferta vicenda italiana e persino della guerra civile sanno quanto i padri raccontano; e il racconto delle lotte, dell'esilio, della prigionia, della vita alla macchia sembra quasi una favola per chi si sente sicuro a casa propria. Anche la minaccia di altri terribili conflitti appare lontana, iscritta nell'orizzonte sovrumano delle guerre stellari tra due giganti, Usa e Urss, proprio adesso scesi in gara per conquistare lo spazio.

Astratta da ogni contesto reale, la paura si attenua; si guarda alle grandi potenze con ammirazione, magari si parteggia per l'una o per l'altra; ma il perché di questo immane scontro comincia a diventare indeterminato nella coscienza degli italiani, anche del popolo della sinistra che col sistema capitalistico occidentale sta imparando a convivere. Valori, cultura e costumi d'oltreoceano penetrano con una velocità inaudita nel paese; crollate le fragili barriere che il fascismo aveva eretto nel ventennio, il sogno americano conquista tutti ed entusiasma le nuove generazioni. Nel 1960 l'immagine degli Stati Uniti ha il volto giovane e bello di John Fitzgerald Kennedy, immediatamente diventato un mito che attira persino i comunisti. Per quanto la fedeltà a Mosca non sia in discussione, è venuto il momento di cambiare anche per un Pci che ha conservato intatto il bagaglio dottrinario, ormai vecchio di quasi quarant'anni, ed è ancora guidato dalla stessa leva del '21, formata dai professionisti della rivoluzione, temprati alla scuola stalinista. La diaspora degli intellettuali nel '56 ha già fatto squillare un campanello di allarme; c'è poi il distacco del Psi che lascia il Pci isolato all'opposizione; e infine, va considerato il mutamento in atto nell'intera società, a cominciare dalla classe operaia che dal boom economico si aspetta un balzo in avanti.

Il «papa buono»

Se i vertici del partito comunista prendono atto della nuova realtà iniziando un lento processo di rinnovamento interno, le forze della destra non si rassegnano ai cambiamenti della società. Lo stesso vale per gli alti prelati che continuano a vegliare sui fedeli con immutato spirito autoritario, attendendosi come sempre pronta obbedienza. Si ribella invece una giovane coppia di Prato, sposata con rito civile, che il vescovo nella predica domenicale indica alla pubblica riprovazione come «concubini». L'episodio diventa un caso giudiziario che per mesi occupa le prime pagine dei quotidiani. L'intero paese si schiera su una questione morale con la stessa passione che mette nella contesa politica; tanto più che la sentenza contro il vescovo, condannato per ingiuria, scatena una reazione spropositata in Vaticano, dove Pio XII ordina la chiusura per un giorno di tutte le chiese in segno di lutto. Non serve, naturalmente, a fermare la rapida evoluzione dei costumi nella sfera privata; anzi, finisce solo per evidenziare il pericoloso ritardo accumulato dalla Chiesa che rischia di smarrire più di una pecorella dal gregge dei fedeli, diventati sempre più inquieti e indisciplinati.

In realtà, l'epoca di Pio XII è ormai al tramonto, anche se i potenti cardinali del «pentagono vaticano» si illudono alla morte del papa, nel 1958, di continuare ad esercitare come prima il loro potere. Non a caso, al soglio pontificio viene eletto l'anziano patriarca di Venezia, Roncalli, conosciuto per la sua semplicità, senza una corte personale in Vaticano, che appare malleabile e docile strumento nelle mani di chi ha le chiavi di tutti gli affari della Santa Sede. È un errore; e, a poco a poco, gli alti prelati cominciano a rendersi conto che sulla cattedra di san Pietro si è seduto un pontefice rivoluzionario, destinato a lasciare il suo marchio indelebile nella storia della Chiesa. Con la sua aria innocua da parroco di campagna, Giovanni XXIII ha addirittura in mente di convocare un Concilio perché la Chiesa intera discuta e si confronti con i problemi immensi della modernità. Da queste assise solenni, il mondo cattolico esce cambiato nella dottrina e nell'etica, la Chiesa ritrova spirito ecumenico e si fa più vicina alle masse dei deboli.

Nell'immediato, il simbolo del cambiamento che colpisce di più la pubblica opinione e fa naturalmente discutere, è la scomparsa del latino dalla messa. Cade l'insuperabile barriera di separazione secolare tra i sacerdoti officianti e i fedeli ignoranti, chiamati adesso a farsi protagonisti diretti del rito, a declamare parole diventate comprensibili e che, soprattutto, acquistano finalmente significato. Certo, si perde un po' dell'alone misterico che dava il segno del sovrannaturale; ma il messaggio cristiano arriva diretto al cuore e sembra combaciare con quanto predica il papa buono che si è schierato dalla parte dei poveri cui spetta il regno dei cieli. L'enorme popolarità che Giovanni XXIII si guadagna in pochi anni nasce proprio dalla elementare convinzione che il pontefice non sta dalla parte dei ricchi e dei potenti della terra, non combatte nessuna crociata a favore di un impero contro l'altro. Ama l'intero popolo dei dominati e degli oppressi in qualunque parte del pianeta si trovino e quale che sia il loro credo; e a tutti gli uomini di buona volontà, anche a chi non è illuminato dalla fede cristiana, fa appello per riportare la pace nel mondo e lenire le sofferenze dell'umanità.

La distanza dal linguaggio, l'immagine, la politica di Pio XII appare immensa, soprattutto per gli italiani che hanno visto la Chiesa benedire prima i gagliardetti fascisti e poi la bandiera americana, simbolo della guerra contro il regno comunista del male. E poi c'era l'ingerenza continua nella vita politica di cardinali e vescovi che pretendevano di dettar legge su tutto: come votare, con chi coalizzarsi per governare la nazione e le province, quali deputati mandare a Montecitorio, quali senatori a Palazzo Madama, chi eleggere al Quirinale. È logico che la svolta di Giovanni XXIII venga immediatamente interpretata come un nullaosta al centro-sinistra, fino a questo momento avversato con tutte le forze dall'alto clero. Il nuovo vangelo predicato dal pontefice ha una facile traduzione politica: i giusti che, malgrado le diversità ideologiche, uniscono i loro sforzi nella battaglia per il riscatto dei deboli, sono socialisti e cattolici, decisi a venire incontro con le riforme sociali alle esigenze delle masse lavoratrici.

Il percorso verso una coalizione di governo con il Psi sembra dunque farsi più facile per la Dc, libera dal veto della Chiesa, che anzi potrebbe garantirle il suo pieno appoggio. In realtà, papa Roncalli si mantiene abbastanza defilato; sta incontrando in Vaticano forti resistenze e gli affari interni dell'Italia non sono certo così prioritari da rischiare un inasprimento del conflitto ai vertici della Santa Sede. Il centro-sinistra può aspettare. Ma il prolungarsi dell'attesa non porta alla formazione di governi più stabili; anzi, aumenta l'impazienza degli alleati della Dc e delle opposizioni di destra e di sinistra, tutti pronti ad aggredire gli esecutivi messi sotto tiro in Parlamento dai «franchi tiratori», quei deputati della maggioranza che violano la disciplina del gruppo al momento del voto segreto. Naturalmente, missini e monarchici ne approfittano per puntellare i governi traballanti che diventano così espressione di un'alleanza di centro-destra, inaccettabile per la sinistra democristiana, per i repubblicani e i socialdemocratici. Alla Dc non resta, dunque, che far morire gli esecutivi appoggiati dalla destra, anche se sa benissimo che una nuova compagine ministeriale avrà la stessa identica sorte della precedente.

1960: la protesta
contro il governo Tambroni

Il gioco, tirato avanti troppo a lungo, finisce col diventare pericoloso nel 1960, quando Tambroni, alla guida dell'ennesimo esecutivo di centro, non si rassegna a cadere. Accetta il sostegno del Msi e lo paga consentendo ai neofascisti di celebrare il loro congresso a Genova, città medaglia d'oro della resistenza. Di fronte a questa «provocazione», la protesta degli antifascisti esplode immediata: migliaia di genovesi con bandiere e stendardi delle associazioni partigiane scendono in piazza per dire no, e il tumulto continua per giorni, alimentato dalla mano pesante della polizia che si scatena contro i manifestanti. A questo punto però l'incendio dilaga in tutta Italia, dove una massa straordinaria di gente si mobilita contro il governo di centro-destra. In questa folla non c'è solo la classe operaia rossa, ma anche i lavoratori cattolici e persino quei ceti borghesi progressisti che sono a favore del centro-sinistra. Ai cortei si uniscono i giovani universitari, avanguardia dei loro fratelli minori che otto anni più tardi daranno vita alla contestazione studentesca; i ventenni del '60 non sono così numerosi come nel '68, ma la loro comparsa sulla scena segna l'atto di nascita di un nuovo soggetto politico, le masse giovanili, che rivendicano una propria autonomia nella società italiana.

Queste prime pattuglie arrivano alla politica direttamente dalle aule scolastiche, seguendo le orme della generazione studentesca che vent'anni prima si era ribellata al potere fascista, scegliendo la strada della resistenza armata. Per questi stessi ideali antifascisti i giovani del 1960 sono convinti di battersi: la democrazia è in pericolo, minacciata da un nuovo fascismo che ha fatto il suo primo passo avanti nel cuore delle istituzioni grazie a Tambroni, sceso a patti con i missini. Nel '22 anche Mussolini era salito al potere con l'appoggio dei liberali e dei cattolici e solo in seguito aveva rivelato il suo volto dittatoriale; la storia potrebbe ripetersi se non si ferma subito la svolta autoritaria in atto, che già semina le prime vittime negli scontri con le forze dell'ordine. Tambroni forse non si rende conto che è tramontata definitivamente l'epoca dei «celerini» di Scelba, i reparti «celere» della P.S. diventati famosi alla fine degli anni Quaranta per il loro accanimento nella lotta contro i rossi. Siamo nel 1960, e la minaccia della rivoluzione bolscevica non è più un paravento sufficiente per giustificare le violenze della polizia; tanto più che nei cortei accanto ai comunisti e ai socialisti ci sono i rappresentanti di tutta la società, giovani compresi.

Quali che fossero i reali progetti di Tambroni, che ha sempre protestato la sua lealtà alle istituzioni democratiche, gli incidenti provocano una catena di reazioni tali da lasciare un'impronta marcata su questo 1960, diventato un anno simbolo. Il governo cade, ma rifarne un altro appare impossibile in un Parlamento dove gli animi sono così eccitati da portare allo scontro fisico tra deputati. Non è la prima né l'ultima volta che gli onorevoli vengono alle mani; è però un momento molto delicato nella vita democratica dell'Italia che attraversa un fase di passaggio fondamentale nel processo di crescita politica. Il paese che è sceso in piazza contro Tambroni ha rifiutato nettamente l'ipotesi del centro-destra e con altrettanta fermezza ha detto no alla legittimazione del neofascismo. Se non si vogliono scatenare conflitti laceranti, non resta che varare finalmente le nuove maggioranze di centro-sinistra. A questo inevitabile sbocco si sta rassegnando tutto il grande centro democristiano che il nuovo segretario del partito, Aldo Moro, abile mediatore, riesce a convincere.

La destra cattolica viene messa a tacere; ma in cuor suo maledice l'alleanza con i socialisti, considerati comunisti di serie B che il Pci può continuare a manovrare a suo piacimento. E allarmatissimi sono naturalmente gli industriali e i conservatori, indignati di fronte a una Dc che sembra cedere alle pressioni della piazza. Nessuno crede alla buona fede di Nenni che, fino a ieri, ha fatto da spalla a Togliatti in tutte le battaglie combattute dalle sinistre. Il sospetto che il Psi sia il cavallo di Troia del Pci, mandato dentro le mura della cittadella assediata per conquistarla dall'interno, ossessiona la borghesia d'ordine; tanto più che l'intesa sul programma che si viene delineando tra socialisti, democristiani, socialdemocratici e repubblicani, ha come punto qualificante la nazionalizzazione delle industrie elettriche. La grande stampa quotidiana che è tutta nelle mani della Confindustria, esce con titoli di scatola per annunciare l'imminente sovietizzazione dell'Italia, ormai a un passo dal trasformarsi in una repubblica dell'Est europeo. Il primo governo di centro-sinistra, appoggiato dall'esterno dai socialisti, non si è ancora formato, ma la Borsa comincia a vacillare e qualcuno si affretta già a varcare la frontiera con le valige piene di soldi.

Ancor più esasperati sono i toni usati dall'estrema destra, che vede infrangersi il sogno di acquistare piena legittimazione nel sistema; da anni Michelini, segretario del Movimento sociale, ha puntato tutte le sue carte sul centro-destra, che col governo Tambroni è sembrato per un attimo a portata di mano. La delusione è cocente e brucia ancor più di fronte all'inquietudine crescente nelle fasce movimentiste del Msi, che non hanno mai condiviso la strategia parlamentare scelta dai vertici. L'anima in camicia nera si ribella, insomma, ai dirigenti in doppiopetto sconfitti e senza più carte in mano per tentare la rivincita. Michelini ha accettato la legalità democratica e, in questa cornice, la conquista del potere passa solo per la strada parlamentare delle maggioranze di governo. La tentazione di violare le regole della democrazia serpeggia in tutto il Movimento sociale, anche se Michelini non cambia la sua linea politica, che costa al partito la perdita di alcune frange eversive. I gruppi soprattutto di giovani che si vanno costituendo in questi anni, Ordine Nuovo, ad esempio, faranno molto parlare di sé alla fine del decennio, quando si aprirà la stagione della contestazione studentesca e delle lotte sociali.

La fuga dal Msi dei più duri non risolve però il malessere profondo dell'estrema destra che non rinuncia a marcare la sua presenza nel paese adesso e in futuro. L'Italia di centro-sinistra è diventata maggioritaria; ma l'altra parte, quella del centro-destra, non è una piccola minoranza e, soprattutto, sa di non esserlo. I circa vent'anni trascorsi dalla fine della dittatura sarebbero forse stati sufficienti a sradicare la pianta fascista, se il suo terreno di coltura fosse rimasto senza alimento. A nutrire invece vecchio e nuovo fascismo è intervenuta nel '47 la guerra fredda che ha rilanciato con forza l'anticomunismo, cavallo di battaglia del duce e pilastro portante del regime dittatoriale per tutto il ventennio. Nel '22, per paura del comunismo, la classe dirigente liberale si era consegnata alle camicie nere; nel '45, tanti borghesi avevano rimpianto il fascismo, quasi che la minaccia della dittatura comunista potesse venir scongiurata solo da un'altra dittatura. Un regime democratico appariva troppo fragile per contrastare l'avanzata dei comunisti, anche se, alla fine, reazionari, conservatori e moderati avevano investito sulla Dc che, sostenuta dalla potenza della Chiesa e degli Stati Uniti, aveva sigillato le porte d'accesso al potere alle sinistre. Insomma, si erano accettate le nuove regole, ma solo in una democrazia blindata.

Nel clima teso di quegli anni, i neofascisti avevano approfittato dello scontro comunismo-anticomunismo, per cercare di legittimarsi e, contemporaneamente, prendersi una rivincita sugli antifascisti. Bastava convincere la gente dell'identità tra comunismo e antifascismo; e non era poi così difficile dal momento che lo stesso Pci demonizzava spesso i suoi avversari, bollandoli col marchio di fascisti o «clerico-fascisti». Questa alterazione della storia lascia un segno profondo nella vita politica italiana che va ben oltre gli anni più esasperati della guerra fredda. In primo luogo, ritarda il processo di crescita democratica del paese nel suo insieme e contribuisce a mantenere acceso uno spirito di intolleranza, destinato ad emergere anche a distanza di molto tempo, specie tra i più giovani; ma soprattutto diventa un alibi perfetto per chi vorrebbe sovvertire le istituzioni democratiche. La tentazione cresce appunto all'inizio degli anni Sessanta, con l'avvio del centro-sinistra, interpretato come un'abdicazione da parte della Dc al suo ruolo di baluardo impenetrabile contro il comunismo. Anzi; il sospetto di collusione con il nemico comunista è scritto a chiare lettere sulla stampa dell'estrema destra. Se si accetta l'equazione missina antifascismo uguale comunismo, non ci possono essere dubbi che l'alleanza tra democristiani e socialisti, cementata nei giorni della mobilitazione contro il governo Tambroni, in nome appunto dei valori antifascisti, sia solo la copertura di un accordo comprensivo anche del Pci.

Questa propaganda aumenta naturalmente i timori di quanti guardano con preoccupazione ai nuovi equilibri politici che nascono tra fermenti di piazza e scontri in Parlamento. Per quanto in un quindicennio la cultura liberaldemocratica abbia fatto passi avanti, è ancora molto diffusa l'antica diffidenza verso la democrazia, mentre cresce il desiderio di un governo forte, il che sottintende un cambiamento netto dello scenario istituzionale. Anche se sono diminuiti i nostalgici della dittatura fascista, a molti non dispiacerebbe un assetto autoritario del potere o quanto meno una Repubblica presidenziale, guidata col pugno di ferro come avviene in Francia, dove proprio in questo periodo è salito al potere il generale De Gaulle. Non sono solo gli industriali ad aver paura delle sinistre che avanzano; i più convinti della necessità di non abbassare la guardia di fronte alla minaccia del comunismo, fattasi più insinuante, operano proprio in quei settori dell'amministrazione pubblica preposti all'ordine interno e alla difesa dello Stato. Il fallimento dell'epurazione nel '46 ha lasciato nei gangli più delicati della Repubblica democratica un personale addestrato e promosso ad incarichi direttivi dalla dittatura fascista che si era consolidata grazie soprattutto alla sua potentissima macchina repressiva. Con l'inizio della guerra fredda, questi compiti di sorveglianza, controllo, prevenzione dell'attività sovversiva hanno acquistato di nuovo un'importanza fondamentale; e a svolgerli, appunto, sono gli stessi uomini del regime, in contatto diretto con i servizi speciali che Stati Uniti e Nato hanno predisposto per la lotta contro il blocco sovietico.

L'intreccio tra i problemi politici interni e l'esigenza di difendere l'Italia da un attacco esterno, nasce naturalmente dalla presenza di un partito comunista italiano così forte da apparire la quinta colonna di Mosca, insinuata nel cuore di un paese membro del Patto Atlantico per mettere a soqquadro il campo occidentale. Tuttavia, col passar del tempo, questi timori ossessivi dovrebbero scemare, tanto più che nei quasi vent'anni trascorsi il Pci non ha mai violato neppure per un attimo la legalità democratica. Invece, è proprio a partire dal 1960 che sull'Italia cominciano a gravare misteri e trame golpiste che non possono non alimentare il sospetto di un uso strumentale del «pericolo rosso». Sembra quasi, insomma, che tra la destra neofascista che si sente ormai esclusa dal gioco e quei settori delle istituzioni timorosi di perdere potere col declinare della tensione anticomunista, si stringa, agli inizi degli anni Sessanta, un patto scellerato destinato a pesare sul futuro della Repubblica. Né gli uni né gli altri hanno alcun interesse al consolidamento della democrazia italiana: in uno Stato dove le regole democratiche sono rispettate e il popolo è consapevole dei propri diritti e libertà, il neofascismo non trova spazio; può solo ridursi ad una piccola minoranza di esaltati che inseguono sogni totalitari. Bisogna invece alimentare un clima di paura, agitare il pericolo rosso in agguato perché il paese e il mondo politico vivano in uno stato di perenne incertezza che lascia ampi margini di manovra agli uomini dei servizi segreti e alla destra radicale.

L'Italia e l'Europa

Nonostante l'infittirsi delle trame golpiste, rovesciare le istituzioni repubblicane non è così facile. Anche se la Repubblica non ha ancora compiuto la maggiore età, la società italiana è cresciuta in consapevolezza di sé e dei suoi diritti, e comincia ad abituarsi alla democrazia. Le lacerazioni del dopoguerra si sono in parte rimarginate ed esauriti sembrano gli odi e la sete di vendetta; l'avversario politico non è più il nemico da uccidere; le campagne elettorali non sono un fronte di guerra dove chi vince ha diritto di vita e di morte sullo sconfitto. Un ventennio è stato sufficiente alla dittatura fascista per piegare alle sue regole la popolazione; vent'anni dopo il crollo del fascismo, i cittadini sembrano aver imparato i primi rudimenti della lezione democratica, che sicuramente piace di più. Certo, miti e utopie totalitarie sono ancora profondamente radicati nell'animo delle masse che sono state cresciute ed educate nell'era delle grandi ideologie, capaci di tutto spiegare, di dare certezze incrollabili, soprattutto di prefigurare un futuro meraviglioso a chi, da generazioni, vive una dura esistenza. La democrazia non ha alcuna ricetta miracolosa da offrire, non promette un avvenire perfetto dove tutti i mali, le ingiustizie, le sofferenze, le brutture dell'umanità saranno cancellate; indica solo gli strumenti per vivere in modo migliore il presente, senza spargere sangue, senza scatenare irrimediabilmente la violenza, l'intolleranza, il sopruso, l'arbitrio.

Dopo tanti anni di sudditanza e di oppressione, la maggioranza degli italiani sembra disposta ad ascoltare questo messaggio che non esalta, ma rassicura ciascuno sul rispetto almeno formale della propria dignità di persona. La democrazia diventa dunque un veicolo di nazionalizzazione assai più efficace di quanto non sia stata la propaganda patriottica del fascismo totalitario; il senso di appartenenza ad una comunità di cittadini trova più facile sviluppo là dove diritti e doveri, libertà e giustizia diventano i parametri condivisi dell'esistenza civile. Nella cornice democratica meno insuperabili appaiono le barriere che dividono gli italiani; governanti e governati, ricchi e poveri, abitanti del Sud e del Nord, delle campagne e delle città, giovani e vecchi, uomini e donne sono tutti chiamati a rispettare le stesse norme, ad esercitare gli stessi diritti, ad avere propri e liberi rappresentanti nelle istituzioni dello Stato nazionale. E questa nazione non è poi così astratta come era apparsa nel racconto del Risorgimento letto sui libri di scuola. Adesso, per capire che cos'è l'Italia e chi sono gli italiani, si hanno a disposizione altri mezzi, più diretti e alla portata persino degli analfabeti.

Agli inizi degli anni Sessanta, proprio quando si celebrano i cent'anni dall'unità d'Italia, il cinema si mette in cattedra con una grazia e una forza tali da incidere profondamente nella crescita di una coscienza democratica. Fin dall'immediato dopoguerra, una forte carica politico-civile ha caratterizzato la generazione dei registi del neorealismo, destinati a lasciare il segno nella storia della cinematografia italiana. L'Italia in macerie si può raccontare con le immagini di *Sciuscià*, di *Roma città aperta*, di *Ladri di biciclette*, anche se la rappresentazione di una vita quotidiana così drammatica, sofferta e miserabile aveva finito col dar fastidio a molti nei palazzi del potere. Era dura a morire la vecchia mentalità del fascismo che aveva bandito dai giornali la cronaca nera e censurava accuratamente ogni fotogramma. Col passar degli anni, è la stessa leva neorealista ad abbandonare il tema del presente per affrontare, con identica incisività stilistica, la storia d'Italia recente e recentissima. *Il generale Della Rovere, La grande guerra* e *Tutti a casa* sono tre affreschi formidabili per capire la nascita di una nazione; e l'enorme successo di pubblico riscosso indica che la popolazione in questi film si è ritrovata, si è identificata con la vicenda dei piccoli-grandi uomini, eroi per caso e controvoglia, pronti però a morire per la patria di tutti.

L'acquisizione di un'identità nazionale compiuta è del resto importante anche rispetto al processo di integrazione tra le nazioni europee che negli anni Cinquanta ha fatto passi da gigante, soprattutto sul terreno dell'economia. L'idea di unire gli Stati dell'Europa, in cantiere fin dagli anni Quaranta, non ha provocato rilevanti resistenze tranne da parte del Pci che ha visto nell'europeismo uno strumento per perpetuare la divisione del continente. I paesi comunisti dell'Est che la cortina di ferro separa da quelli dell'Ovest sono naturalmente esclusi dai progetti degli europeisti, impegnati a costruire un'Europa comunitaria iscritta nella sfera di influenza economica degli Stati Uniti e ispirata ai valori democratici. L'Unione Sovietica la sente dunque come un'ulteriore minaccia, un altro potente strumento di guerra contro il blocco comunista; e il partito comunista italiano, come al solito, si è allineato a Mosca. Ma le critiche dei comunisti, questa volta, hanno presa solo tra i militanti del partito e trovano debole eco persino nel Psi che già a metà degli anni Cinquanta sembra orientato definitivamente a favore dell'integrazione europea.

Quanto alle altre forze politiche, cattolici e laici sono dichiaratamente europeisti per molte ragioni, non ultima la stessa guerra fredda che ha costretto nel 1949 l'Italia a firmare con gli Stati dell'Occidente un'alleanza militare, poco gradita dalla maggioranza della popolazione. Le campagne pacifiste orchestrate in quel periodo dalle sinistre hanno avuto nel paese un successo straordinario che la Dc e i suoi partner di governo non hanno per nulla sottovalutato; tanto più che la sinistra cattolica e non pochi socialdemocratici erano apparsi, allora, fortemente critici sulla firma del Patto Atlantico. Il peso di questa scelta sembrava però attenuarsi nella cornice di un progetto che puntava ad un accordo globale tra tutte le nazioni europee. Si stabilivano regole per la difesa comune dell'Europa, così come si fissavano le norme per mettere in comune risorse economiche fondamentali allo sviluppo di ciascun paese e dell'intero continente. La Comunità Europea del Carbone e dell'Acciaio (Ceca) aveva già cominciato a funzionare nel 1952 e nel 1957, a Roma, si firmavano i trattati istitutivi della Cee e dell'Euratom.

L'Italia, partner debole dal punto di vista militare ed economico, non poteva che giovarsi di questa integrazione con paesi più forti e più ricchi. Iscritto in un futuro più lontano, c'era anche il sogno dell'unificazione politica dell'Europa, che nella fase iniziale era apparso meno irraggiungibile. Fino al 1954, a guidare le sorti dell'Italia, della Francia e della Germania c'erano tre esponenti cattolici, De Gasperi, Schuman, Adenauer, tutti convinti europeisti che all'edificio da costruire volevano dare solide fondamenta, piantate in un terreno di valori condivisi. L'unificazione si iscriveva insomma in un progetto di rivitalizzazione della civiltà europea, pressoché distrutta dopo la tragedia di due conflitti mondiali e ormai decaduta dal ruolo di centro del mondo. Naturalmente, la nuova linfa vitale doveva venire dagli ideali della cristianità, insidiati ad Est e ad Ovest dal materialismo dominante nell'impero capitalistico degli amici americani così come dal marxismo ateo del nemico comunista.

Con la scomparsa di De Gasperi (1954) e il declino di Schuman, l'Europa cristiana aveva perso di attualità; ma anche tra i laici c'erano molti entusiasti europeisti che vedevano nell'unità europea la soluzione alla perpetua, devastante conflittualità tra le nazioni del continente. Il movimento dei federalisti, riuniti intorno ad Altiero Spinelli, veniva da lontano, dal tempo della dittatura fascista, quando un gruppo di antifascisti relegati al confino nell'isola di Ventotene avevano lanciato il primo manifesto per l'unificazione politica dell'Europa. Le resistenze degli Stati-nazione, all'indomani della guerra, avevano fatto cadere molte illusioni; ma in Italia dove si scontava un forte ritardo nella nazionalizzazione delle masse, l'idea degli Stati Uniti d'Europa piaceva a molti, tanto più che si voleva dimenticare un ventennio di retorica fascista sulla patria, finito nel bagno di sangue del conflitto mondiale.

Gli anni Cinquanta si chiudono comunque con un successo per gli europeisti che, delusi nelle aspettative di unificazione politica, vedono però avanzare l'integrazione economica. E gli effetti del Mec si fanno subito sentire; il boom dell'economia italiana si realizza anche per la presenza di un mercato comune che assorbe immediatamente i prodotti e non pone ostacoli protezionistici alla circolazione delle merci, delle materie prime e dei lavoratori. L'enorme flusso migratorio dal Sud verso il Nord non si ferma a Torino e a Milano; tra il '58 e il '63 più di mezzo milione di italiani valica la frontiera per cercare lavoro in Europa; l'86% trova occupazione in Svizzera e soprattutto in Germania, dove nel giro di pochi anni si forma una numerosa comunità italiana. Contemporaneamente, si riduce a meno di 250.000 persone l'emigrazione transoceanica, una scelta dolorosa e il più delle volte senza ritorno, che estirpa alle radici l'identità originaria dell'emigrante. Nei paesi europei, relativamente vicini, invece l'immigrato è in grado di mantenere vivi i legami affettivi e politici con la propria terra; può tornare spesso a casa, magari approfittando degli sconti sui biglietti ferroviari in occasione delle elezioni. Nessuno poi rinuncia alle vacanze in Italia, dove nel mese di agosto un mare di veicoli con targa tedesca transita sul passo del Brennero; e non sono solo turisti stranieri. In ogni caso, gli immigrati italiani in Europa si sentono più tutelati anche dai legami sempre più fitti tra gli Stati del continente, diventato ormai un mercato comune.

Se i lavoratori circolano liberamente oltre frontiera, alla scoperta dell'Europa cominciano ad andare in massa i giovani borghesi, a cominciare dai più benestanti che i padri mandano all'estero per imparare le lingue straniere. L'integrazione europea accelera la corsa all'istruzione che appare travolgente in un paese come l'Italia che ha appena sconfitto, e non del tutto, la piaga dell'analfabetismo; nel 1961 gli analfabeti sono ancora l'8,3% della popolazione. Adesso però non basta solo leggere, scrivere e parlare correttamente l'italiano; è diventato indispensabile conoscere l'idioma, i costumi, la cultura degli altri paesi per chi si prepara a dirigere un'azienda, per chi cerca un posto di prestigio nell'amministrazione pubblica, insomma per chiunque voglia immettersi nel circuito economico-finanziario trainante. E gli effetti di questa internazionalizzazione sono un ulteriore balzo in avanti di tutta la società italiana. Non è casuale che il primo governo di centro-sinistra iscriva nel suo programma la riforma della scuola, introducendo l'obbligo all'istruzione fino ai quattordici anni e lo studio di una lingua straniera negli ultimi tre anni di studio.

3

Benessere e malessere

Il consumismo

Con gli anni Sessanta la Repubblica entra nell'era del benessere e del consumismo. Anche se il ritmo tumultuoso dello sviluppo si affievolisce e nel 1964 si sconta la prima fase congiunturale negativa, la produzione continua a crescere e le esportazioni registrano una vistosa espansione. Basta guardare alle automobili in circolazione per il paese: nel 1956 erano un milione; nel 1962 sono diventate 3 milioni, balzate l'anno successivo a 4 milioni; con lo stesso ritmo, sono triplicati anche i chilometri di autostrade, che attraversano come una rete fittissima tutta l'Italia. Ma c'è ormai chi viaggia persino sugli aerei, che da meno di 400.000 passeggeri nel 1956 sono passati a trasportare quasi 2 milioni di persone nel '61 e più di 3 milioni nel '65. Lo straordinario sviluppo delle comunicazioni si riflette anche sull'incremento degli apparecchi telefonici, più che raddoppiati, passando dai 2 milioni del 1956 ai 4 milioni e mezzo del '65. Dal '60 al '65 si moltiplicano le vendite dei prodotti italiani all'estero; ma l'industria fa ottimi affari anche in Italia, dove la popolazione sembra irrimediabilmente contagiata dal virus del consumismo. A incoraggiarla agli acquisti c'è adesso una pubblicità massiccia, più accattivante e sofisticata di prima, che trova nella televisione lo strumento ideale per esprimersi. «Carosello» è un appuntamento televisivo che nessuno vuol perdere e i suoi messaggi, immediatamente memorizzati, entrano nel linguaggio corrente soprattutto dei più giovani, la prima generazione di teledipendenti.

Si compra il necessario e il superfluo: nel 1960 il consumo di carne è già salito di un terzo rispetto agli anni Cinquanta; tra il '60 e il '66 ha un incremento ancora maggiore; lo stesso si può dire dello zucchero e di altri generi. Per non parlare di quei prodotti, fino a questo momento mai entrati nelle dispense degli italiani, dalla Coca-Cola ai surgelati, a tutti i cibi confezionati che fanno quasi temere la scomparsa della ricca tradizione culinaria italiana. Dai generi alimentari la febbre degli acquisti dilaga in ogni settore. Le case degli italiani si riempiono di una quantità di oggetti nuovi, alcuni fino a questo momento sconosciuti, altri talmente rimodernati nel modello da apparire un'assoluta novità: la televisione, naturalmente, ma anche la lavatrice, l'aspirapolvere, il frigorifero, la pentola a pressione, il mangiadischi, la macchina da scrivere portatile; e poi, letti, divani, tavoli, armadi, lampade, tende e tendaggi, insomma, tutto il necessario per riarredare completamente le abitazioni su cui in tanti, ricchi e meno ricchi, cominciano ad investire con la progressiva dilatazione del mercato immobiliare. In ogni caso, anche chi ha poco da spendere non rinuncia alle nuove suppellettili, tanto più che la rivoluzione della plastica per uso domestico consente di comprare di tutto. I vecchi mobili di legno, passati di padre in figlio, finiscono nei negozi dei rigattieri, dove gli antiquari fanno incetta di molti preziosi manufatti da rivendere a un pubblico più ricco e così sofisticato da disprezzare l'inconsistente, indistruttibile e coloratissimo materiale plastico che sta ormai sostituendo ogni cosa, carta, metallo, vetro, pelle, cotone, lana e seta. Il mondo intero ancora non lo sa; ma sta per soffocare nel mare dei rifiuti plastici, di assai problematico smaltimento.

Il nuovo prodotto è accolto con gioia dalle donne innanzi tutto, casalinghe e non, che rimettono a nuovo le case e riacquistano anche il piacere di vestirsi. Le prime calze di nylon che avevano sostituito quelle di seta, introvabili e a prezzi proibitivi, erano arrivate con le truppe americane durante l'occupazione alleata; adesso, a vent'anni di distanza, con i tessuti sintetici si fa di tutto, persino i cappotti, a costi più accessibili. E comprarsi vestiti nuovi non è più un passatempo riservato alle signore dell'alta borghesia. Alla moda si appassionano milioni e milioni di donne di ogni settore sociale, come dimostra il boom nelle vendite delle riviste femminili, destinate anch'esse ad avere un ruolo importante nell'educazione e nella crescita della parte più debole della popolazione, restata ancora in condizione di totale minorità. Si comincia con l'abbigliamento che diventa subito un veicolo per trasmettere messaggi rivoluzionari: le gonne si accorciano, le scollature si approfondiscono, le scarpe hanno tacchi a spillo; scompaiono i cappelli, si levano i guanti, si tingono i capelli, si trucca il viso. Pochi anni prima solo le prostitute si comportavano così; adesso l'intero universo femminile scopre il magico aggettivo inglese *sexy*.

Si fanno i primi passi verso la liberazione sessuale, destinata a diventare una delle bandiere del movimento femminista che nascerà alla fine degli anni Sessanta. All'inizio del decennio il processo, appena iniziato, esprime soprattutto il desiderio di sentirsi più libere, di sfuggire alla soffocante tutela dei maschi, di acquistare insomma maggiore autonomia, anche nel decidere che cosa indossare. Padri e mariti si devono rassegnare; non è possibile rinchiudere in casa le donne che sempre più numerose entrano nel mondo del lavoro e vivono nei grandi centri urbani dove hanno seguito i loro uomini emigrati dal Sud, abbandonando riti, tradizioni e comportamenti dell'antica famiglia contadina. Lo stesso vale per i giovani, che non ubbidiscono più alle vecchie regole. I ventenni scesi in piazza a dimostrare contro Tambroni nel 1960 sono l'avanguardia di un universo giovanile, destinato a diventare il nuovo protagonista sociale del decennio. Adesso, chi compie sedici-diciott'anni acquista uno status particolare, quello di giovane, che prescinde dall'appartenenza sociale, dai legami familiari, territoriali, persino nazionali; ma ha le sue peculiari regole e abitudini, con costumi e gusti omologhi in tutto l'Occidente capitalistico.

Nuovi simboli, miti e idoli arrivano in Italia dagli Stati Uniti e dalla Gran Bretagna, i paesi leader della rivoluzione giovanile. La musica è come un filo sonoro che lega questo universo in fermento: Armstrong e il jazz avevano già incantato la prima generazione di ventenni del dopoguerra; adesso, i *teen-agers* impazziscono per il rock di Elvis Presley; infine, arrivano i Beatles. Persino i vestiti che si indossano appaiono tutti uguali con l'arrivo dei jeans; giacca e cravatta scompaiono dal guardaroba dei giovani che fino a ieri vestivano più o meno come gli adulti. Le imprese capiscono immediatamente le enormi potenzialità di questo nuovo mercato; ma i genitori non riescono ad accettare un abbigliamento così disinvolto, né la nuova moda dei capelli lunghi per ragazze e ragazzi. E stupire, scandalizzare, andare controcorrente sembra proprio il loro obiettivo: l'identità di giovane sta appunto nel marcare la separatezza dal mondo degli adulti che pretendono di plasmare i figli a propria immagine, perché guardano a loro come piccoli uomini e piccole donne ancora incompiuti. Il dato anagrafico, trasformato invece in un valore a sé, diventa il comune denominatore di milioni di adolescenti e di giovani inquieti e insofferenti verso i padri. È questa dimensione di massa, orchestrata ed enfatizzata dai mezzi di comunicazione in pieno sviluppo, a rendere straordinario un fenomeno che in ogni epoca storica ha visto una ristretta élite di rampolli borghesi interpretare il malessere della crescita, ma anche l'ansia creativa, la voglia di inventare, innovare, trasformare fino a rendere irriconoscibile quanto la generazione precedente ha lasciato in eredità.

E naturalmente l'Italia, così come è stata costruita nei vent'anni appena trascorsi, non piace. Eppure è costato tanta fatica pacificare il paese, dotarlo di regole democratiche, rimettere in moto la macchina dell'economia, dare risposte all'inestinguibile domanda di lavoro. Se si voltano indietro, i padri, qualunque sia il loro credo politico, possono essere soddisfatti dei passi avanti compiuti. Non importa quanto ancora lungo sia il percorso perché la democrazia si consolidi e il benessere possa raggiungere anche i troppi esclusi, rimasti poveri ed emarginati come e più di prima. La strada tracciata sembra la migliore possibile; basta continuare a lottare con impegno nelle file dei partiti e dei sindacati che ciascuno ha scelto a propria guida in politica, in fabbrica, negli uffici. A maggior ragione, non si capisce perché i figli rifiutino di seguire le orme di chi in famiglia ha l'esperienza necessaria per guidare i loro passi incerti nel mondo degli affetti e del lavoro. Insomma, per i quarantenni, non importa se operai o borghesi, è difficile decifrare l'inquietudine esistenziale dei diciottenni e dei ventenni che, a metà del decennio, comincia già ad assumere i connotati della contestazione, destinata ad esplodere violenta dal '68 in poi.

Sembra che nulla piaccia a questi giovani che hanno avuto il privilegio di arrivare alla maturità con molte più sicurezze di quanto non abbiano avuto i loro genitori: non hanno sofferto guerre, né subìto dittature; non sono stati privati del cibo e le possibilità di lavoro non mancano. Forse sono proprio questi motivi a renderli così irragionevolmente scontenti di vivere nella nuova società dei consumi, che appare loro vuota di valori, soddisfatta dei beni materiali raggiunti, cieca di fronte alle tante ingiustizie, alle tante miserie, alle tante minacce incombenti sull'umanità intera. E ad accusare i padri sono proprio quei figli che credono con fervore agli ideali antifascisti dei fondatori della Repubblica. Al momento del crollo del fascismo non erano nati o stavano ancora in culla; ma, dal racconto dei protagonisti, dai romanzi e dai film, la resistenza è diventata un mito, un'impresa leggendaria che fa dell'impegno politico un atto eroico, la missione di una vita. Più enfatizzata è l'immagine del passato, più deludente sembra il presente: questa Italia non vale le sofferenze patite, l'esilio, il carcere e il sangue versato dagli antifascisti.

Affiora così il desiderio di costruire un mondo nuovo, capace di dare significato concreto a ideali ancora astratti che i giovani degli anni Sessanta hanno ereditato dalla generazione precedente. Ma l'inquietudine e la frustrazione che il conflitto tra sogno e realtà suscita, traspare già nelle immagini della *Dolce vita*, il capolavoro di Federico Fellini, uscito nel 1960, non a caso proprio all'aprirsi del decennio. Nello stesso anno un altro grande regista, Luchino Visconti, firma *Rocco e i suoi fratelli*, scoprendo senza pudori l'altra faccia del boom economico, quella violenta e disperata degli immigrati al Nord, illusi e corrotti dal mito di un benessere a portata di mano. Né Fellini, né Visconti e neppure Antonioni che, con vena più intimista, parla al cuore dei giovani di alienazione e di incomunicabilità, fanno parte di questa generazione; colgono però le contraddizioni della nuova società cresciuta troppo in fretta, ancora imbrigliata in una cornice politica, sociale, culturale ormai anacronistica. Nelle istituzioni, nei partiti, nei sindacati, nelle famiglie è rimasta viva la mentalità autoritaria fascista, che appare adesso tanto più intollerabile quanto più ampi si sono fatti gli spazi di libertà.

Un decennio di lotte operaie: 1962-1972

In fabbrica, le prime avvisaglie di una mobilitazione che si protrarrà per altri dieci anni risalgono al '62, quando si apre un ciclo di lotte sindacali che mette subito in allarme il padronato. All'inizio i sindacati non sembrano preoccuparsi, tanto più che le richieste della base esprimono la giusta rivendicazione delle masse lavoratrici, decise a pretendere salari adeguati ai livelli europei. Il boom economico è stato realizzato anche grazie alle paghe basse e ai ritmi stressanti di lavoro; e adesso che il benessere è arrivato, gli operai presentano il conto. A poco a poco Cgil, Cisl e Uil si accorgono dell'impazienza crescente tra le maestranze più giovani, che non sono disposte ad aspettare con calma e rassegnazione la soluzione del conflitto; i tempi della trattativa sono troppo lunghi e logoranti, e i concordati finalmente raggiunti tra i vertici sindacali e la Confindustria deludono, comunque, le aspettative. Nel grande calderone della produzione in pieno sviluppo, i sindacalisti che trattano a Roma non possono fare troppe distinzioni tra impresa e impresa: il contratto che va bene per la Fiat vale per tutti i metalmeccanici in qualunque officina lavorino.

Nei vent'anni trascorsi, le confederazioni sindacali si sono rafforzate, contano centinaia di migliaia di iscritti e per gestire questa gigantesca macchina hanno dovuto attrezzarsi con un personale impiegatizio che non ha mai varcato la soglia di una fabbrica. Questa progressiva burocratizzazione lede il rapporto con la massa degli operai, che si ritrovano vincolati agli accordi stipulati sulle loro teste da chi non vive l'esistenza quotidiana negli stabilimenti industriali, non soffre la fatica di ogni giorno alla catena di montaggio o nei reparti pesanti con i turni di notte, né subisce i piccoli soprusi quotidiani, le angherie dei capireparto, invisi a tutti, specie ai ventenni diventati insofferenti verso le autorità a casa e al lavoro. Un aumento di paga non basta più a soddisfarli; i giovani operai vogliono più tempo libero, più ferie, più assistenza; pretendono ritmi di lavoro meno massacranti, maggiore sicurezza negli impianti, spazi per l'attività sindacale in azienda, insomma una diversa qualità di vita nelle fabbriche, il primo passo per una migliore esistenza anche fuori dai cancelli.

Se i sindacalisti burocrati non capiscono questi bisogni,

si può anche fare a meno dei sindacati. Rompere i vincoli associativi di una tradizione ormai quasi secolare, sembra turbare ben poco questa nuova manovalanza giovanile, trasformata in classe operaia da pochi anni e fino a ieri analfabeta e spoliticizzata. Ha fatto prestissimo ad acquistare una coscienza politica e sindacale e si è subito collocata su posizioni radicali; ma non ha né il rispetto reverenziale, né la cieca fiducia di chi da una vita milita nelle file di un partito e di un sindacato, e magari era già in fabbrica quando la dittatura fascista aveva messo fuori legge tutte le libere organizzazioni dei lavoratori. È storia passata, lontanissima agli occhi dei giovani operai che rifiutano in blocco l'esperienza dei padri. Incomprensibili sono anche le divisioni tra sindacato e sindacato che risalgono ad un passato remoto quando nell'Italia settentrionale, zona per zona, si erano gettati i primi semi delle subculture territoriali, rosse dove erano arrivati i propagandisti anarchici e socialisti, bianche dove religiosi e cattolici laici si erano votati al riscatto dei poveri. Negli anni Sessanta, le radici subculturali sono ancora forti; ma le vecchie barriere tra regione e regione non corrispondono più a differenti soggetti sociali. Pressoché scomparse le sacche di miseria secolare, il mondo contadino del Nord appare assai più omogeneo di prima e, con il dilatarsi della piccola e media impresa, è cresciuto un tessuto operaio uniforme dal Piemonte al Veneto, dall'Emilia-Romagna alle Marche. Lo spirito unitario è dunque fortissimo in queste nuove maestranze, quale che sia la tessera sindacale, della Cisl, della Uil o della Cgil.

I comitati unitari di base (Cub) che nascono un po' ovunque nelle fabbriche del Nord in questo periodo fanno suonare un segnale d'allarme ai vertici delle Confederazioni, decise a questo punto ad accettare la sfida. A ben vedere, le richieste che salgono così irruenti dal basso non sono poi irragionevoli e il successo dei Cub sta a dimostrare l'urgenza di rinnovare dopo vent'anni le strutture sindacali invecchiate. Innanzi tutto, però, i sindacati non devono farsi spodestare dal ruolo-guida delle lotte, ormai entrate in una spirale di crescita inarrestabile, destinata a protrarsi fino al '72-73, con una punta massima nel '69, l'anno dell'«autunno caldo». L'autorevolezza che Cgil, Cisl e Uil si guàdagnano sul campo ha un'importanza fondamentale per conservare la loro presa nel mondo del lavoro. Certo, aiutano, e non poco, i governi di centro-sinistra, che consentono ai sindacati di vincere molte battaglie (la più significativa, alla fine del decennio, quella dello statuto dei lavoratori). Ma decisiva è anche la rottura della cinghia di trasmissione che nel passato faceva dei sindacati la cassa di risonanza della linea dei partiti di riferimento. Il recupero di un'autonomia sindacale fa compiere passi da gigante al processo di riunificazione tra le tre Confederazioni che, iniziato da qualche anno, alla fine dei Sessanta si può quasi considerare completato.

È una vittoria su tutta la linea, destinata ad avere un'incidenza profonda su tutta la società italiana che sembra addirittura riconoscere ai sindacati compiti e responsabilità fino a ieri attribuite ai partiti. Il «pansindacalismo», come è stato definito, sta anche in questa funzione vicaria assunta dalle Confederazioni in un momento di grave difficoltà per tutte le organizzazioni politiche, sicuramente più lente a rispondere alla stessa sfida che ha colto di sorpresa i sindacati agli inizi degli anni Sessanta. A contestare l'autorità non sono solo i giovani operai; nelle organizzazioni giovanili dei partiti, del Psi, del Pci e anche del Msi, c'è un forte risveglio di attività; così come fervono iniziative nei gruppi di base cattolici che hanno avuto grande impulso dal pontificato di Giovanni XXIII. E questa mobilitazione smuove le acque delle università italiane, dove si reclutano le nuove leve della classe dirigente.

La contestazione degli studenti

Pressoché precluse ai figli degli operai, minoranza esigua della popolazione studentesca, fino a metà degli anni Sessanta, le università italiane erano restate relativamente estranee alle tensioni politiche. In tutto il ventennio precedente prevaleva un certo spirito goliardico che si colorava di tinte neofasciste soprattutto negli atenei del Sud, dove l'estrema destra riscuoteva numerosi consensi tra la massa di figli di borghesi e piccolo-borghesi con un futuro di disoccupati davanti a sé. L'influenza di democratici, socialisti e comunisti era limitata alle isole di antifascismo, sorte già durante la dittatura intorno ad alcuni autorevoli docenti che erano riusciti a trasmettere ideali e valori, destinati col tempo a dare i loro frutti. Si trattava però di eccezioni nel conformismo prevalente di un corpo accademico tradizionalista e conservatore, autoritario e attaccato ai suoi privilegi, protetto da una legislazione universitaria e da strutture accademiche ereditate dal ventennio dittatoriale. Ciononostante, neppure le università riescono a sottrarsi alla grande trasformazione della società che nei primi anni Sessanta sposta a sinistra l'asse dell'equilibrio politico.

Anche se ai vertici delle Facoltà siedono i potenti «baroni» di sempre, una cultura antifascista si va sviluppando tra i docenti dei livelli inferiori a più diretto contatto con la massa studentesca che cambia ogni anno a vista d'occhio. Innanzi tutto, aumenta il numero: da meno di 20.000 iscritti nel 1950 si arriva nel '62 ad un vero e proprio boom, più di 300.000 (nel '68, l'anno della contestazione, saranno circa 450.000). Nell'Italia in pieno sviluppo economico, dove l'industria ha bisogno di tecnici ad alto livello e si dilata l'area delle professioni e dei servizi, la laurea è dunque diventata un buon investimento. Naturalmente è ancora un privilegio e tale rimarrà fino ad oggi, come conferma la bassissima percentuale di laureati, che in quarant'anni aumenta solo del 2,6%: l'1% nel 1951, l'1,3% nel '61, l'1,8% nel '71, il 2,8% nell'81, il 3,6% nel '91. Tuttavia, a partire dalla metà degli anni Sessanta, sono in tanti ad iscriversi nella speranza il più delle volte delusa di conquistare l'ambitissimo titolo di dottore che fa sognare padri e madri, pronti a qualunque sacrificio pur di offrire ai figli questa opportunità. I loro figli, però, non hanno lo stesso spirito di abnegazione; soprattutto non sembrano disposti a sopportare in silenzio l'autorità che appare il principio ispiratore della vita universitaria, né lo strapotere dei gruppi neofascisti, che sembrano le guardie bianche di quest'ordine antico.

I conflitti esplodono immediati e, già due anni prima del '68, l'atmosfera nelle università si scalda pericolosamente. Psi e Pci, che si illudono di poter controllare la nuova massa studentesca, incoraggiano la mobilitazione, destinata invece di lì a poco a contagiare anche le federazioni giovanili dei partiti. Quanto accade nelle fabbriche avviene anche nelle Facoltà universitarie, dove la nuova generazione rifiuta di uniformarsi a regole, imposizioni, divieti che racchiudono in una cornice ormai anacronistica la trasmissione di un sapere, anch'esso finito sotto processo. La cultura accademica nei suoi meccanismi di autoperpetuazione tende alla sclerosi e, mai come in questo momento, appare lontana ed estranea alle trasformazioni che in pochi anni hanno cambiato il volto del paese e di tutto il mondo occidentale. Non è casuale che l'ondata della contestazione studentesca, esplosa nel '68, dilaghi contemporaneamente in tutti gli Stati capitalistici e penetri persino oltre la cortina di ferro. Anche se in ogni paese ad alimentare l'incendio della protesta giovanile intervengono ragioni specifiche (il Vietnam negli Stati Uniti, il gaullismo in Francia, l'oppressione dittatoriale in Cecoslovacchia), è evidente che un unico filo lega i giovani universitari di tutto il mondo.

E i contestatissimi padri, maestri e professori dell'intero Occidente hanno anch'essi la stessa reazione di meraviglia, di indignazione e di rifiuto. Persino gli esponenti politici della sinistra fanno fatica a capire la lotta degli studenti che assume anche forme e modalità inconsuete, a partire dall'occupazione delle Facoltà universitarie e dall'autogestione della didattica. Del resto, nelle acque agitate del movimento, la protesta travolge, appunto, le federazioni giovanili e i partiti: gli studenti contestano il Psi che ha scelto di governare insieme ai «clerico-fascisti», ma anche il Pci impegnato in un'opposizione troppo morbida per soddisfare i giovani impazienti. Il mito della resistenza che ha conquistato gli studenti della sinistra, li porta insomma, con uno schematismo estremo, ad accusare tutte le forze politiche antifasciste di aver tradito la «Causa», di aver rinunciato alla lotta per cambiare l'Italia, rimasta fascista nelle sue strutture e nelle sue istituzioni, come dimostrano chiaramente le università italiane. Per di più, lo stesso autoritarismo domina anche nei partiti, in particolare nel Pci dove non c'è spazio per una libera critica e ogni voce di dissenso viene immediatamente soffocata.

Organizzato come una chiesa, il Pci conserva il modello totalitario che nel '45 gli ha consentito di trasformarsi in un partito di massa, guidato dalle avanguardie rivoluzionarie delle origini. L'Urss, la patria della rivoluzione, continua ad essere depositaria della vera ideologia che i segretari del Pci, a loro volta investiti da Mosca, sono i soli autorizzati ad interpretare. Nel partito è assente ogni forma di democrazia; la fumosa formula del «centralismo democratico» definisce le regole interne che non danno alcun potere decisionale alla base e provvedono al ricambio dei vertici attraverso meccanismi di cooptazione, destinati a perpetuare il potere del gruppo dirigente. La carica di segretario è praticamente a vita, e nel 1964, alla morte di Togliatti, passa nelle mani del vecchio Longo, anch'egli come il suo predecessore esponente del nucleo originario sorto nel 1921. Il gruppo dirigente comunista è però consapevole che col passare del tempo un partito così rigido rischia la sclerosi; tanto più che la gestione di questa macchina partitica via via più complessa ha accresciuto il potere dei funzionari tendenti alla conservazione dell'esistente. Fin dal '56, Togliatti aveva cercato di evitare questo pericolo, rinnovando i quadri intermedi e promuovendo ai vertici i più convinti sostenitori del nuovo corso, reclutati nella leva comunista cresciuta nel dopoguerra, senza alcun legame diretto con il comunismo sovietico. Nel testamento redatto a Yalta, il segretario affida a loro il compito di continuare il lento percorso di revisione politica e ideologica per adeguare il Pci ai cambiamenti della società italiana, svincolandolo a poco a poco dalla oppressiva tutela di Mosca. E i nuovi dirigenti si dimostrano all'altezza dell'incarico ricevuto; anche se proprio l'estrema cautela degli interventi innovatori, come era desiderio del grande capo, non può soddisfare l'impazienza dei più giovani. Il gruppo del Manifesto, comparso sulla scena fin dall'inizio degli anni Sessanta, ha già incrinato il monolitismo del partito che subisce tutti i contraccolpi di una situazione internazionale inquieta. Il mondo comunista non era rimasto lo stesso dopo la tempesta del '56, quando le rivolte in Polonia e in Ungheria avevano dato un colpo mortale all'immagine dei paesi dell'Est, paradiso del socialismo reale; con l'esplosione del conflitto tra Urss e Cina, poi, il mito dello Stato-guida vacilla in tutti i partiti comunisti, e quello italiano sembra il meno allineato. Ormai si esprimono ad alta voce pesanti critiche al burocratismo sovietico e si arriva persino ad accusare il Cremlino di politica imperialista. La contestazione del '68 scoperchia dunque una pentola già ribollente e mette a dura prova la capacità di tenuta dei vertici del Pci, specie quando, esaurito il ciclo vitale del movimento studentesco, la protesta giovanile dilaga fuori dalle università, assumendo connotati politici radicali.

Centro-sinistra e riforme

Fino a quando rimane entro le mura degli atenei, la contestazione studentesca, per quanto dissacratoria e tumultuosa, esprime istanze e bisogni comprensibili ed esaudibili con relativa facilità dalle autorità accademiche e dal potere politico. Il rinnovamento degli studi e delle strutture universitarie è necessario, anzi indilazionabile, nella società italiana degli anni Sessanta, tanto più che, per adeguarsi ai livelli europei, anche l'Italia si dovrebbe attrezzare alla nascita delle università di massa. In concreto, proprio questo chiedono gli studenti; ma il ritardo del potere politico a dare una risposta alimenta inevitabilmente la protesta, destinata a durare ben oltre il '68. La lentezza e la cautela degli interventi riformatori riflettono la debolezza degli esecutivi che l'ingresso dei socialisti non ha rafforzato, anche perché non si sono esaurite le resistenze alla svolta di centro-sinistra. A due anni dalla formazione del primo governo, sostenuto da Dc, Psi, Psdi e Pri, all'interno e all'esterno della maggioranza il clima è teso; né ha contribuito a rasserenarlo il voto politico del 1963, che ha assunto quasi il significato di un test per stabilire se il paese gradisce o no il nuovo equilibrio politico. Il risultato lascia la bocca amara proprio ai socialisti e ai cattolici, che perdono entrambi consensi: qualche frazione di punto percentuale il Psi, un pesante 4% la Dc.

La tentazione di tornare indietro alle vecchie maggioranze centriste serpeggia nella Dc, dove le correnti della destra passano immediatamente al contrattacco. Tuttavia le ragioni che hanno spinto Fanfani e Moro ad allearsi con i socialisti sono sempre valide; anzi, col ritmo vertiginoso delle trasformazioni in atto nella società, è diventato più importante di prima per il partito cattolico non perdere i contatti con il mondo del lavoro, dove si è appena aperta una stagione di conflitti che vede la Cisl in prima linea accanto alla Cgil e alla Uil. È però altrettanto urgente porre un argine alla fuga di elettori, in gran parte industriali e operatori economici che, spaventati dalle nazionalizzazioni, hanno votato la lista del Pli. E, per un momento, i liberali si cullano nell'illusione di riconquistare il ruolo di grande forza politica perduto due volte, nel '22 quando per debolezza hanno ceduto al fascismo, nel '46 quando l'elettorato non si è più fidato di loro per gestire anche questo secondo difficilissimo dopoguerra. Moderati e conservatori nel '48 avevano votato per la Dc, che aveva alle spalle il potere della Chiesa, ma soprattutto quello degli Stati Uniti, garanzia inestimabile agli occhi del mondo imprenditoriale italiano.

Tuttavia, la Dc come partito della borghesia è ben poco credibile, se si considera che i valori di riferimento dei cattolici sono antitetici a quelli del liberalismo, condannato dalla Chiesa come dottrina atea, più pericolosa dello stesso marxismo. Né col passare degli anni questa contraddizione di fondo si era sanata; anzi, col prevalere nella democrazia cristiana delle correnti cristiano-sociali, favorevoli all'alleanza con i socialisti, si erano accentuati i motivi anticapitalistici che bloccavano la diffusione di una cultura industriale nel paese in pieno boom economico. Non sono quindi del tutto infondate le speranze del Pli di sostituirsi finalmente alla Dc; ma naturalmente i cattolici sono ben determinati a impedire la crescita dei liberali. La prospettiva di un forte partito conservatore in grado di rappresentare una destra legittima rischia di distruggere lo schema tripolare del sistema, funzionale all'egemonia democristiana: un'area di centro dove si collocano le forze di governo e due ali estreme costituite da Msi e Pci, entrambi non legittimati. Un assetto bipolare, destra-sinistra, potrebbe addirittura compromettere l'unità della Dc, creando un conflitto permanente e insanabile tra le sue diverse anime, tenute insieme dal legame religioso che le trasformazioni della società stanno rendendo meno resistente di prima. Si corre dunque ai ripari con una scelta di compromesso che salva il centro-sinistra, svuotandolo però dei contenuti riformatori tanto temuti dagli industriali. Il risultato per la Dc è ottimo: dopo cinque anni, alle elezioni politiche del '68 il partito cattolico risale e il Pli perde voti. Ma le conseguenze sono disastrose per il Psi e, nel complesso, ben poco soddisfacenti per il paese, dove i ritardi e i rinvii delle riforme alimentano i fermenti di protesta.

I socialisti sono usciti dalle elezioni del '63 con un problema speculare anche se di segno opposto a quello della Dc. Per quanto le loro perdite siano state lievi, la contemporanea avanzata del Pci segna il fallimento del progetto di Nenni, che aveva sperato di fare del Psi il polo di attrazione di tutto l'elettorato democratico della sinistra, interessato alle riforme e pronto a dare il suo consenso a un partito in grado di governare. Insomma, mentre i comunisti sono esclusi di principio dall'esecutivo, i socialisti, varcata la soglia della «stanza dei bottoni», possono soddisfare le istanze del mondo del lavoro. Nella classe operaia però il legame di appartenenza al Pci è ancora fortissimo, e a renderlo così solido non è l'utopia rivoluzionaria che ormai illude solo qualche frangia minoritaria; la maggioranza dei lavoratori riformisti non si sente in contraddizione con il Pci, che ha cominciato anch'esso a parlare di riforme. Anzi; la politica dei comunisti che dai banchi dell'opposizione in Parlamento denunciano le manovre dilatorie dei governi di centro-sinistra sembra addirittura più credibile delle buone intenzioni del Psi, incapace di far rispettare il programma di riforme concordato con l'alleato democristiano. Così oltre a non catturare nuovi elettori, il Psi si prepara addirittura a perderne, perché la continua marcia indietro della Dc finisce per scatenare la tempesta in casa socialista.

Nel '64, l'ala sinistra si separa dal partito dando vita ad una nuova formazione politica, lo Psiup, che sceglie la strada di una dura opposizione al centro-sinistra. Privato di quasi un terzo del partito, a Nenni non resta che tentare la carta della riunificazione con i socialdemocratici di Saragat, uscito dal Psi nel 1947 con la scissione di Palazzo Barberini. In teoria, i due partiti insieme hanno quasi il 20% dell'elettorato, una riserva di voti notevole, capace di attirare i consensi delle fasce progressiste del paese che, in passato, la paura del comunismo ha gettato nelle braccia della Dc. Nell'Italia in pieno sviluppo si stanno dilatando i ceti medi delle professioni e del terziario, colti e sensibili al richiamo delle libertà e dei diritti, come dimostra di lì a poco la grande mobilitazione per far approvare in Parlamento la legge sul divorzio. La stampa liberal-radicale che negli anni Cinquanta si rivolgeva a ristrettissime élite intellettuali, ha moltiplicato i suoi lettori: «L'Espresso» è già da qualche anno nelle edicole e a metà degli anni Sessanta inizia le pubblicazioni anche «Panorama»; entrambi i settimanali spingono per una società più moderna, sana, matura, libera dal peso dei tabù clericali e delle ideologie totalizzanti.

Ma il nuovo partito socialista unificato (Psu) non piace né agli elettori socialdemocratici, né a quelli socialisti, gli uni timorosi che il Psu si orienti troppo a sinistra, gli altri troppo a destra. E sono soprattutto questi ultimi a disertare, come dimostra il successo elettorale del neonato Psiup. Troppo diversi sono diventati in vent'anni i due partiti perché la fusione abbia successo; il Psdi ha perduto da tempo le sue radici nel mondo del lavoro, dove il Psi recluta ancora la maggior parte del proprio elettorato, che però mostra di rifiutare il connubio. Inoltre, alla scadenza elettorale i socialisti si presentano senza un bilancio brillante sul piano delle riforme, bloccate dalla Dc e continuamente rinviate. La legge istitutiva delle regioni langue ancora in Parlamento, lo statuto dei lavoratori sarà approvato solo nella successiva legislatura, la programmazione economica è fallita e, proprio nel '68, si scioglie il gruppo dei programmatori organizzato al ministero del Bilancio; per non parlare, naturalmente, della riforma delle università, ferma ad una prima fase istruttoria mentre negli atenei si accende la contestazione studentesca. Malgrado l'evidente ostruzionismo democristiano, i socialisti non abbandonano il governo. Il centro-sinistra è una scelta strategica elaborata per un decennio che non lascia carte di ricambio, anche perché per realizzarla il <u>Psi ha dovuto rompere i suoi legami</u> <u>con il Pci e marcare</u> con forza la propria diversità ideologica. Un ritorno all'opposizione, con un partito comunista in espansione, non offre grandi spazi di manovra; mentre il governo consente, comunque, ai socialisti di gestire una fetta di potere non trascurabile, di ancorare il sistema ad un equilibrio politico che non penalizza le sinistre e di garantire la difesa della democrazia che proprio in questi anni è minacciata dalle trame della destra eversiva.

Stragisti e sovversivi

Quei settori della società che nel '60 avevano sperato in una svolta autoritaria o quanto meno in un governo di centro-destra, capace di bloccare l'avanzata delle sinistre, non si sono rassegnati passivamente all'ingresso dei socialisti nella maggioranza; né hanno accettato la *conventio ad excludendum* che ghettizza il Msi all'estrema destra, mettendolo per sempre fuori dall'area dei partiti legittimati a governare. Se la via parlamentare è preclusa, restano altre strade, come dimostra il tentativo golpista del '64, che è solo l'inizio di un gioco pesante, destinato a marcare tutta la vita del sistema partitico fino al suo tramonto ed oltre. Solo tre anni dopo i cittadini italiani vengono a conoscenza di quanto è avvenuto nell'estate del '64, mentre era in corso una crisi di governo che si trascinava ormai da più di un mese. Allora, nessuno si era reso conto che nei palazzi del potere l'atmosfera si stava facendo incandescente, anche perché, alla fine, democristiani e socialisti si erano accordati e un altro esecutivo di centro-sinistra aveva avuto la fiducia delle Camere prima della chiusura estiva. Sono due giornalisti dell'«Espresso», Scalfari e Jannuzzi, a sollevare nel '67 il primo velo sul caso Sifar, rimasto un pesante segreto sulla coscienza della classe dirigente democristiana. In quel luglio del '64, il generale De Lorenzo, capo del Sifar, si era preparato a far scattare il piano «Solo», un progetto per neutralizzare le opposizioni all'interno del paese che era stato elaborato nei primi anni Cinquanta, quando si temeva un aggravarsi della tensione Est-Ovest. Rimasto per tanti anni nel cassetto, il piano «Solo» veniva rispolverato proprio al momento dell'entrata nel governo dei socialisti che aveva fatto suonare l'allarme rosso nelle stanze dei servizi segreti. È probabile che De Lorenzo si sentisse sicuro dell'assenso di qualche autorevole esponente democristiano, tentato dalla prospettiva di un colpo di Stato; ma non si sa che cosa sia veramente avvenuto nei frenetici incontri di quei giorni tra gli uomini dei servizi speciali, il presidente della Repubblica Segni, e il capo del governo Moro. Alla fine, però, il generale De Lorenzo era stato fermato.

Restato a lungo uno scheletro negli armadi del partito cattolico, il caso Sifar riaffiorerà di nuovo negli anni Ottanta e Novanta, quando verrà usato come arma mortale nella lotta interna alla Dc, ormai al tramonto; eppure, ancora oggi non è possibile conoscere tutta la verità. Nel '67, quando si comincia a far luce sul tentativo golpista, la Dc, evidentemente imbarazzata, cerca in tutti i modi di minimizzare e di ostacolare le inchieste giudiziarie e parlamentari; tanto più che l'improvvisa malattia di Segni, colpito da ictus proprio in quella calda estate del '64, alimenta le voci di un coinvolgimento diretto del capo dello Stato nella trama eversiva. Socialisti e comunisti, naturalmente, spingono per saperne di più; ma neppure in loro c'è una forte determinazione a smascherare i colpevoli, convinti come sono che il partito cattolico non sia del tutto innocente. Senza la Dc è impossibile governare il paese; e nonostante tutto, i democristiani restano una garanzia importante per le istituzioni democratiche che la destra eversiva si prepara, proprio sul finire degli anni Sessanta, ad attaccare di nuovo con un piano ancora più insidioso e soprattutto più crudele di quello fallito nel '64.

I fermenti sociali e la contestazione studentesca stanno predisponendo il terreno favorevole a quella strategia della tensione che marca il suo atto di nascita nel dicembre 1969 con la strage nella Banca dell'Agricoltura in piazza Fontana, a Milano. Quattro anni di lotte nelle fabbriche e un anno di occupazioni nelle università hanno messo a dura prova la pazienza e la tolleranza degli industriali e, in genere, dei borghesi amanti dell'ordine che non sopportano più le follie dei loro figli e persino delle figlie, passate di colpo dalla secolare sottomissione all'aperta rivolta. Tanto più che la tensione non sembra scemare neppure con il riflusso del movimento degli studenti, dal quale si sono staccate le frange più radicali che hanno dato vita ad una galassia di piccoli gruppi estremisti, conquistati dal mito della rivoluzione proletaria. Mesi di agitazioni, di entusiasmi, di tensioni, vissuti tutti insieme in un universo chiuso di coetanei colti e benestanti, hanno finito col falsare completamente la percezione della realtà, letta e interpretata da questi giovani attraverso i testi sacri del marxismo appena scoperto; così come un significato quasi di vigilia rivoluzionaria viene dato ai cortei studenteschi per le città, agli scontri con la polizia, alle risse con gli studenti fascisti dentro gli atenei.

I leader della contestazione studentesca, improvvisatisi capi politici, si illudono di trascinare dietro le bandiere della rivoluzione masse di lavoratori scontenti e in rivolta contro i sindacati e il partito comunista, accusati entrambi di aver tradito i veri interessi della classe. La polemica contro il Pci è andata ben oltre le critiche iniziali all'autoritarismo interno; adesso viene messa sotto processo tutta la strategia comunista, dall'epoca della resistenza, quando

Togliatti aveva soffocato sul nascere le potenzialità rivoluzionarie della guerra partigiana, al dopoguerra, letto come un susseguirsi di sconfitte e di rinunce, fino ad un presente che conferma agli occhi degli extraparlamentari l'abbandono della lotta contro il capitalismo. Insomma, il Pci si è ormai trasformato in un partito socialdemocratico, inserito nel sistema, pronto a tutti i compromessi con il potere borghese. Anche il primo, evidente, strappo da Mosca, deciso dai vertici comunisti nel '68 quando i carri armati sovietici soffocano la primavera di Praga, non prelude al rilancio dell'internazionalismo, ormai estraneo all'ideologia del Pci. I giovani estremisti non sono teneri nei confronti dell'Urss, ma al mito sovietico hanno sostituito altri sogni: quello della Cina di Mao dove la rivoluzione culturale è in pieno svolgimento, quello di Cuba, piccola isola di comunismo nel mare dell'imperialismo statunitense, e naturalmente quello del Vietnam, paese stremato dagli attacchi americani, eppure deciso a non arrendersi. Il Pci, invece, diffida della Cina maoista e lascia ai cortei studenteschi il compito di dimostrare a favore di Castro, di Guevara, di Ho Chi Minh; insomma, a giudizio dei giovani estremisti, il partito comunista tiene più a rassicurare i borghesi che a mantener viva la speranza rivoluzionaria nell'animo del proletariato.

Questa polemica esasperata coglie però la tendenza in atto nel Pci, dove Longo e poi il suo successore alla segreteria, Berlinguer, rispondono alla sfida dei neorivoluzionari accelerando la mutazione riformista del partito. La repressione in Cecoslovacchia è stata l'occasione per allentare il legame con l'Unione Sovietica, sempre più incompatibile con la strategia del Pci, che punta a trasformarsi in una grande socialdemocrazia europea, pienamente legittimata a governare come il Labour Party in Gran Bretagna e la Spd, arrivata proprio in questi anni al potere in Germania dopo il ventennale dominio del partito cristiano. Il Pci sa bene che l'accesso all'area di governo passa per una lealtà senza riserve alle alleanze internazionali dell'Italia, in primo luogo al pieno riconoscimento della sfera di appartenenza occidentale. La conversione all'europeismo, al quale i comunisti sono stati così ostili negli anni Quaranta e Cinquanta, rappresenta un primo importante passo per acquistare credibilità agli occhi dell'Occidente capitalistico, tanto più che i socialdemocratici tedeschi, guidati da Willy Brandt, sembrano disponibili al dialogo con il Pci. La sconfitta del partito socialista unificato nel '68 e le conseguenti tensioni tra le due anime del socialismo, destinate di lì a un anno a dividersi nuovamente, fanno apparire poco affidabili i socialisti all'esterno come all'interno dell'Italia dove, invece, il Pci consolida la sua nuova identità riformista con un progressivo aumento di voti, elezione dopo elezione. Anche quella del '68 è positiva; ma il risveglio dell'estrema sinistra, proprio in questo anno, minaccia di bloccare la fase ascendente.

Tornare indietro è però fuori discussione, anche perché da anni si sta percorrendo con successo la strada della revisione. Del resto, il Pci è convinto che la fiammata ideologica accesa dai gruppuscoli estremisti non trovi seguito nella classe operaia dove i sindacati, passato il primo momento di sbandamento, stanno riacquistando piena autorità. Solo qualche frangia del mondo del lavoro può prestare orecchio alle lusinghe della rivoluzione e solo un pugno di studenti si batte con convinzione contro la società dei consumi, ultimo prodotto dell'odiato capitalismo. La grande maggioranza dei lavoratori e dei giovani mostra invece di gradire la prosperità e i tanti nuovi beni che appaiono adesso a portata di mano. È soprattutto per ottenerli, per migliorare le proprie condizioni di vita, per affermare il diritto di tutti al benessere che la classe operaia si è mobilitata: si chiede la casa e l'automobile; ma anche la possibilità di mandare i figli alle scuole superiori e persino all'università. C'è insomma una gran voglia di democrazia, non di rivoluzione.

Ma c'è una destra eversiva che intende approfittare di questo equivoco; anzi, fa di tutto perché la minaccia di un sovvertimento rivoluzionario appaia più concreta fino a creare il panico nell'opinione pubblica. Le bombe di Milano, nel dicembre 1969, mirano proprio a questo. La strage di innocenti serve a provocare un senso di insicurezza, di paura, tanto da convincere ogni cittadino che è necessario un governo forte, anche autoritario, pur di ritrovare l'ordine e la tranquillità perduti. Meglio ancora se si riesce a persuadere gli italiani che gli autori della strage vanno cercati nelle file della sinistra estrema, magari seguendo la pista degli anarchici, su cui si indirizzano immediatamente le indagini della polizia. Nonostante undici processi, gli assassini di piazza Fontana non sono mai stati identificati in modo certo; è però abbastanza chiaro il quadro d'insieme – emerso con fatica, inchiesta dopo inchiesta, tra documenti coperti dal segreto di Stato, depistaggi, soffiate e rivelazioni – che evidenzia il coinvolgimento di alti funzionari dei servizi e di una manovalanza neofascista, incaricata del lavoro sporco. È lo stesso intreccio destinato ad emergere, sempre avvolto nella nebbia dell'incertezza, anche nelle successive stragi che insanguinano di nuovo il paese negli anni Settanta e Ottanta, a conferma dell'ostinata volontà da parte della destra autoritaria di sovvertire l'ordine democratico.

Le bombe a piazza Fontana hanno però anche l'effetto, probabilmente voluto e previsto, di radicalizzare le frange politiche del movimento studentesco ormai sul punto di sciogliersi. I giovani dell'estrema sinistra fanno presto insomma a convincersi che solo la rivoluzione può salvare il paese da un nuovo fascismo. Gli scontri con i neofascisti nelle università hanno gettato un primo seme di violenza proprio tra le generazioni che si affacciano adesso alla vita politica con un bagaglio democratico ancora fragile. La mitizzazione della resistenza armata che hanno avuto l'illusione di rivivere nelle notti di veglia, attendendo gli assalti degli studenti neri alle Facoltà occupate, ha estremizzato prima il linguaggio poi i comportamenti dei giovani. E quando la minaccia fascista si fa più concreta, in tanti sono pronti a scommettere che le istituzioni democratiche non siano in grado di fronteggiarla, così come nel '22 lo Stato liberale non era riuscito a reprimere l'offensiva dei fasci di combattimento mussoliniani. In alcuni di questi giovani estremisti si fa irresistibile la tentazione di dare un significato concreto allo slogan «mai più senza fucile», risuonato nei cori del '68, nella convinzione che nessuna forza politica, neppure il Pci, ormai socialdemocratizzato, sarà in grado di fermare la bufera.

Del resto, basta vedere con quale facilità nel 1967 si è instaurata una dittatura in Grecia, paese del blocco occidentale, che solo poche miglia di mare dividono dall'Italia. Il colpo di Stato, organizzato dai militari greci con l'appoggio dei servizi segreti statunitensi, può diventare un esempio irresistibile per la destra italiana golpista che valuta giustamente le affinità tra i due paesi, entrambi pedine fondamentali nella strategia mediterranea degli Stati Uniti. E a Washington, in questo momento, la tensione è altissima per il prolungarsi della guerra in Vietnam, che sta logorando l'immagine degli Stati Uniti di fronte a tutto il mondo e persino all'interno. La protesta esplosa nei campus delle università più prestigiose d'America ha già avuto un'eco immensa nelle manifestazioni degli studenti italiani tra i quali c'è un forte spirito antiamericano, alimentato dal tradizionale anticapitalismo dei partiti marxisti. Non sembra dunque così remota l'eventualità che gli Stati Uniti, o quanto meno i servizi segreti, l'onnipresente Cia, prendano in esame la possibilità di farla pagare cara alle sinistre italiane.

Quanto siano fondati questi timori, non è dato sapere; tra il fitto fumo che avvolge la vicenda delle stragi in Italia, qua e là emergono accenni ai servizi segreti internazionali, probabilmente al corrente di alcune trame, anche se non direttamente partecipi. In ogni caso, alla fine del decennio Sessanta, nei gruppi extraparlamentari si fa un gran parlare di piani per una rivoluzione preventiva; ma c'è chi si sta già incamminando sulla strada dell'illegalità, come dimostra nel '72 la morte dell'editore Feltrinelli, ucciso da un ordigno che si preparava a far esplodere. L'episodio solleva il velo sul primo nucleo terrorista, i Gap, dal nome evocativo dei gruppi di guerriglia urbana organizzati durante la resistenza; ma a questa data, anche se ancora coperte dal segreto, sono già nate le Brigate Rosse. Stanno iniziando gli anni di piombo, il capitolo più drammatico della storia repubblicana; eppure sono pochi i socialisti e i comunisti a rendersi subito conto del salto di qualità intervenuto nell'estrema sinistra. La convinzione che solo la destra possa minacciare la democrazia è troppo radicata per cedere anche all'evidenza. A lungo ci si illude di avere di fronte dei provocatori fascisti, mascherati da militanti rossi; e quando infine cadranno tutti gli alibi, ancora si cercherà di parlare di «compagni che sbagliano».

La giustificazione è, naturalmente, l'aggressività della destra eversiva che continua a tramare contro lo Stato democratico, come dimostra un altro tentativo golpista bloccato nel '70, ma, al solito, tenuto nascosto all'opinione pubblica. Questa volta, con solo due anni di ritardo, si viene a sapere del piano messo in atto dall'ex militante della Repubblica sociale, Junio Valerio Borghese, che aveva cercato di occupare il ministero dell'Interno. È la stessa Dc a far filtrare la notizia per mettere in imbarazzo il Msi che alle elezioni politiche del '72 ha avuto un successo straordinario; come sempre, quando la destra cresce, il partito cattolico cerca immediatamente di bloccarla, timoroso di una fuga dei suoi elettori moderati e conservatori. In effetti, la strategia della tensione sta offrendo nuovi margini di manovra al Movimento sociale, che dal 1960 è stato escluso dai giochi in Parlamento e ha perduto credito anche tra le frange radicali dell'estremismo nero. Le inquietudini che serpeggiano tra i giovani della sinistra sono speculari, anche se di segno contrario, a quanto avviene nella destra dove i giovani, in polemica con le scelte moderate di Michelini, sventolano la bandiera della rivoluzione fascista, cominciando naturalmente dalle università. Gli scontri tra studenti rossi e neri, le occupazioni delle Facoltà da parte degli uni e degli altri danno l'impressione di vivere già un conflitto rivoluzionario che, conclusa la fase della contestazione studentesca, viene trasferito direttamente nel paese.

Il Sud dimenticato

Non c'è agitazione, corteo, manifestazione dei giovani della sinistra che non provochi l'immediato intervento dei gruppi neofascisti, temutissimi perché ben addestrati alla lotta e sempre accompagnati da squadre di «picchiatori» professionisti, reclutati tra l'ormai strabordante sottoproletariato delle grandi città. È proprio la capacità di mobilitare queste fasce sociali disperate e violente a fare dei neofascisti delle preziose pedine nel gioco dei golpisti. Ma neppure il Msi resta cieco di fronte alle potenzialità che i gruppi giovanili della destra radicale stanno facendo emergere: perché se al Nord la feccia delle periferie urbane, usata come arma contro gli estremisti di sinistra, serve ad alzare il livello di tensione nel paese; al Sud è materiale incandescente per accendere il fuoco di una ribellione di massa. La rivolta di Reggio Calabria, iniziata alla fine del '69 e durata per più di un anno, segnala un malessere profondo nella società italiana dove il benessere non si è distribuito equamente tra la popolazione. E di questo malessere i missini hanno tutta l'intenzione di approfittare.

Quanto più le regioni settentrionali si arricchiscono, tanto più aumenta il divario con quelle meridionali, che raccolgono solo le briciole del grande sviluppo economico. La frattura storica tra le due Italie, che il Psi si era illuso di sanare con un programma governativo di radicali riforme rimasto sulla carta, resta una ferita aperta e sempre più profonda, ormai così infetta da contagiare il corpo dell'intera Repubblica, anche se al momento nessuno sembra accorgersene. Dal 1950, dall'epoca della riforma agraria e della Cassa per il Mezzogiorno, nessun intervento riformatore di rilievo è avvenuto per risolvere i problemi immensi di queste zone, che vivono ancora prevalentemente di agricoltura quando ormai il mondo agrario è in declino ovunque. E la situazione delle campagne non è certo migliorata; anzi, quel poco che si era ottenuto con lo spezzettamento dei latifondi non basta certo a compensare la fuga in massa, iniziata già dai primi anni Cinquanta, quando la ripresa industriale al Nord aveva spinto centinaia di migliaia di contadini ad abbandonare definitivamente la terra. In trent'anni, dal 1946 al 1976, più di 4 milioni di persone lasciano il Mezzogiorno; nel 1971 il 17% della popolazione residente nell'Italia centrale e settentrionale risulta nata al Sud.

Allo spopolamento e alla desolazione delle aree interne corrisponde una crescita abnorme delle città costiere, dove si ferma una parte notevole del flusso migratorio. Nel 1971 la popolazione dell'intera area metropolitana di Napoli rappresenta oltre il 20% della popolazione meridionale. E naturalmente, qui come altrove, i livelli di saturazione si raggiungono in fretta dal momento che al di là del lavoro nei cantieri navali dei porti maggiori, il tessuto industriale progredisce molto lentamente: nel 1951 l'industria contribuiva alla formazione del reddito con il 24%; dopo venticinque anni, nel '76, passa al 29%, un aumento troppo ridotto per soddisfare la richiesta inesauribile di occupazione. La condizione di disoccupato è lo status più diffuso tra la massa di sottoproletari che continua comunque a lievitare nei quartieri degradati di Napoli, Bari, Palermo, ma anche Reggio Calabria. Un'opportunità di guadagnare qualche soldo è offerta però dalla criminalità organizzata che proprio in questo periodo compie un salto di qualità con il mercato della droga, destinato a dilatarsi via via col passare degli anni. Mafia, camorra e 'ndrangheta si rafforzano ulteriormente, ma non perdono le complicità acquisite negli anni precedenti. Anzi; più largo si fa il giro di affari, più penetranti diventano i tentacoli della malavita che si insinuano in ogni settore della vita pubblica, alla ricerca di autorevoli protettori e persino di soci nella spartizione del ricco bottino.

Se lo sviluppo non è arrivato al Sud, i consumi si sono ugualmente dilatati in una società che non è rimasta impermeabile al processo di omologazione culturale propagato dai media. Da questo punto di vista la distanza dal Nord si colma nel giro di un decennio: a metà degli anni Settanta le famiglie meridionali consumano come quelle settentrionali, anche se le condizioni di vita non sono certo paragonabili. Persino nelle aree più misere sui tetti delle case cresce una selva di antenne televisive e nei vicoli impraticabili per l'immondizia accumulata circolano automobili e motociclette che portano a livelli caotici il traffico delle affollatissime città meridionali, dove l'edilizia selvaggia ha continuato a svilupparsi in spregio ad ogni piano urbanistico. Giovani e adulti vogliono anch'essi godere dei nuovi simboli di una ricchezza che il Mezzogiorno non produce. In questo deserto c'è però lo Stato, con tutta la sua macchina amministrativa che garantisce qualche possibilità di impiego. Per ottenerlo si è disposti a tutto: a comprarlo, a vendere il proprio voto, a chiudere per sempre gli occhi di fronte alla corruzione dilagante nella macchina statale e politica. Basta considerare che nel 1963 il 92,7% dei dipendenti della Regione Sicilia risultava assunto senza concorso, per rendersi conto del degrado dell'amministrazione pubblica. Eppure, per i cittadini meridionali un posto fisso al servizio dello Stato resta la meta più ambita. Nel 1970 l'istituzione delle regioni, che finalmente i socialisti sono riusciti ad ottenere superando le mille resistenze della Dc, appare un'occasione d'oro; e naturalmente la gara tra provincia e provincia per assicurarsi il titolo di capoluogo regionale si fa immediatamente frenetica.

Nella maggior parte delle regioni, l'attribuzione è scontata; ma in Calabria, tra Reggio e Catanzaro, si apre un contenzioso che i politici locali contribuiscono non poco ad avvelenare con troppe avventate promesse. Alla fine, la delusione per la preferenza accordata a Catanzaro esplode violenta tra i cittadini reggini. Il Msi soffia sul fuoco della protesta che, al grido di «boia chi molla», si trascina per mesi e mesi assumendo a tratti i caratteri di una vera rivolta, destinata a suscitare una forte eco in tutto il Mezzogiorno. Al momento del voto per i parlamenti regionali, nel 1970, le liste missine hanno un successo straordinario, addirittura oltre il 20% in alcune province del Sud. Quanto basta per gettare l'allarme nella coalizione di governo, dove Dc e Psi cercano un po' tardivamente di correre ai ripari. Insomma, solo quando l'Italia meridionale diventa politicamente preoccupante, si sente l'urgenza di affrontare i problemi sempre più gravi di questa parte del paese, condannata ad un permanente stato di inferiorità. Naturalmente la fretta di provvedere, e soprattutto, di ottenere al più presto i risultati sperati, valutati esclusivamente in termini di consensi politici, non è buona consigliera.

I partiti al governo aprono le casse dello Stato e riversano al Sud un fiume di denaro che dovrebbe fare il miracolo: creare dal nulla un moderno tessuto produttivo e un'altrettanto moderna società industriale; il che significa una borghesia imprenditoriale sana, una classe operaia consapevole, un ceto di servizio efficiente e preparato, quanto insomma in cent'anni di unità italiana, con ben altre condizioni di partenza, si è appena cominciato a realizzare nelle regioni del Centro-Nord. Certo, si seguono alcune direttrici di sviluppo per accelerare l'industrializzazione, specie nei settori della chimica e dell'acciaio, pun-

111

tando sull'installazione di grandi stabilimenti, a Taranto, a Napoli, a Gela e a Reggio Calabria, che assicurano un elevato impiego di manodopera; ma, in mancanza di qualsiasi interazione con l'economia del territorio circostante, le immense fabbriche non riescono a diventare il motore di un rilancio generale dell'economia. Migliaia di operai trovano occupazione, ma sono sempre pochi fortunati nel grande mare dei senza lavoro. Come è stato detto, si costruiscono cattedrali nel deserto che, ancora in parte incompiute, sono condannate a rovinare di lì a qualche anno con la crisi internazionale dell'acciaio e della chimica. Oltre a questo, gli investimenti pubblici arrivano a pioggia qua e là dove più pressanti sono le richieste dei politici locali, che sanno sfruttare bene l'immenso potere clientelare derivato dai finanziamenti statali. Ed è quanto chiedono i dirigenti dei partiti che, pur di avere i voti assicurati, sembrano disposti a chiudere un occhio sulla percentuale intascata o sui metodi e gli uomini di cui si servono al Sud i loro luogotenenti.

L'estrema destra tra «maggioranza silenziosa» ed eversione nera

Il Msi, che non controlla i rubinetti della spesa pubblica, può fare ben poco per affrontare questi imbattibili concorrenti. I fermenti nel Mezzogiorno rimangono accesi ancora per qualche tempo; poi, a spegnerli provvede il notabilato della Dc e persino del Psi, che si sta adeguando in fretta alle pratiche del sottogoverno, come dimostra proprio in questo periodo lo scandalo delle autostrade, in cui rimane coinvolto uno dei più autorevoli esponenti socialisti, Giacomo Mancini. Alle elezioni politiche del '72, i missini hanno, comunque, un successo straordinario che solo in parte va attribuito al voto del Mezzogiorno. Alla guida del movimento sociale, dopo la morte di Michelini, è salito Giorgio Almirante, che si dimostra abile a sfruttare la doppia anima del Msi. L'insofferenza che serpeggia tra la popolazione, stanca dei continui fermenti e anche spaventata, dopo le bombe di Milano, sta creando quel desiderio di ordine che gli stragisti hanno previsto. E questo stato d'animo comincia ad esprimersi in una forma inconsueta, con i cortei della «maggioranza silenziosa» che nel 1970 sfilano in alcune città. Non sono militanti missini ad organizzare la protesta degli «uomini d'ordine»; piccoli e medi borghesi, in gran parte elettori della Dc e dei partiti laici, aderenti ad associazioni professionali cittadine si mobilitano all'inizio con una certa spontaneità; ma, naturalmente, la loro discesa in piazza è un'occasione d'oro che il Msi non si lascia sfuggire.

Balza agli occhi di tutti l'incapacità dei governi di centro-sinistra di riportare tranquillità soprattutto nella vita delle grandi città, dove i fermenti sindacali e studenteschi riversano per le strade un fiume di persone. Ci sono giorni di paralisi totale: il traffico si blocca, gli uffici chiudono, i negozi abbassano le serrande per evitare danneggiamenti, le scuole si svuotano e le fabbriche interrompono la produzione; insomma l'intera esistenza dei cittadini viene messa sottosopra, mentre i media ingigantiscono e portano in tutta Italia l'eco di queste giornate campali. Lo scontento dei moderati potrebbe aprire nuovi spazi politici al Msi, a condizione però che il neofascismo riesca ad accreditarsi di fronte all'opinione pubblica come una forza politica perbene, legittima, rassicurante, insomma d'ordine. Non deve certo avere il volto barricadiero di Ciccio Franco, il capo della rivolta di Reggio Calabria; né la camicia nera dei picchiatori, armati di spranghe e bastoni. Per convincere questo elettorato ci vuole il doppiopetto, o tuttalpiù la divisa militare, come quella del generale De Lorenzo e dell'ammiraglio Birindelli, che il Msi candida nelle sue liste alle elezioni politiche del '72.

Tuttavia non è facile vincere la diffidenza, anche perché neppure Almirante vuole risolvere una volta per tutte la contraddizione tra le due anime missine, entrambe essenziali. Si tratta di trovare il giusto equilibrio tra piazza e Parlamento, seguendo la stessa strada percorsa con grandissima abilità da Mussolini nel '22: i movimentisti servono a creare il disordine nel paese che i legalitari promettono di riportare all'ordine. Questa strategia all'epoca della marcia su Roma aveva convinto la classe dirigente liberale a consegnare lo Stato italiano nelle mani del dittatore. Oggi, però, la Dc e i suoi alleati di governo non si fanno più incantare: sul Msi pesa una *conventio ad excludendum* che lo isola alle Camere e blocca l'elettorato conservatore e moderato, restio a dare il proprio voto ad una forza politica considerata sleale nei confronti della Costituzione. Per apparire un partito nuovo non basta trasformarsi in Msi-Destra nazionale, fondendosi con quanto resta dei monarchici; né è sufficiente affiancare la Dc nella battaglia parlamentare contro la legge sul divorzio, perché il mantello della religione riesca a soffocare le radici totalitarie.

Almirante sa benissimo che deve in qualche modo far dimenticare il peccato originale, quel seme fascista sul quale è cresciuta politicamente e ideologicamente la pianta missina. Ma non intende rinnegare il passato. Piuttosto, si sforza di convincere gli italiani di quanto sia diventata anacronistica la divisione fascisti-antifascisti dopo venticinque anni dal crollo della dittatura: insomma, nella terribile guerra civile, combattuta tra il '43 e il '45, ognuno era stato pronto a morire in nome di ideali che fanno parte della storia della nazione, senza più alcuna eco nel presente. In pratica, è la stessa operazione che il segretario missino Fini tenterà con maggiore successo negli anni Novanta. All'inizio dei Settanta, però, il clima politico non è favorevole; anzi, mai come in questo momento appare viva la memoria storica delle lotte antifasciste, addirittura mitizzate da studenti, operai e giovani che si scontrano ogni giorno con

114

i neosquadristi della destra radicale. Come avviene nell'estrema sinistra che fa da incubatrice al terrorismo rosso, anche nei gruppi giovanili neofascisti si moltiplicano le cellule degenerate del terrorismo nero, destinato anch'esso a dilagare negli anni Settanta. Anche se alle elezioni politiche del '72 il Msi-Dn supera l'8%, le continue violenze finiranno col provocare una emorragia di elettori che nel giro di pochi anni disperderà il patrimonio di voti appena accumulato.

Diritti e libertà: la battaglia per il divorzio

In realtà, nonostante il clamore delle proteste e delle agitazioni che sembrano sconvolgere l'Italia, l'estremismo rosso e nero contagia solo una piccola minoranza di cittadini. La grande maggioranza è toccata solo in minima parte da questa fiammata ideologica così anacronistica. Il declino delle grandi ideologie che hanno impresso alla lotta politica il connotato di una guerra di religione è iniziato da tempo anche nella società italiana, diventata più matura e laica, più vicina insomma ai valori dominanti in Europa e negli Stati Uniti. L'omologazione ai costumi del ricco Occidente, così vistosa specie nelle nuove generazioni, modifica rapidamente mentalità radicate e distrugge persino tradizioni politiche e culturali fino a ieri dominanti. I forti legami di appartenenza ai partiti si allentano; viene meno la fede nei dogmi dottrinari; il dubbio, la critica, la rivendicazione ad una propria autonomia di decidere e scegliere, cominciano a rompere anche la disciplina elettorale, costringendo per la prima volta i partiti a fare i conti con i suffragi di opinione, fluttuanti, imprevedibili e trasversali rispetto alle antiche divisioni di classe. Nel '68 e nel '72, i giovani hanno già cominciato ad agitare le acque del mercato elettorale che nel '76 sarà scosso anche dall'ondata dei diciottenni, promossi al rango di elettori l'anno precedente; poi ci sono le donne che non votano più come suggeriscono i padri, i fratelli e i mariti. Bisogni e richieste di questi nuovi soggetti elettorali sfuggono agli schemi tradizionali nei quali dominava fino a ieri il cittadino-lavoratore; adesso persino la sfera del privato acquista un significato politico nella rivendicazione di diritti e libertà che riguardano l'intera esistenza dell'individuo.

I due partiti maggiori, Dc e Pci, assorbono con fatica l'urto della nuova società che rimette in discussione la morale cattolica e fa saltare i classici parametri interpretativi socio-economici del marxismo. La rivoluzione sessuale sta muovendo i suoi primi passi con la battaglia per il divorzio; e, non a caso, a cavalcarla non sono i comunisti, ma i liberali e i socialisti che hanno alle spalle una lunga tradizione libertaria e anticlericale. Psi e Pli, entrambi in declino, sono interessati a catturare consensi nell'area borghese progressista in crescita, sempre più insofferente dei tanti residui fascisti e della permanente tutela clericale. Venticinque anni di governi democristiani hanno impresso un marchio di moralismo in ogni settore della vita pubblica e dell'amministrazione dello Stato, dove domina a tutti i livelli un personale di stretta osservanza cattolica. Una trasgressione alla morale vigente è una macchia più grave di un delitto da codice penale; può rovinare una carriera, costare addirittura un licenziamento. Ed è ovvio che nella sfera della sessualità si esercitino i più severi controlli. Ne sanno qualcosa i dirigenti della Rai-Tv: l'altezza delle gonne di ballerine e cantanti va controllata al millimetro; ogni battuta, anche involontaria, che possa dispiacere a cardinali, vescovi e preti, è immediatamente censurata e in televisione non possono più mettere piede le star dalla vita privata trasgressiva.

Il rapido cambiamento dei costumi fa apparire sempre più ipocriti divieti e censure, come già nel 1966 confermava il grande successo di pubblico del film satirico di Germi, *Signore e signori*. Ma quando si comincia a parlare della legge sullo scioglimento dei matrimoni, la Dc ancora si illude di avere partita vinta. I partiti laici per avere la maggioranza in Parlamento hanno bisogno dei voti del Pci, che all'inizio si dimostra freddo sul divorzio, un tema destinato inevitabilmente a scatenare i fulmini della Chiesa. Lo scontro in materia di religione era sempre stato accuratamente evitato dai comunisti, consapevoli di muoversi in un paese ancora arretrato, a stragrande maggioranza cattolica, da secoli roccaforte del potere dei papi. Non per caso nel lontano '44, quando Togliatti aveva scritto le regole statutarie del nuovo Pci, era stata sottolineata la piena libertà religiosa degli iscritti al partito; così come è altrettanto significativo che i comunisti si fossero schierati a fianco della Dc contro i socialisti e parte dei laici nel '47, in occasione della votazione all'Assemblea Costituente sul Concordato. Per tutti gli anni Cinquanta, in casa comunista si era stati attentissimi a non urtare la morale cattolica per non offrire alcun pretesto che alimentasse la campagna contro i rossi. Ai militanti e ai dirigenti veniva imposto un rigore nei costumi e nei comportamenti privati quasi altrettanto beghino e oppressivo delle regole fissate dalla Chiesa per i suoi fedeli: insomma, il buon comunista doveva sposarsi, procreare figli legittimi, essere fedele e dedicarsi esclusivamente alla famiglia, al lavoro e al partito. Ogni deviazione era mal tollerata, costava l'emarginazione, persino dure censure, come sapevano bene gli intellettuali più sregolati e le donne comuniste che, agli inizi degli anni Settanta, in tante si ritroveranno a militare nel movimento femminista. E il rancore accumulato traspare dallo slogan che in quegli anni risuonerà nei cortei delle donne: «Compagni in piazza, fascisti nella vita; con questa ambiguità facciamola finita».

Sul finire degli anni Sessanta, però, neppure il Pci è in grado di fermare la rivoluzione del costume che avanza rapidamente nella sinistra italiana; tanto più che la campagna a favore del divorzio ha fin dall'inizio una grandissima eco nel paese. Il cinema, come sempre, è un indicatore significativo dell'orientamento dell'opinione pubblica, e un film come *Divorzio all'italiana* per mesi e mesi fa il pieno nelle sale cinematografiche. Al momento della presentazione in Parlamento della legge Fortuna-Baslini, il Pci non si tira indietro. Anche se i timori di un conflitto con la Chiesa non sono spenti, l'occasione di mettere in minoranza la Dc dopo venticinque anni di governo è troppo allettante, anzi irresistibile: nel 1969, alle Camere, il Pci si schiera con il Psi, il Pli, il Psu (socialdemocratici) e il Pri, insomma con tutti i partiti divorzisti ad esclusione del Msi, l'unico disposto ad offrire ai cattolici il proprio sostegno, in verità non del tutto gradito alla Dc che ha sempre evitato di ritrovarsi confusa con l'estrema destra.

Gli effetti della mobilitazione divorzista vanno però ben oltre l'approvazione della legge, anche perché la Dc, tutt'altro che rassegnata alla sconfitta, decide di sottoporre a referendum popolare la decisione parlamentare. Per più di tre anni, il divorzio è destinato a dividere l'opinione pubblica che si appassiona al tema, ormai sentito come una battaglia pro o contro la modernità, pro o contro la libertà, pro o contro le donne. Perché, anche grazie all'attivismo dei radicali, il mondo femminile appena risvegliato sta entrando sulla scena con una irruenza tale da far traballare per la prima volta le certezze incrollabili dell'universo maschile. Il movimento femminista si presenta in realtà come una galassia non riconducibile ad un denominatore comune, tranne forse per il punto di partenza che sta nel rifiuto del tradizionale emancipazionismo, un cammino troppo lento per soddisfare la fretta ormai incontenibile di liberazione. La parità dei diritti e di opportunità di lavoro appare una cornice troppo stretta per contenere tutti i nuovi temi sui quali, con un'aggressività e a volte persino con un'intolleranza inusitate, si mobilitano i tanti nuclei femministi, ognuno geloso della propria autonomia. Estranee per secoli alla politica, le donne non ne co-

118

noscono le tecniche di mediazione, di comunicazione, di adattabilità ai compromessi e alle alleanze. Scendono in guerra con rabbia contro tutto il mondo dell'uomo, rivendicando la propria sessualità, l'esclusiva gestione del proprio corpo e, naturalmente, i tanti diritti negati che investono l'intera legislazione familiare, dal divorzio all'aborto, alla patria potestà, alla tutela delle gestanti e dei figli. È così imperativa la richiesta di rinnovamento e sono così anacronistiche le norme vigenti che nel '75 il Parlamento sarà costretto a varare il nuovo diritto di famiglia.

A guardare la valanga che è stata messa in moto, si stenta a capire perché la democrazia cristiana si illuda di vincere il referendum sul divorzio. A trascinarla verso una seconda sconfitta, sancita dal «no» del 59,1% dei cittadini che nella primavera del '74 respingono la proposta di abrogazione della legge Fortuna-Baslini, c'è molta cecità, ma anche una falsa valutazione del clima politico di tutto il periodo appena trascorso. Quando nel novembre '69 il Parlamento aveva approvato il divorzio, il paese era nel pieno dell'«autunno caldo» sindacale. E il ciclo delle lotte operaie non accennava a fermarsi; anzi, sembrava destinato a crescere e a radicalizzarsi con la comparsa sulla scena dei gruppuscoli extraparlamentari. In realtà, la saldatura tra estremismo di sinistra e mondo del lavoro in agitazione fallisce; ma tra la fine dei Sessanta e i primi anni dei Settanta, moderati e conservatori, sempre più insofferenti e spaventati del sovversivismo dilagante, alle elezioni politiche del '72 aveva premiato le liste missine e quelle democristiane, mentre da tutto il gran fermento della società non riuscivano a trarre alcun vantaggio i partiti tradizionali della sinistra, abbandonati dalle frange estremiste. Bastano solo tre anni perché questa situazione si rovesci a vantaggio soprattutto del partito comunista, che riesce a recuperare i consensi perduti e a guadagnarne di nuovi. Nel '72 la Dc ha dunque pensato di approfittare del successo elet-

119

torale, suo e del Msi, per convertire i voti d'ordine in suffragi contro il divorzio.

L'errore è proprio qui: l'estremismo politico fa paura; i diritti civili no. Per di più, da un punto di vista quantitativo, le frange politiche radicali restano marginali, mentre il processo di democraticizzazione e di crescita civile della società italiana coinvolge anche larghe fasce di cattolici. Gli accenti esasperati della campagna contro i divorzisti atei, distruttori delle famiglie, amorali, pervertiti e persino omosessuali, come i più zelanti propagandisti del «sì» vanno predicando nelle parrocchie e per le piazze d'Italia, finiscono per suonare ridicoli e stonati persino alle orecchie dei tanti fedeli che credono alla santità del vincolo matrimoniale, ma rispettano i valori della democrazia e i diritti dello Stato laico. I gruppi di «cattolici per il no» che si formano durante la campagna referendaria sono la punta di un iceberg profondo nel mare di un cattolicesimo anch'esso percorso da fermenti nuovi e diventato assai più sensibile al rinnovamento democratico del paese. La cieca fede ideologica che finisce persino per armare la mano degli estremisti di destra e di sinistra, non ha nulla in comune con questa nuova società impegnata nelle battaglie civili. Anzi, è in stridente contrasto proprio con lo spirito critico e dissacrante delle giovani generazioni, le prime a scendere in lotta contro il dogmatismo e l'autoritarismo dei padri, dei padroni e anche dei partiti. Benché nati dallo stesso magma ribollente della contestazione sessantottina, i gruppuscoli extraparlamentari della sinistra, organizzati come sette religiose chiuse e riecheggianti i «sacri» testi marxisti, leninisti e maoisti persino nei nomi prescelti, «Potere operaio», «Avanguardia operaia», «Servire il popolo», sono un anacronismo; così come fuori dal tempo appaiono anche i sogni totalitari dei neofascisti che nulla sanno del fascismo e della dittatura.

Certo, la fiammata che gli estremisti riescono ad accendere è alta e destinata a fare molto danno per tutto il decennio seguente; ma resta un fuoco di paglia, nonostante i tanti tentativi di strumentalizzarla da parte di chi vuole approfittare del momento per far tornare indietro la democrazia in Italia. Nel 1974, la vittoria del fronte divorzista segna invece un'altra tappa avanti nella modernizzazione del paese, in piena sintonia con i mutamenti della società italiana e con i processi di omologazione ai costumi dei paesi dell'Occidente capitalistico che da anni contemplano il divorzio nei loro ordinamenti. È però anche un segnale politico: la Dc, messa in minoranza in Parlamento nel '69, nel '74 finisce per ritrovarsi isolata anche nel paese. Per la prima volta nella storia della Repubblica, dalle urne esce una maggioranza diversa rispetto a quella che ha governato fino a quel momento l'Italia: si forma cioè uno schieramento di partiti, dai comunisti ai liberali, potenzialmente sostitutivo delle coalizioni quadripartite guidate dalla Dc, anche se l'alternativa di governo resta ancora una vaga ipotesi. È facile per laici e sinistre accordarsi sul tema del divorzio; è invece difficilissimo sciogliere gli intricati nodi politici che bloccano il sistema italiano, immobile nei suoi equilibri ormai da più di venticinque anni.

4

Il difficile governo

La crescita della società civile

La spaccatura tra progressisti e conservatori, clamorosamente messa in luce dalla battaglia sul divorzio, resta aperta nella società italiana, percorsa ovunque fin dai primi anni Settanta da fermenti di rinnovamento. Non sono più solo gli studenti, i giovani e le donne a mobilitarsi; nel mondo della scuola, delle professioni, persino tra gli industriali, i trentenni e i quarantenni sembrano contagiati dal virus del '68 che qui si esprime in una più lucida ed estesa richiesta di riforme. Insegnanti e genitori democratici si impegnano per svecchiare le strutture scolastiche; magistrati, avvocati, medici, giornalisti democratici si ribellano alle regole anacronistiche degli ordini professionali, dominati come le università da un'élite immobile di «baroni» che difendono con arroganza i loro privilegi. Anche i giovani imprenditori, figli dei magnati della grande industria o alla testa di piccole e medie aziende in espansione, guardano alle lotte sindacali del decennio appena trascorso con occhi diversi dai loro padri. Nel 1970, quando è stato varato lo statuto dei lavoratori, anche la Confindustria ha accettato lo statuto Pirelli, voluto dalle nuove generazioni di industriali, cresciuti nell'Europa del Mec e attenti a quanto avviene all'estero, in Germania specialmente, dove l'avvento al governo della Spd si fa sentire anche nei rapporti tra aziende e sindacati. I figli, insomma, capiscono quan-

123

to i genitori si rifiutano di riconoscere: la modernizzazione che moltiplica i profitti delle industrie, passa anche per il rispetto della legislazione sul lavoro e per un corretto rapporto con i sindacati.

Lo slancio innovatore penetra ovunque fin nei gangli più delicati dell'amministrazione dello Stato, anche in quelli della polizia e degli agenti carcerari dove sarebbe stato impensabile solo pochi anni prima veder sprizzare una scintilla di protesta. Non è solo il mondo del lavoro ad essere percorso da questa ventata di rinnovamento organizzativo: pensionati, casalinghe e disoccupati fanno sentire la loro voce fuori dai canali ufficiali delle vecchie associazioni. Il terreno del confronto di questi soggetti che non passano le otto ore della giornata lavorativa nelle fabbriche e negli uffici, diventano soprattutto le grandi città, prive delle strutture e degli spazi per consentire un'esistenza vivibile. L'urbanizzazione selvaggia di due decenni ha lasciato i centri cittadini privi dei più elementari servizi, per non parlare dei grandi agglomerati delle periferie, degradati al livello di immensi, anonimi dormitori. Mancano asili-nido, scuole, negozi, uffici postali, discariche per i rifiuti; ma anche piazze, luoghi di riunione, parchi gioco; e poi non c'è un filo di verde, non un albero, un prato, un fiore; solo cemento e asfalto per un mare di automobili. Le donne e gli anziani si disperano, ma alla fine trovano la forza di organizzarsi nei comitati di quartiere e nei consigli di zona, che verranno persino istituzionalizzati dalle amministrazioni comunali.

I partiti della sinistra non si fanno più sorprendere da questa nuova pacifica ondata di cui cercano di interpretare ed esaudire le richieste; e lo stesso può dirsi dei sindacati, impegnati a superare la difficile sfida che viene dal Sud. Proprio quando comincia a declinare l'aggressività della classe operaia settentrionale, ricondotta entro i binari delle organizzazioni sindacali ufficiali, dilaga l'inquietudine dei lavoratori meridionali e, soprattutto, di chi non ha lavoro e neppure fiducia nelle Confederazioni. I gruppi dei disoccupati autonomi diventano immediatamente molto forti nel Mezzogiorno, tanto da consigliare prudenza ai sindacati che, invece di sconfessarli, adottano nei loro confronti una linea molto morbida. La classe politica sa di avere sulla coscienza più di un peccato contro il Sud, che dopo quasi trent'anni di Repubblica è ancora il fanalino di coda d'Italia. A questo *mea culpa* neppure le sinistre possono sottrarsi del tutto; tanto è vero che al momento dell'esplosione della rivolta di Reggio Calabria nel '70, i neofascisti hanno trovato un facile spazio per cavalcare politicamente la protesta. Oggi come ieri, o forse più di ieri, i problemi del Mezzogiorno appaiono gravissimi; ma i movimenti in atto nella società civile del Nord, arrivando con qualche ritardo anche al Sud, stanno smuovendo la superficie della passività e del disimpegno.

A incalzare le sinistre sul terreno dei diritti civili ci sono anche i radicali, cresciuti in forza dopo il successo della battaglia divorzista e decisi a lanciare nuove sfide al mondo politico con la richiesta di altri referendum, usati come arma politica per abbattere quanto resta della legislazione fascista; e non è così poco. Il vecchio codice Rocco, ancora in vigore, è preso d'assalto dal «partito dei tavoli» che si mette subito al lavoro per raccogliere le firme dei cittadini: va abrogata la norma che ancora punisce l'aborto come un delitto contro la razza italiana; c'è il problema dell'obiezione di coscienza, dei tribunali militari e dei tanti soprusi verso le minoranze e i diversi, criminalizzati all'epoca della dittatura, ma di cui il Parlamento della Repubblica non si è mai occupato. Adesso però è venuto il momento di farsi carico anche di questi problemi che i comunisti, più attenti ai temi del lavoro, hanno trascurato e che la Dc ha cercato in tutti i modi di rimuovere. Nella crescita generale della società, l'acquisizione di una piena cittadinanza passa anche per la certezza di diritti e doveri, garantiti da una legislazione adeguata a un paese moderno. Insomma, va colmato il forte ritardo accumulato dall'Italia rispetto alle nazioni dell'Occidente; e i partiti si mettono al lavoro, anche perché temono gli effetti destabilizzanti dei referendum sui delicatissimi equilibri politici che si vanno creando nella seconda metà degli anni Settanta.

In ogni caso, a giovarsi della mobilitazione civile sono le forze della sinistra che hanno un successo straordinario alle elezioni regionali e provinciali del '75. Nel '72 la tenuta elettorale della Dc e la crescita del Msi avevano fatto pensare ad un'avanzata generale della destra, tanto più che, per la prima volta dal 1948, la tendenza alla crescita dei comunisti si era quasi fermata. Il Pci scontava l'attacco dei gruppuscoli estremisti che riuscivano a bloccarlo, anche se i voti di protesta si erano dispersi in tante piccole liste, nessuna abbastanza forte da mandare propri rappresentanti in Parlamento. A distanza di solo tre anni però, contro tutte le rosee previsioni di democristiani e missini, il quadro si rovescia completamente: nelle elezioni amministrative del '75 il Pci supera addirittura il 33%, attestandosi a soli due punti percentuali dalla Dc che ha una perdita secca del 3%. Sale anche il partito socialista e scende invece il Msi-Dn.

La corruzione politica: vent'anni prima di Tangentopoli

Alla sconfitta della Dc nel '75 non contribuisce solo la vittoria dei divorzisti che, ad un solo anno di distanza, ancora influenza l'elettorato, non foss'altro che psicologicamente. Sono soprattutto gli scandali a gettare un'ombra sgradevole sull'immagine del partito cattolico, che appare fortemente logorata. In coincidenza con la crisi petrolifera del '73, il fango della corruzione ha cominciato ad affiorare, prima con i loschi affari sulle forniture di petrolio, poi con le commesse degli aerei Lockheed, infine con la

126

vicenda del banchiere Sindona, destinata a trascinarsi, tra misteri e assassinii, per altri dieci anni. In tutti questi casi sono stati coinvolti esponenti di primo piano della Dc, e l'ondata dei sospetti e delle mormorazioni è salita sempre più in alto fino a colpire persino il capo dello Stato, Giovanni Leone. In questo pantano di affari illeciti si ritrovano anche gli alleati di governo, primo fra tutti il Psdi il cui segretario, Tanassi, unica vittima nel Gotha degli intoccabili, subirà addirittura l'onta del carcere.

Vent'anni prima di Tangentopoli, insomma, l'opinione pubblica italiana ha avuto in mano le prime irrefutabili prove della corruzione dilagante nel ceto politico al potere. Anche allora i cittadini si sono indignati, hanno gridato allo scandalo; ma la percezione della gravità di quanto veniva alla luce non ha inciso nel profondo delle coscienze. Negli anni Settanta, sono ancora pochi e isolati nella corporazione dei magistrati i giudici decisi a portare le indagini fino in fondo; e il potere politico ha ancora nelle mani tutti gli strumenti per garantirsi l'impunità. Le inchieste vengono insabbiate; gli inquisiti, coperti dall'immunità parlamentare e protetti dalla Commissione inquirente, sfuggono ai processi; restano i sospetti e il fango, ma anche il dubbio che si sia troppo enfatizzato un fenomeno tutto sommato fisiologico. La denuncia spietata di Sciascia nel romanzo *Todo modo* del 1974, ripresa dal film con lo stesso titolo che Elio Petri ricava dal libro, lascia increduli lettori e spettatori convinti di avere davanti un paradosso fantastico ben poco vicino alla realtà.

Se mancano i pubblici ministeri coraggiosi, alla Di Pietro, non c'è neppure un fronte agguerrito di forze politiche decise a scardinare l'intero sistema dei partiti che sta ormai degenerando in una partitocrazia corrotta. In questo momento, solo il movimento dei radicali cavalca la polemica «antipartitocratica», ed è proprio Pannella a far diventare di uso comune questo termine, ripescato dal linguaggio qualunquista; ma la sua voce ha un'eco abbastanza flebile. L'emergenza del terrorismo spinge l'opposizione comunista al compromesso storico con la Dc, nonostante i tanti voti che in due tornate elettorali, '75 e '76, hanno premiato il Pci proprio in quanto «partito degli onesti», rimasto fuori dai giochi, dai privilegi e dalla corruzione di chi è stato ininterrottamente al potere dalla fondazione della Repubblica. Certo, alcuni in buona fede si illudono che la legge sul finanziamento pubblico ai partiti, votata in tutta fretta dal Parlamento nel '74, possa risolvere il problema. Ma un male di queste dimensioni richiederebbe un intervento assai più radicale; soprattutto, sarebbe necessario rompere quella sorta di ipocrita congiura del silenzio alla quale partecipano tutti i partiti, compreso il Pci, che sono restii a sollevare la questione delle risorse necessarie alla loro esistenza. Sembra quasi che la discussione aperta su un argomento così prosaico possa ledere la «sacralità» dei partiti, la cui forza e il cui radicamento tra le masse devono discendere esclusivamente dalla capacità di attrazione dei loro ideali. Insomma, chi paga, da dove vengono i soldi sono domande alle quali nessuna forza politica, di governo o di opposizione, vuole dare una chiara risposta.

Eppure, è evidente che l'esercizio del potere frutta ai partiti e ai loro uomini. Per quanto riguarda gli arricchimenti personali dei politici, ad incoraggiare il malcostume sta la sicurezza pressoché totale di conservare la poltrona, a prescindere dall'onestà o disonestà dei comportamenti. Il sistema politico italiano, bloccato alle due estreme dalla *conventio ad excludendum* del Pci e del Msi, assicura da trent'anni alla Dc e ai suoi alleati, gli unici legittimati a governare, una posizione privilegiata che finisce col diventare una tentazione irresistibile per chi guarda alla carriera politica soprattutto come investimento per incrementare il proprio patrimonio. Una parte di questo flusso di denaro illecito entra però anche nella casse dei partiti, trasformati ormai in gigantesche macchine per catturare e organizzare il consenso, che col passare del tempo hanno moltiplicato a dismisura le loro esigenze. È scomparsa l'Italia degli anni Quaranta e Cinquanta, quando le forze politiche operavano in una società prevalentemente rurale dove bastava la figura del parroco o del segretario di sezione per controllare un intero villaggio. La fede nelle chiese-partito era assoluta; una volta tesserato il capofamiglia, figli, nipoti, fratelli e parenti tutti seguivano disciplinatamente la scelta del padre. Allora costavano meno le campagne elettorali, la stampa di partito e la propaganda che la Dc lasciava nelle mani dei preti e il Pci affidava ai mille volontari, disponibili a lavorare gratis per la causa, nelle ore strappate al lavoro o alla famiglia.

A poco a poco però il quadro aveva cominciato a cambiare. La Dc, per svincolarsi dal condizionamento troppo pesante della Chiesa, si era dovuta attrezzare per aggregare voti in proprio, trovando nella dilatazione della sfera pubblica il pilastro al quale ancorare le fortune del partito. Nel flusso di danaro che lo Stato aveva cominciato ad erogare dalla metà degli anni Cinquanta in poi, un rivolo sempre più cospicuo era stato deviato nelle casse del partito per finanziare una quantità di convegni, riunioni, incontri, manifestazioni, pubblicazioni, tutte quelle iniziative ormai indispensabili alla comunicazione in una società via via più complessa. Alla stessa fonte attingevano naturalmente i partiti di governo minori, e dal '63 in poi anche il partito socialista, che scegliendo l'alleanza con la Dc aveva rotto tutti i legami con il Pci, anche quelli finanziari. L'Urss e i paesi satelliti dell'Est erano stati il sostegno delle sinistre e avevano continuato ad aiutare il partito comunista, magari con più parsimonia da quando il legame con Mosca si era deteriorato. In ogni caso, la dipendenza internazionale aveva permesso ai comunisti italiani, esclusi dal potere, non solo di mantenere ma anche di incrementare la loro presenza nel paese, senza, per così dire, sporcarsi le mani.

Eppure, nessuno dei partiti che attingono con disinvoltura alle casse dello Stato, ha una lucida percezione dell'illegalità mortificante di questo sistema di finanziamento; o quanto meno nessuno vuole sollevare il problema che viene rimosso anche dall'opposizione comunista, la prima a non gradire una discussione franca sull'argomento. L'intera classe politica si sente assolta a priori da ogni colpa, nella ferma convinzione che i partiti sono uno strumento indispensabile al funzionamento della democrazia e che senza di essi lo stesso Stato democratico rischia la morte. Insomma, vale la pena mantenere i partiti in buona salute, anche se è alla totale discrezionalità di segretari, ministri, sottosegretari, capicorrente e notabili quanto e come prelevare dall'inesauribile tesoro pubblico. Incontrollabile è naturalmente quello che finisce nei portafogli personali e, soprattutto, privo di ogni trasparenza diventa il meccanismo dell'erogazione e della distribuzione della spesa pubblica, anche se sono intuibili le conseguenze devastanti per i rapporti tra lo Stato e il mondo imprenditoriale e finanziario.

Gare di appalto truccate, tangenti pagate su ogni commessa, fornitura o servizio, inquinano a poco a poco il tessuto economico del paese, corrompono servitori dello Stato e operatori economici, mandano in rovina la stessa industria pubblica che i grandi «boiardi», nominati dai partiti, gestiscono con gli occhi puntati al massimo profitto politico senza più curarsi dei criteri di economicità. Naturalmente, l'obiettivo più ambito sono i voti, tanti voti per rassicurare le segreterie dei partiti che, dalla metà degli anni Sessanta in poi, si sono sentiti sempre più attaccati e criticati dalle ondate di contestazione in atto nella società civile. D'altra parte, questa macchina sembra funzionare benissimo e lascia tutti i partiti soddisfatti, sempre che non si sollevi il velo sulle loro malefatte. Allora, bisogna correre ai ripari, come si tenta di fare nel '74 con la legge sul finanziamento pubblico.

Il rimedio, però, non cura il male; non si capisce o si finge di non capire che forze politiche abituate per anni a servirsi liberamente delle risorse pubbliche, non rispetteranno mai i limiti finanziari previsti dalle nuove norme. Le somme erogate dallo Stato, insufficienti ai bisogni crescenti delle macchine partitiche, vanno solo a incrementare un patrimonio che viene alimentato con gli stessi metodi e dagli stessi canali di prima. I partiti diventano semplicemente un po' più ricchi, ma restano corrotti come e più che in passato. Anzi; la violazione sistematica della legge sul finanziamento pubblico allunga l'elenco degli illeciti del ceto politico, avviato ormai verso un degrado, destinato a travolgere l'intero sistema negli anni Novanta, quando magistratura, stampa e opinione pubblica dichiarano guerra alla partitocrazia. Negli anni Settanta, la società civile non si fa comunque molte illusioni sulle tante promesse di pulizia che i partiti sotto accusa levano in coro, come confermano i risultati del referendum del '78 per abrogare la legge appena votata nel '74: più del 40% degli italiani vota sì, seguendo l'indicazione del piccolo partito radicale, del Pli e del Msi, che, tutti insieme, dispongono solo di circa un 10% di elettori. Nello stesso anno, il presidente della Repubblica Giovanni Leone è costretto a dimettersi, travolto da una valanga di accuse e sospetti di corruzione, nepotismo e arricchimenti illeciti.

Alternativa di sinistra e compromesso storico

La richiesta di rinnovamento che a metà degli anni Settanta fa perdere voti alla Dc è in piena sintonia con l'acquisizione di una coscienza democratica e civile, ormai diffusa in vasti strati della popolazione. Gli italiani stanno trasformandosi in una cittadinanza consapevole dei propri diritti e decisa a rivendicare le proprie libertà, anche quella di scegliersi nuovi governanti. Nel '75 si comincia dalle grandi città, investite da un vero e proprio terremoto politico: Torino, Milano, Genova, Bologna, Firenze, Roma e persino Napoli hanno un sindaco socialista o comunista, e sono governate da giunte rosse che costringono la Dc e il Msi all'opposizione. Repubblicani e socialdemocratici, malgrado il diverso orientamento delle segreterie nazionali, entrano a far parte dei governi cittadini insieme al Psi e al Pci. Se la vittoria dello schieramento divorzista non poteva essere immediatamente tradotta in termini di alternativa politica, adesso il voto amministrativo accende un importante dibattito nella sinistra. Insieme, Psi e Pci arrivano oltre il 45% che potrebbe salire al di là del 50%, se Pri e Psdi decidessero di aggregarsi allo schieramento delle sinistre come hanno fatto nei capoluoghi regionali. I fautori più convinti dell'alternativa si trovano tra le file del partito socialista dove sono cresciute le correnti della sinistra, insoddisfatte dei governi di centro-sinistra che non sono riusciti a realizzare riforme incisive e non hanno neppure fruttato voti al Psi. Ma ben poco entusiasta della prospettiva di sostituirsi alla Dc, come fulcro di una coalizione governativa alternativa, è invece proprio il Pci, che è cresciuto grazie alla fiducia via via conquistata anche nelle fasce del ceto medio progressista.

La paura dei rossi che nei venticinque anni trascorsi ha riversato un fiume di suffragi nelle liste dello scudo crociato, si è a poco a poco smorzata di fronte alla politica moderata del partito comunista, impegnato fin dal 1956 in un processo di revisione ideologica destinato a trasformarlo profondamente. Questo lento cambiamento ha già dato i suoi frutti sul finire degli anni Sessanta, quando il Pci è stato coinvolto indirettamente nella maggioranza di centro-sinistra che i comunisti hanno appoggiato in Parlamento su gran parte delle leggi di riforma. Tra la coalizione governativa e l'opposizione, insomma, si è cominciato a realizzare una sorta di consociativismo, riflesso, per tanti aspetti, dello stesso spirito unitario che ha portato proprio in questo stesso periodo le tre Confederazioni sindacali a una gestione comune dei problemi del lavoro. Di fatto, l'intesa politica sotterranea Dc-Psi-Pci ha fatto superare la barriera della *conventio ad excludendum*, aggirata con la teoria sui «partiti dell'arco costituzionale», quei partiti, cioè, compreso il Pci, che nel '46-47 hanno elaborato la Costituzione. Se in passato comunisti, socialisti e democristiani si erano seduti allo stesso tavolo per accordarsi sulle regole, nulla vietava che anche in questi turbolenti anni di crescita tumultuosa del paese si aprisse un dialogo fecondo tra maggioranza e opposizione.

Questa pur parziale legittimazione, naturalmente, influenza l'orientamento dei ceti medi, tanto più che persino settori importanti del mondo economico si sentono sempre più rassicurati, come dimostrerà nel 1976 la nascita del quotidiano «la Repubblica», il primo giornale schierato a sinistra pur non essendo legato a partiti. Nel mondo della stampa quotidiana, in cui è fortissimo il peso della Confindustria sarà una vera rivoluzione, anche se già nel 1972 è il «Corriere della Sera» a dare il segnale del disgelo a sinistra con la nomina a direttore di Piero Ottone, assai più tenero dei suoi predecessori verso il Psi e il Pci; tanto tenero che nel '73 una delle firme più prestigiose del quotidiano milanese, Indro Montanelli, in polemica col nuovo corso se ne va per dar vita nel 1974 a «Il Giornale nuovo». Insomma, rassicurati anche dai grandi mezzi di comunicazione, i nuovi elettori che nel '75 scelgono la lista della falce e martello sono convinti di votare per un partito riformista, filo-occidentale, europeista, del tutto simile alle socialdemocrazie al potere in Germania e in Gran Bretagna. Tanto più che, proprio in questo periodo, Berlinguer lancia la politica dell'eurocomunismo e non perde occasione per sottolineare l'allineamento del Pci all'Occidente, il distacco dall'Urss e persino un certo apprezzamento nei confronti della Nato, apparsa col passar del tempo un utile ombrello protettivo persino per i partiti comunisti dell'Europa democratica. Sono dichiarazioni che ammorbidiscono il Dipartimento di Stato a Washington, diventato assai più permissivo di prima nel concedere i visti di ingresso ai comunisti in visita negli Stati Uniti.

Eppure, il Pci non rinnega le sue origini rivoluzionarie, né il credo marxista-leninista che resta la dottrina ufficiale del partito, anche se la pratica è ogni giorno più avulsa dalla teoria. L'eredità bolscevica, messa in cornice, serve però a rassicurare centinaia di migliaia di militanti, cresciuti ed educati al mito della rivoluzione, che ancora agisce come collante importante. Per quanto al tramonto, le grandi ideologie lasciano dietro di sé tracce così marcate da agire per anni e anni sull'immaginario collettivo. Ripudiare la dottrina, far crollare la fede significa prepararsi all'inevitabile diaspora, anzi, con tutta probabilità, ad una fuga in massa dei fedeli che non possono non sentirsi traditi, non foss'altro che nei loro sogni. Al Pci ha già fatto abbastanza paura la contestazione dei gruppuscoli extraparlamentari, un pugno di intellettuali ai quali non poteva sfuggire quanto il partito avesse ormai deviato dal percorso leninista. Per rassicurare la base scossa dalle critiche degli estremisti, i dirigenti comunisti dunque rivendicano con forza la natura comunista del partito e negano, nonostante l'evidenza, una identificazione del Pci con le socialdemocrazie dell'Occidente.

La contraddizione tra identità rivoluzionaria e pratica riformista ha però anche l'effetto di bloccare la strada del governo ai comunisti che restano esclusi dall'area dei partiti legittimati. Se Berlinguer non intende ufficializzare la mutazione genetica del suo partito, la Dc, per parte sua, non ha alcun interesse a permettere ulteriori passi avanti al Pci, tanto più che questo anomalo equilibrio del sistema consente ai cattolici di giovarsi del supporto comunista da un lato e, dall'altro, di riscuotere come sempre i voti dell'elettorato anticomunista. Gli accordi consociativi restano sotterranei; in via di principio al Pci è precluso l'accesso alla «stanza dei bottoni». Invano la sinistra socialista propone la strada dell'alternativa di sinistra. Berlinguer non si lascia convincere. A rafforzare il suo diniego, ha molto contribuito nel 1973 il colpo di Stato del generale Pinochet che, con l'aiuto dei servizi segreti statunitensi, ha rovesciato in Cile il governo delle sinistre guidato da Allende. Il segretario comunista teme che quanto è successo nel lontano paese sudamericano possa avvenire anche in Italia, benché la nazione sia inserita a pieno titolo nel ricco Occidente capitalistico e nell'Europa comunitaria.

I timori di Berlinguer nascono da una visione pessimista della situazione generale del paese che gli eventi degli ultimi anni contribuiscono a rendere ancor più negativa. A suo giudizio, l'Italia è una democrazia ancora troppo debole, con un tessuto civile fragile, come sembra emergere anche dai dati statistici sulla crescita dell'istruzione: certo, il numero degli analfabeti si è notevolmente ridotto, passando dal 12,9% nel 1951 al 5,2% nel 1971; ma la popolazione al primo stadio di alfabetizzazione, con o senza titolo elementare, è ancora il 71,4%; i laureati sono sempre pochissimi, l'1,8%, e i diplomati arrivano solo al 6,9%; l'unico segnale positivo viene dalla crescita degli italiani in possesso della licenza media, quasi triplicati, dal 5,9% al 14,7%, grazie alla legge varata dal primo governo di centro-sinistra che ha innalzato a quattordici anni l'obbligo scolastico. Insomma, i cittadini italiani sono in condizione di pesante minorità in paragone ai paesi europei più avanzati, specie a quelli del Nord Europa con stabili regimi democratici, dove si sperimenta un modello di socialismo che tutti i partiti socialisti occidentali, compreso quello italiano, vorrebbero imitare. Un livello culturale così basso fa apparire più preoccupanti anche i fermenti sociali e politici che ormai da qualche anno percorrono il paese, accendendo qua e là fiammate di protesta non facilmente contenibili dai sindacati e dai partiti, per non parlare della strumentalizzazione da parte della destra golpista.

Questo panorama appare a Berlinguer poco affidabile per dar vita a un governo delle sinistre, ammesso che si riesca a raggiungere la maggioranza necessaria. Un nuovo equilibrio politico che rovesciasse il quadro tradizionale, allontanando dopo più di trent'anni i democristiani dall'esecutivo, potrebbe diventare il pretesto atteso dalle forze eversive per sovvertire le istituzioni democratiche in Italia. È preferibile che la Dc resti il perno del sistema; anche se nel partito cattolico ci sono zone d'ombra, per lunghi anni i democristiani hanno lealmente garantito la democrazia, malgrado le pressioni di una destra autoritaria elettoralmente più forte di adesso e per di più in un clima politico che la guerra fredda rendeva esasperato. Tuttavia rimane il dubbio che la Dc, costretta all'opposizione, non sia invece per nulla disposta a difendere dagli attacchi golpisti una coalizione governativa di sinistra, guidata dal Pci. In Cile, il partito cattolico non ha mosso un dito per salvare Allende e ha passivamente assistito all'instaurarsi di una sanguinosa dittatura militare. Certo, l'Italia non è il Cile; ma un compromesso con i democristiani appare ai comunisti la via più prudente per entrare nella «stanza dei bottoni». La nuova strategia, teorizzata da Berlinguer all'indomani del colpo di Stato cileno, presuppone appunto un accordo di governo tra i due grandi partiti di massa che, insieme, si facciano carico dei problemi ancora irrisolti della società italiana, cresciuta così tumultuosamente da diventare ingovernabile. Come all'origine della Repubblica Dc e Pci avevano messo da parte le loro diversità per dotare il paese di una base istituzionale solida e da tutti condivisibile, anche adesso è necessario coalizzarsi per superare questa fase, una sorta di crisi adolescenziale della nazione che va condotta senza traumi verso la maturità.

Berlinguer non parla al vento; sa bene che la sua proposta di «compromesso storico» interessa una parte della Dc, la sinistra cattolica in particolare, da sempre attenta alle dinamiche sociali e sensibile al rapporto con le sinistre.

Moro, regista nei primi anni Sessanta del centro-sinistra con i socialisti, è un aperto sostenitore del dialogo con il Pci, diventato via via un interlocutore più credibile del Psi che ha perduto tanti consensi e indebolito le sue radici nella classe operaia. Per quanto dotata di un'anima popolare importante, la Dc ha bisogno delle sinistre per garantirsi la pace sociale, indispensabile alla continuità dell'egemonia democristiana sul sistema. Anche a Moro il paese appare fragile, bisognoso della tutela dei grandi partiti di integrazione che ancora non hanno esaurito il loro compito primario di educare le masse alla vita politica e civile; insomma, i cittadini italiani non sono abbastanza maturi per autogovernarsi, per decidere da soli quali forze politiche debbano prendere in mano le redini del paese come avviene nelle democrazie moderne, dove maggioranza e opposizione si alternano senza drammi al governo, premiate o punite dal voto degli elettori. In Italia, invece, è meglio lasciare che i partiti stabiliscano quali siano i migliori equilibri politici, i più adatti ad assicurare ordine, a frenare i fermenti potenzialmente eversivi delle stesse istituzioni democratiche; e, naturalmente, tutto diventa più agevole con un accordo preventivo, magari sotterraneo, tra chi governa e chi ha il ruolo di oppositore in Parlamento. Moro non vorrebbe superare il primo stadio dell'equilibrio consociativo; ma l'aggravarsi della situazione interna renderà indispensabile, di lì a due anni, l'esplicito appoggio dei comunisti agli esecutivi democristiani.

L'emergenza della crisi economica

Ad appesantire sempre più il clima interno c'è, innanzi tutto, la strategia della tensione che nel '74 ha fatto un ulteriore balzo in avanti con altre due orrende stragi, a Brescia dove una bomba è esplosa a piazza della Loggia durante una manifestazione sindacale, e sul tratto ferroviario tra Firenze e Bologna dove un ordigno ha fatto deragliare il treno «Italicus». Contemporaneamente sono comparse sulla scena le Brigate Rosse con il clamoroso rapimento del giudice Sossi. È solo il primo atto di una serie di attentati e di crimini destinati a lasciare un'impronta sanguinosa nel paese per il successivo decennio. Nessuno in questo momento in Italia sapeva di avere davanti un futuro così terribile; ma quanto si ha già alle spalle spaventa a sufficienza. Per di più i segnali che arrivano dal fronte dell'economia annunciano una fase recessiva non certo rassicurante; anzi, l'innesto di una crisi economica su un terreno politico incandescente può riaccendere la scintilla di una protesta sociale, questa volta forse incontrollabile anche da parte dei sindacati.

A frenare di colpo lo sviluppo economico che nonostante un evidente rallentamento alla metà degli anni Sessanta, ha continuato a garantire un crescente benessere, è intervenuta nel '73 la guerra arabo-israeliana. Improvvisamente si sono chiusi i rubinetti del petrolio, erogato dai paesi dell'Opec che, in polemica con tutti gli Stati dell'Occidente amici di Israele, hanno deciso di ridurre in modo drastico la produzione. Per l'Italia, che non ha risorse proprie e dipende perlopiù dai paesi arabi, è una vera tragedia. In pochi mesi, tra il '73 e il '74, si hanno due aumenti consecutivi del prezzo della benzina; la Fiat diminuisce del 20% la costruzione di veicoli, mette in cassa integrazione 65.000 operai e riduce da 40 a 24 ore settimanali l'orario di lavoro con parziale copertura del salario. Ma a risentire del costo ormai quasi proibitivo del petrolio è tutta l'industria italiana e, di conseguenza, l'intera economia del paese. Un'ondata di supertasse cade sulla testa dei cittadini che vedono crescere le imposte sugli immobili, sulle auto, sulle imbarcazioni, mentre aumentano le tariffe di tutti i servizi, quelli dell'Enel per primi. Nel '74 la bilancia dei pagamenti è in passivo; l'inflazione tocca la punta impressionante del 19,4%; entrano in vigore le restrizioni valutarie per gli italiani che viaggiano all'estero per turismo e viene imposto un vincolo di deposito del 50% del valore delle merci importate.

Nel 1975, per la prima volta nella storia della Repubblica, il reddito nazionale diminuisce: scende di un 3,5%. Si spezza così l'illusione di una continua inarrestabile crescita, con pesanti conseguenze psicologiche sulla popolazione che ormai da anni si era adagiata nel sogno di un benessere sempre maggiore. A ingigantire gli effetti di questo brusco risveglio contribuiscono anche i provvedimenti adottati a caldo dal governo che, per costringere al risparmio energetico, nel '73 ha imposto una serie di misure restrittive dei consumi privati: è vietata nei giorni festivi la circolazione delle automobili – in seguito si passerà alle targhe alterne; l'illuminazione pubblica viene ridotta; le insegne dei negozi spente; l'orario di chiusura dei programmi televisivi, dei cinema, dei bar, dei ristoranti e di tutti i locali pubblici è anticipato alle 23.

È un atto dimostrativo, del tutto ininfluente, tanto è vero che le restrizioni sono durate pochi mesi, quanto basta però per cambiare per un attimo il volto delle città, diventate buie e silenziose. E questa insolita, desolante immagine rimane impressa nella mente degli italiani, una volta passata l'ondata di eccitazione per la curiosa novità. Insomma, quando si ripongono biciclette, pattini a rotelle, monopattini e persino carrozzelle a cavallo con cui la gente si è divertita a scorrazzare la domenica per le vie cittadine, si comincia a riflettere; e le riflessioni non sono rosee.

Naturalmente, spaventa la prospettiva di una stagnazione economica destinata a durare chissà quanto che porta con sé il timore di perdere il lavoro, di abbassare il tenore di vita, di dover fare rinunce e sacrifici. A metà degli anni Settanta, il 97% delle famiglie italiane possiede un televisore, il 94% un frigorifero, il 79% una lavatrice, il 65% un'automobile. Sono vent'anni che in Italia si vive bene e, anno dopo anno, si è vissuto sempre meglio; l'idea di perdere il necessario è diventata impensabile dal momento che non si tollera neppure di fare a meno del superfluo. C'è anche una paura più indeterminata e vaga che colpisce soprattutto i più giovani, per la prima volta colti dal dubbio sulla inesauribile disponibilità delle risorse naturali. Solo una ristrettissima élite di intellettuali si è occupata in passato delle questioni ambientali tra la generale indifferenza della popolazione e del ceto politico, di destra e di sinistra, incurante delle tante distruzioni provocate dallo sviluppo. Bellezze e ricchezze di cui l'uomo o la natura avevano dotato il paese erano rovinate, inghiottite dal cemento delle case, delle autostrade, dei viadotti arrivati ovunque, fin sulla cima delle montagne più alte e delle rocce a picco sul mare. Alberi tagliati, fiumi deviati e prosciugati, laghi e canali artificiali avevano alterato anche il clima di alcune zone, per non parlare dei danni immensi all'intero ecosistema dei territori. Persino i mari non erano più stati gli stessi da quando una valanga di rifiuti aveva cominciato ad inquinarne le acque. Insomma, lucciole e pesci erano scomparsi, ma a dolersene si era alzata solo la voce di un poeta, Pasolini, e di pochi altri. Ma adesso una guerra così lontana dal paese all'improvviso fa capire quanto possa essere preziosa, insostituibile e soprattutto, non inesauribile ogni risorsa della Terra.

È solo un primo, incerto inizio di una presa di coscienza ecologica, destinata a convertirsi in un fenomeno di massa un decennio più tardi. Nel 1974, con decreto governativo nasce il ministero dei Beni culturali e ambientali, un primo passo che sarà seguito anni dopo dall'istituzione del ministero dell'Ambiente. La preoccupazione ancora confusa per il degrado delle risorse naturali si va a sommare alle più immediate e concrete paure che toccano da vicino la vita di tanti giovani alla soglia della maturità. E la miscela, condita naturalmente dalla fisiologica crisi esistenziale della crescita, produce un'inquietudine molto più pericolosa del passato. Sta per arrivare sulla scena politica un'altra ondata di contestazione; ma questa volta non sono i figli del boom economico ad occupare le università e a scendere in piazza, arroganti e irridenti, pieni di speranza e fiduciosi di costruire un futuro più bello e più giusto di quello lasciato loro in eredità dai padri. Il terreno di cultura degli studenti che nel 1977 daranno vita al nuovo movimento degli autonomi, «brutti, sporchi e cattivi» come verranno definiti dal titolo di un film di Scola del '76, è percorso dal disagio profondo e dall'incertezza serpeggianti nella società italiana aggredita dagli stragisti, dai terroristi rossi e neri, minacciata nelle sue sicurezze economiche dalla crisi petrolifera e persino con la prospettiva di rimanere senza un governo.

I governi di solidarietà nazionale

Dopo le elezioni politiche del '76, infatti, per la prima volta nella storia della Repubblica, appare quasi insolubile il problema di dare una guida al paese. L'alleanza di centro-sinistra, già da anni sfilacciata, sembra arrivata proprio alla fine. A decretarne la morte sono i socialisti, che in quindici anni di governo con la Dc hanno a poco a poco perduto un terzo del loro elettorato: nel '63 erano quasi al 14%, nel '76 si ritrovano a poco più del 9%. L'ennesima delusione per i risultati elettorali apre una dura resa dei conti ai vertici del Psi che si conclude nell'estate del '76 con l'ascesa al potere di una nuova leva di dirigenti, i «colonnelli», stretti intorno al nuovo segretario Bettino Craxi. Assorbiti dalle loro vicende interne, all'indomani delle elezioni, i socialisti scelgono dunque la via del disimpegno dal governo, privando la Dc di una maggioranza parlamentare che Pli, Pri e Psdi tutti insieme non sono in grado di assicurare.

Da sola la Dc non può governare, anche se, malgrado gli scandali, ha avuto un buon risultato. Lo spettro del comunismo, agitato per tutta la campagna elettorale con enfasi da '48, e l'accorato invito di Indro Montanelli a votare Dc anche «turandosi il naso», sono serviti a persuadere tanti elettori infedeli a ritornare sui loro passi. Si evita così il tanto temuto sorpasso da parte del Pci, che però continua a salire e ormai sfiora il 35% contro il 38,2% della Dc. All'indomani del voto, però, il partito cattolico è costretto a far appello proprio al suo avversario storico per assicurare la governabilità in un momento per di più delicatissimo. E lo trova disponibile. Berlinguer promette l'astensione del gruppo parlamentare comunista e l'esempio del Pci, seguito da tutti gli altri partiti, assicura la sopravvivenza a un governo monocolore democristiano. Per i comunisti dovrebbe essere il primo passo per entrare nella «stanza dei bottoni»; ma la porta dell'esecutivo rimarrà chiusa. Otterranno solo di far parte della maggioranza governativa nel '78, al momento del rapimento di Moro, quando la sfida lanciata dai terroristi allo Stato democratico spinge Berlinguer a scegliere la strada della solidarietà nazionale.

L'asse Dc-Pci delude gli alternativisti, ma soprattutto scatena la protesta delle frange estremiste della sinistra, che nel '77 vivono un'altra stagione movimentista con epicentro nelle università. Come sempre ad agitarsi è una piccola minoranza; ma la violenza che si è insinuata tra i contestatori ha cancellato dalla protesta giovanile ogni tratto di allegria dissacrante; slogan, cori, scritte sono cupi, esprimono rabbia, alludono all'annientamento dell'avversario, promettono distruzione e devastazione. I cortei che passano per le vie cittadine non strappano alla gente nessun sorriso di complicità verso questi ragazzi che sfilano con il volto coperto dal passamontagna, il bastone sotto il giubbotto; qualcuno ha persino la pistola in tasca. I «giovani della P38» cercano lo scontro con la polizia, la rissa con i «nemici fascisti»; sono attrezzati, insomma, per la guerriglia urbana che terrorizza i commercianti anche perché ogni manifestazione culmina con gli «espropri proletari» nei negozi, nei supermercati, ma anche nelle armerie. Naturalmente, a giustificare i furti c'è un generico odio anticapitalistico, residuo dell'esasperato ideologismo lasciato in eredità dai militanti degli ormai disciolti gruppuscoli extraparlamentari, che cercano senza successo di cavalcare il nuovo movimento. L'area dell'«autonomia operaia» è sfuggente, un magma in ebollizione senza contorni ideologici definiti tanto che per un attimo estremisti di destra e di sinistra sembrano incontrarsi, superando le diversità nella comune ansia esistenziale e nella rabbia impotente contro il sistema. Anni di scontri hanno però scavato un solco troppo profondo tra le due anime, rossa e nera, del nuovo movimento studentesco che continueranno ancora a lungo a combattersi in nome di un conflitto fascismo-antifascismo vuoto di ogni significato storico per la maggior parte di questi giovani.

Gli studenti del '77 non hanno alle spalle una formazione solida; vengono da una scuola secondaria investita da un'ondata di provvedimenti e diventata laboratorio di sperimentazioni, sempre in attesa di una riforma organica che non arriva mai; entrano negli atenei che, nella confusione generale e in totale assenza di strutture, stanno riempiendosi di una quantità ingovernabile di iscritti. Su di loro ha fatto naturalmente presa una cultura dei diritti, con forti accenti di egualitarismo che si è diffusa a macchia d'olio nel paese dopo quasi dieci anni di mobilitazione continua; innestati nel terreno di un estremismo infantile e irrazionale, i nuovi valori finiscono però per entrare in stridente contraddizione con l'esistenza di una società dominata dai consumi di massa. I giovani, vestiti di stracci come detta la nuova moda, che sottraggono ai negozianti «capitalisti» dischi, cassette, libri, liquori e oggetti di ogni genere, non intendono rinunciare a nessuno dei vantaggi offerti dal ricco mondo industriale tanto odiato. Di giorno si scende in piazza a dimostrare, ma la sera discoteche, trattorie e bar sono affollati; nessuno si vuole privare della villeggiatura, del viaggio all'estero, del week-end, dell'automobile che sono ormai parte irrinunciabile della vita degli italiani. E tutto costa denaro, molto denaro, non facile da guadagnare, soprattutto adesso che la crisi economica ha già cominciato a togliere posti di lavoro e non promette nulla di buono per il futuro. Le università sono anche un'area di parcheggio per i tanti giovani in attesa di un'occupazione che ogni giorno diventa più difficile da trovare. Questa sensazione di precarietà incide profondamente sullo stato d'animo delle nuove generazioni, in preda ad un pessimismo che spinge i più fragili nella spirale autodistruttiva della droga. Dallo spinello che ha cominciato a circolare tra i sessantottini, c'è chi passa all'eroina; insomma, il malessere esistenziale si trasforma in disperazione.

Sono, lo si è detto, solo piccole frange della popolazione giovanile; eppure questa manciata di giovani ribelli, arrabbiati, senza solide basi culturali e violenti rappresenta un humus prezioso per la criminalità politica rossa e nera. Nel mare della contestazione nuotano liberi i pesci del terrorismo che qui possono agevolmente mimetizzarsi, ma anche reclutare manodopera per le loro imprese delittuose. Tanto più che, di fronte ai livelli crescenti di violenza negli atenei, le autorità accademiche e politiche finiscono per criminalizzare in massa la contestazione studentesca, col risultato di spingere verso la clandestinità anche chi non è coinvolto direttamente nel terrorismo. Del resto, è difficile non comprendere preoccupazioni e paure dei docenti, diventati il bersaglio dei collettivi studenteschi nelle aule universitarie dove minacce, pestaggi e persino attentati sono all'ordine del giorno. Né i partiti della sinistra, né i sindacati sono in grado di ricondurre a ragione questo movimento giovanile che, non a caso, si definisce degli autonomi per marcare la rottura con le organizzazioni politiche e sindacali tradizionali.

Anzi, proprio la ribellione aperta contro il Pci e la Cgil

inaugura nel 1977 la nuova stagione di contestazione: all'Università di Roma, il comizio del segretario confederale viene interrotto dagli autonomi che ingaggiano col servizio d'ordine dei sindacati una vera e propria battaglia per le strade della città universitaria. La cacciata di Lama dall'ateneo romano ha un significato dirompente che va oltre l'episodio in sé. Gli studenti della sinistra hanno sempre avuto un enorme rispetto per i sindacalisti, rappresentanti della mitica classe operaia, fulcro delle teorizzazioni marxiste, motore della rivoluzione leninista, pilastro delle lotte antifasciste di ieri e di oggi. Nel '68, ci si rivolgeva ai sindacati per avere aiuto contro gli attacchi dei neofascisti alle Facoltà occupate e, fino a quando è durata la mobilitazione nel mondo del lavoro, gli studenti erano orgogliosi di far parte dei picchetti operai o di distribuire volantini davanti alle fabbriche. Per quanto sempre più critici verso il Pci, neppure i militanti dei gruppi extraparlamentari avevano mai contestato apertamente le organizzazioni dei lavoratori.

Nel '77, cade anche questo tabù. Agli occhi degli autonomi si è rimesso in moto il meccanismo della cinghia di trasmissione partito-sindacato che Cgil, Cisl e Uil avevano bloccato sul finire degli anni Sessanta, acquistando indipendenza e, insieme, l'autorevolezza perduta nel mondo del lavoro. Adesso, come nel passato, le Confederazioni prendono ordini direttamente dal potere politico che pretende di fare accettare alle masse una politica di austerità, a tutto vantaggio del grande capitale messo in ginocchio dalla crisi economica. I sindacati sono dunque incaricati di garantire la pace sociale, di frenare le rivendicazioni degli operai, di spegnere ogni scintilla di lotta di classe e persino di acconsentire alle riduzioni degli aumenti della scala mobile, come accade nel marzo del '77. I più supini agli ordini appaiono proprio i dirigenti della Cgil che sembrano eseguire alla lettera le direttive del Pci, il primo a predicare i sacrifici per onorare il patto di governo appena stipulato con la Dc. L'accusa che sale dalle frange estreme dell'autonomia ha un'eco più profonda del previsto tra il popolo della sinistra, sconcertato dai nuovi equilibri consociativi. Basta considerare il rumore sollevato nel '77 dalla vignetta di Giorgio Forattini, il caricaturista più popolare in questo momento, che disegna un Berlinguer in abiti borghesi, accomodato su una poltrona con la tazzina di caffè in mano, mentre fuori al freddo e sotto la pioggia sfilano le masse dei lavoratori.

Se i settori ideologici, ma anche una parte di elettori e simpatizzanti progressisti sono turbati dall'assoluta novità di un partito operaio che chiede alla base di stringere la cinghia, i terroristi colgono al volo l'occasione per alzare il tiro. L'uccisione del presidente della Dc, Aldo Moro, nel 1978, così come l'omicidio del sindacalista Guido Rossa, l'anno successivo, fanno parte di un disegno politico che punta ad approfittare del malessere serpeggiante tra le masse lavoratrici. I bersagli sono scelti con cura: Moro è il regista del governo di solidarietà nazionale che proprio il giorno del suo rapimento riceve la fiducia dalle Camere; Rossa è un operaio, iscritto al partito comunista, rappresentante della Cgil all'Italsider di Genova, un uomo-simbolo del mondo del lavoro. I due delitti dovrebbero servire a sollevare il velo di fronte agli occhi del proletariato ancora ignaro del tradimento consumato dal suo partito e dal suo sindacato, e, finalmente, spingerlo alla ribellione contro il Sim, lo Stato Imperialista delle Multinazionali, come si legge nei comunicati deliranti dei brigatisti rossi.

Le Br sbagliano; accecate dal loro furore ideologico sopravvalutano i segnali del disagio nella sinistra e finiscono per compiere due atti entrambi controproducenti. La morte di Moro priva il Pci degli ultimi dubbi sull'opportunità di dar vita al compromesso storico e regala alla Dc un martire che aiuta il partito cattolico a riconquistare consensi nel paese; quanto all'omicidio di Rossa, l'indignazione degli operai che per la prima volta vedono cadere sotto il fuoco terrorista uno dei loro, è tale da spazzar via nelle frange più estreme anche quel po' di simpatia e di comprensione nei confronti dei «compagni che sbagliano». A questo punto la reazione dello Stato si fa durissima e comincia a colpire tutta l'area dell'autonomia, su cui si abbatte la scure della polizia e della magistratura con centinaia di arresti. Insomma, si inizia a svuotare la vasca; si toglie cioè alimento e protezione ai terroristi, che, ormai isolati, si preparano all'ultima disperata e sanguinosissima battaglia.

Il caso Moro

I colpi dei terroristi producono però nel corpo della società italiana ferite profonde che stentano a rimarginarsi. Nell'immediato, sono proprio i settori più consapevoli e responsabili a risentire le conseguenze di questo clima di guerra e di terrore. Si spegne quella mobilitazione civile dei primi anni Settanta che aveva portato con sé un'ondata di rinnovamento democratico, soffocata dall'emergere dell'altra faccia del paese, quella più debole, immatura e fragile, percorsa da fermenti eversivi e golpisti. Il caso Moro segna appunto il culmine di questa contraddizione tra le due Italie: i governi di solidarietà nazionale esprimono la risposta ferma del mondo politico che si schiera a difesa delle istituzioni democratiche minacciate dalle Br; eppure proprio su alcuni settori dello Stato e del potere politico si proiettano ombre nere di sospetto di fronte ai tanti interrogativi sollevati da una vicenda neppure oggi completamente chiarita. Ci sono ancora dubbi sulla condotta delle indagini, sospetti sul ruolo avuto dai servizi segreti, e persino ipotesi sul coinvolgimento della criminalità organizzata; e poi restano i tanti misteri delle carte di Moro, delle sue lettere scritte dal carcere brigatista agli amici del partito perché facessero di tutto per liberarlo. Come per le stragi, per gli scandali macchiati di sangue, per i delitti di mafia che coinvolgono esponenti politici, sul finire degli anni Ottanta anche il caso Moro riaffiorerà continuamente alla luce. Nella battaglia di dossier, memorie e rivelazioni che scandisce il tramonto della partitocrazia, il ceto politico al potere da quasi mezzo secolo si rinfaccia colpe infamanti, destinate a gettare un'ombra inquietante sui cinquant'anni della Repubblica.

C'è insomma un lato oscuro nella storia dell'Italia repubblicana che solo in parte può essere spiegato, in assenza di documentazione sicuramente attendibile. È evidente, e lo confermano i sanguinosi attentati iniziati nel 1969 e proseguiti praticamente fino ad oggi, che settori dei servizi speciali giocano per tutti questi anni una partita in proprio, sicuri però di avere alle spalle coperture autorevoli nel mondo politico, in particolare nella Dc. Non è pensabile che i vertici del ministero dell'Interno, da sempre guidato da esponenti democristiani, siano stati del tutto all'oscuro di queste trame o che i presidenti del Consiglio, anch'essi espressi dalla Dc, abbiamo ignorato ogni cosa. Del resto, vari episodi significativi confermano una certa conoscenza dei complotti maturati nelle segrete stanze del Viminale: nel '64, il caso Sifar era stato tenuto accuratamente nascosto fino al '67, e solo nel '74 il governo aveva reso noto il tentativo di golpe ideato da Junio Valerio Borghese nel '72. È evidente che nel partito di maggioranza hanno sempre prevalso le forze fedeli alla democrazia; ma resta indeterminato di quali e quante complicità politiche si siano giovati i settori dell'eversione per le loro imprese criminose.

Stragismo e criminalità organizzata vanno comunque letti nella cornice anomala di un sistema rimasto troppo a lungo nelle mani dello stesso ceto politico, persino degli stessi uomini che dal '45 in poi siedono sulle poltrone di comando e muovono tutte le leve dello Stato. Insomma, non c'è mai stato un ricambio; e per garantire la perpetua conservazione del potere è necessario coprire le malefatte di chi attenta alla stabilità dell'immobile quadro politico, anche e soprattutto se la volontà di sovvertire viene dall'interno delle istituzioni o dallo stesso partito di maggioranza. La Dc non è mai stata un partito compatto, disciplinato, controllabile in tutte le sue componenti da un vertice autorevole; persino il segretario è solo un *primus inter pares*, a volte assai meno potente dei capicorrente, dei notabili, dei «signori delle tessere», ognuno geloso della sua autonomia e indipendenza, ognuno con propri legami, clientele, feudi elettorali e, soprattutto, posizioni di potere personale da salvaguardare con cura nell'amministrazione dello Stato, negli enti e nelle imprese pubbliche. Inevitabilmente, questo magma partitico presenta zone buie dove le regole democratiche e persino la legalità sono violate; ma nessuno è in grado, o vuole correre il rischio, di rompere il fitto tessuto dei ricatti, dei silenzi, delle omertà che coinvolge tutti.

Nel 1978, nei giorni convulsi del rapimento di Moro, appare credibile che i poteri occulti dell'eversione si siano messi in moto per trarre il maggior vantaggio possibile da una vicenda destinata a sconvolgere la popolazione. L'azione dei terroristi rossi offre un'occasione d'oro per criminalizzare la sinistra e, contemporaneamente, per sbarazzarsi dello stesso Moro, personaggio da sempre inviso alla destra proprio perché aperto al dialogo con il Pci. Liberarlo dalla prigione delle Br metterebbe fine alla tensione nel paese e riporterebbe sulla scena il presidente della Dc, per di più circonfuso dall'aureola della vittima. Né va assolutamente incoraggiata la trattativa con i rapitori che offrono un baratto, la vita di Moro in cambio della liberazione di un gruppo di compagni terroristi incarcerati; bisogna invece costringere le Br a uccidere per accrescere il senso di inquietudine dei cittadini, da sempre fulcro dei progetti golpisti. Naturalmente queste motivazioni non corrispondono alle ragioni dei partiti schierati sul fronte della fermezza, decisi cioè a non dare alle Br alcun riconoscimento politico che suonerebbe come un cedimento dello Stato. Anzi; in questa occasione, l'intransigenza del Pci probabilmente contribuisce a spuntare le armi dei servizi e ad affossare possibili trame eversive delle istituzioni democratiche, altrettanto pericolose degli attentati delle Br.

In ogni caso Moro viene sacrificato con evidente travaglio dalla Dc, dove è in atto una resa dei conti più complessa di quanto non appaia al di fuori. L'opinione pubblica percepisce solo il sofferto scontro tra chi in nome di valori religiosi valuta la vita di un uomo un bene superiore a tutto e chi, rivendicando il ruolo della Dc nello Stato italiano, pretende una coerente e piena assunzione di responsabilità anche a costo della morte di Moro. Alla fine, i «falchi» prevalgono, anche perché tutto il partito è ormai convinto che, dopo tanti giorni di prigionia, tanti interrogatori, tante lettere, Moro è diventato scomodo: se non ha rotto la consegna del silenzio nel carcere delle Br, potrebbe sempre parlare adesso, non foss'altro per vendicarsi dello scarso impegno degli amici democristiani che hanno aspettato tanto a liberarlo. E che il leader rapito non sia particolarmente tenero con i vertici della Dc lo si deduce facilmente dalla corrispondenza di quei terribili giorni; non a caso, i democristiani tentano di invalidarla, sostenendo prima la falsità delle missive, poi lo stato mentale alterato di Moro. Va infine considerato che la scomparsa del presidente democristiano favorisce le correnti della Dc più ostili alla politica del compromesso storico, accettato a malincuore dalla maggioranza del partito cattolico. Adesso però il momento più critico sembra superato, grazie anche al Pci che ha convinto i sindacati ad accettare misure di austerità e ha permesso di votare alle Camere una legislazione eccezionale contro il terrorismo. A questo punto si può tranquillamente tornare ad equilibri politici più normali, tanto più che i socialisti sembrano di nuovo disponibili a trattare con la Dc un governo di centro-sinistra.

Il ritorno al centro-sinistra

Il segretario del Psi, Craxi, eletto nel '76, ha promesso di riportare il partito alle antiche glorie dell'epoca prefascista, quando dietro alle bandiere socialiste sfilava tutto il popolo della sinistra e i comunisti, nati nel 1921, erano solo una piccola minoranza di avanguardisti rivoluzionari. È una prospettiva anacronistica, che però entusiasma, illude e acceca i militanti, i quadri, i dirigenti delusi e scossi nella loro fede di fronte a un partito che in trent'anni di Repubblica ha visto la sua forza elettorale scendere sotto il 10% e ha perduto gran parte delle sue radici nel mondo operaio. Proprio una tradizione così antica, che risale addirittura al 1892, agli albori dello Stato unitario, ha dotato il Psi di un senso della propria identità sicuramente sproporzionato alle sue attuali ridotte dimensioni; diventa così difficile ai socialisti accettare la realtà del proprio declino e, soprattutto, prendere coscienza che in Italia il ruolo di grande partito socialdemocratico è ormai ricoperto dal Pci. Per quanto vistosa appaia questa anomalia rispetto a tutti i paesi dell'Europa occidentale, di fatto i comunisti raccolgono nel paese l'adesione della stragrande maggioranza dei lavoratori e dei ceti medi progressisti.

Rovesciare questa situazione, ormai da anni consolidata, diventa l'obiettivo di Craxi, impegnato in una campagna martellante contro il Pci che, con palese contraddizione, pretende una patente democratica, ma conserva un modello organizzativo autoritario e neppure rinnega il patrimonio ideologico leninista. In effetti, il timore di perdere i consensi dello «zoccolo duro» ha reso lento e confuso il processo di revisione comunista, con conseguenze rilevanti per la politica dell'intera sinistra italiana. Il compromesso storico con la Dc ha deluso i fautori dell'alternativa che, proprio in questi anni, hanno gli occhi puntati sulla Francia dove comunisti e socialisti si stanno preparando a conquistare il governo. E, tuttavia, Craxi non è certo un alternativista, anche se avversa con tutte le sue forze l'accordo consociativo Dc-Pci che schiaccia come in una morsa il piccolo partito socialista. La sua battaglia contro il Pci punta però solo alla crescita del Psi a tutti i costi, anche al prezzo di ridimensionare la forza dell'intera sinistra. Tanto è vero che l'arretramento dei comunisti alle elezioni politiche del '79 è accolto come un segnale positivo in casa socialista, anche se il Psi non avanza di un passo.

Il progetto craxiano manca di respiro strategico e ben presto acquista dei connotati così personalistici da legare indissolubilmente le fortune del Psi alla carriera del suo segretario, con il solo effetto di trascinare l'intero partito alla rovina quando Craxi verrà travolto da Tangentopoli. Nell'immediato, però, la determinazione con cui il leader socialista persegue il suo obiettivo dà ai socialisti un potere politico enorme, quale mai hanno avuto in più di trent'anni di storia repubblicana. Pur con la ridotta percentuale del 9,8%, Craxi sfrutta al massimo il potere di coalizione e la forza di interdizione del Psi, che di fatto è la chiave di ogni possibile governo. Il Psi è indispensabile alla Dc che si vuole liberare dallo scomodo abbraccio del compromesso storico; ma sarebbe necessario anche al Pci per formare uno schieramento governativo alternativo. Dopo il voto del '79, questa seconda ipotesi appare più remota di prima; invece, il ritorno al centro-sinistra si fa concreto quando la Dc si rassegna a concedere quanto pretende il Psi. E non è poco: di fatto, Craxi chiede una spartizione a due del potere, a prescindere dal ben diverso peso elettorale; metà dei ministri, metà dei sottosegretari, metà dei presidenti dei Consigli di amministrazione, dei direttori, dei dirigenti alti, medi e bassi di tutta la macchina pubblica nazionale e locale. Accomodati su tutte queste poltrone, i socialisti sono sicuri di ottenere quei voti che la società civile finora ha negato loro, anche se, naturalmente, la qualità dei consensi e i mezzi per ottenerli sono oltremodo discutibili.

In cambio, il Psi promette la «governabilità» che significa anche ingessare il sistema politico su vecchi equilibri, già apparsi logori negli anni Settanta, quando dalla mobilitazione della società civile era salita una richiesta forte di rinnovamento e di democrazia. Ma, come si è detto, i cittadini italiani tra la fine dei Settanta e gli inizi degli Ottanta appaiono stanchi, frastornati e delusi. Sembra che gli anni di piombo non debbano mai finire. Non si placa infatti l'ondata di violenza, diventata ancora più spietata dopo la tragedia di Moro, quasi a riflettere la disperazione dilagante tra gli stessi terroristi, ormai isolati, condannati dall'intera popolazione, abbandonati persino dalle frange estremiste degli autonomi sbandati, anch'essi nel mirino della polizia e della magistratura. L'elenco degli omicidi, dei ferimenti, degli attentati si allunga: sotto il fuoco dei terroristi cadono uomini delle forze dell'ordine, magistrati, docenti universitari, giornalisti, tutti bersagli scelti in quanto leali servitori dello Stato democratico o per la loro fede nella democrazia.

A questo punto però si moltiplicano anche le vittime nelle file del terrorismo che il potere politico ha deciso di affrontare con nuovi strumenti di lotta. Il generale Dalla Chiesa guida con determinazione la controffensiva, destinata al successo grazie anche alla legislazione sui pentiti che produce effetti devastanti nei ranghi terroristi dove si apre l'ultimo sanguinoso capitolo di una resa dei conti interna fatta di delazioni, vendette, rappresaglie. Sono solo qualche centinaia i militanti del partito armato a finire nelle carceri della Repubblica con pene pesantissime da scontare e non arrivano a cento i caduti; ma sono per lo più giovani, alcuni ancora sotto i trent'anni, e la loro sorte coinvolge intere famiglie, madri, padri, fratelli e sorelle in lacrime per la vita spezzata dei loro cari, colpevoli di tanti delitti compiuti sotto la spinta di un delirio ideologico che appare sempre più assurdo e incomprensibile. Sui tanti perché di questa tragedia si interroga attonito tutto il paese e qualche risposta convincente viene dalla riflessione degli intellettuali che raccolgono documentazione e intervistano i protagonisti; Zavoli firma un'inchiesta televisiva sugli «anni di piombo» che avrà un enorme successo di pubblico.

Si vuole capire anche per liberarsi da una sorta di senso di colpa che percorre una parte del mondo della cultura marxista e libertaria, inizialmente forse troppo indulgente di fronte al disordine montante nell'estrema sinistra. Adesso, agli inizi degli anni Ottanta, i movimenti estremisti stanno scomparendo in un generale «riflusso» che per la maggior parte dei giovani significa la fuga nel proprio universo privato, dove si erigono barriere di indifferenza, impenetrabili persino all'eco delle battaglie politiche e delle lotte civili. Film e narrativa mostrano i segni del disimpegno crescente che traspare dal prevalere di una vena intimista o nel vuoto delle discussioni salottiere. Ettore Scola con il film *La terrazza* nel 1980 e il giovane regista Nanni Moretti descrivono con graffiante autoironia questo mondo intellettuale ripiegato su se stesso; mentre, invece la televisione, che ha ormai sostituito il rito collettivo del cinema, allestisce un vero spettacolo sulle chiacchiere dei «vip». I «talk-show» di Maurizio Costanzo, inaugurati nel '77 con «Bontà loro», sono programmi di enorme successo che troveranno subito una folla di imitatori.

Chi invece non perde interesse per la politica, ha un atteggiamento di distacco dai partiti tradizionali. Del resto, ben scarsa capacità di attrazione possono avere le forze politiche al governo che puntano ormai solo a conservare il sistema riesumando gli anacronistici esecutivi di centro-sinistra, trasformati in pentapartito dopo il reingresso nella maggioranza dei liberali, rimasti più di quindici anni all'opposizione. Ma anche il Pci e il Msi faticano a mantenere una presa in queste fasce sociali deluse e disorientate che voltano le spalle alle ideologie del passato alla ricerca di nuovi valori e di diverse modalità di impegno. Dopo il tanto sangue versato dai terroristi, gli ideali della non-violenza prevalgono nelle giovani generazioni, che mostrano anche un approccio più pragmatico ai problemi della società. Si vuole intervenire sulla realtà della vita quotidiana, sui mille piccoli e grandi ostacoli, disagi, bisogni che angosciano i cittadini, siano essi proletari o borghesi. È su questo terreno che l'ecologia assume un'importanza crescente, come dimostra la formazione di una galassia di gruppi e gruppuscoli, impegnatissimi fin dai primi anni Ottanta sul fronte delle lotte contro l'inquinamento, il nucleare, la caccia, i pesticidi, la diossina, tutto quanto insomma l'uomo produce e distrugge senza curarsi delle terribili conseguenze per l'ambiente, le risorse naturali e la stessa popolazione.

C'è poi un altro terreno dove si registra un gran fervore di attività, soprattutto tra i giovani cattolici che cercano nella religione una risposta all'inquietudine esistenziale e alle tante delusioni ereditate dai fratelli maggiori. Questo risveglio di fede religiosa risponde soprattutto ad un bisogno spirituale, avulso dalla politica, anche se spinge ad un forte impegno civile, destinato a imprimere una accelerazione straordinaria al movimento del volontariato che si diffonde nella società italiana degli anni Ottanta. Soccorrere i deboli, confortare gli afflitti, curare i malati non restano valori astratti o imperativi dottrinari iscritti nei sacri testi della Chiesa o di un partito; diventano una pratica quotidiana per migliaia di volontari, tra i quali ci sono anche tanti terroristi pentiti. Il fenomeno del volontariato ha poca visibilità; proprio la sua estraneità alla sfera della politica lo mantiene nell'anonimato, trascurato dai grandi mezzi di comunicazione che danno invece assai più rilievo ai giovani cattolici impegnati nel movimento di Comunione e Liberazione, in piena fioritura agli inizi degli anni Ottanta.

Cl è un'organizzazione politica e ideologica nata nei primi anni Settanta, come reazione alla mobilitazione delle sinistre che ha contagiato anche vasti settori di cattolici democratici. Proprio per opporsi alla laicizzazione della società civile, i ciellini hanno risollevato le bandiere dell'integralismo cattolico, ridando fiato alla santa crociata contro l'ateismo marxista e materialista. Le loro posizioni sono così intransigenti da lasciare in un primo tempo abbastanza fredda persino la Chiesa che, come sempre, guarda con sospetto ogni iniziativa spirituale-dottrinaria al di fuori del suo diretto controllo. Ma nel 1978 con l'ascesa al soglio pontificio del polacco Karol Wojtyla, Cl comincia a trovare un terreno più favorevole, anche perché il nuovo pontefice appare subito intenzionato a rilanciare con forza i valori della religione in una società sempre più scristianizzata. E naturalmente il primo obiettivo è la legge sull'interruzione della gravidanza, entrata in vigore nel 1978, quando Dc e Pci, ancora alleati, si sono accordati sul problema dell'aborto. Adesso il movimento per la vita, sostenuto dalla Chiesa, vuole abrogare le nuove norme che non piacciono neppure ai radicali, naturalmente per ragioni opposte. Il movimento di Pannella, che trova troppo restrittiva la normativa sull'aborto, si getta anch'esso nella battaglia. Entrambi subiscono una clamorosa sconfitta: nel 1981, con l'88,5% di «no» è respinta la proposta dei radicali e con il 67,5% quella dei cattolici intransigenti.

Da tutto questo nuovo fermento che agita le acque del mondo cattolico, la Dc non sembra ricavare alcun giovamento; anzi, l'esito disastroso della battaglia scatenata dal referendum sull'aborto indebolisce ancor più il partito avviato a un lento declino. La «governabilità» concessa dai socialisti costa in termini di immagine e di potere reale che viene appunto dimezzato. Il condizionamento della Chiesa gioca anch'esso come un fattore negativo dal momento che la Dc ha fatto di tutto, questa volta, per non ripetere l'errore commesso nel '74 sul divorzio. Nell'81, nessun democristiano sottovaluta più i cambiamenti intervenuti nella società laicizzata, che si cura sempre meno dei precetti dottrinari e si sente svincolata dal dovere di obbedienza alla Chiesa. Un risveglio di religiosità può essere naturalmente molto utile per un partito che ha consumato gran parte del suo patrimonio spirituale nella prassi clientelare e affaristica, ormai largamente prevalente come strumento per raccogliere consensi. Il rinnovamento urgente della Dc non può però avvenire sui canali religiosi; passa necessariamente per una modernizzazione che deve tener conto della effettiva realtà del paese. Quando, subito dopo il disastro del referendum sull'aborto, De Mita viene chiamato ai vertici della Dc, la strategia del nuovo segretario va in tutt'altra direzione, verso il mondo imprenditoriale che deve essere convinto ad investire con forza sul partito cattolico; e, a persuadere gli industriali, non serve certamente una battaglia sull'interruzione della gravidanza.

Non è solo la Chiesa ad impacciare le mosse della Dc che perde terreno nella società civile e anche agli occhi del potere economico, soprattutto per l'ininterrotta catena di scandali. Alcuni sono misfatti già emersi alla luce negli anni Settanta che portano adesso all'arresto dei due banchieri Calvi e Sindona, entrambi ben introdotti nel mondo politico dove godono la protezione dei più autorevoli esponenti dei partiti governativi. Tutti e due sono destinati a una fine violenta: Calvi, impiccato a Londra sotto un ponte del Tamigi, nell'82; Sindona, avvelenato in carcere, nell'86. Poi ci sono i nuovi episodi di corruzione: le tangenti dell'Eni-Petromin e l'affare del calcio-scommesse; su tutti però spicca, nell'81, il clamoroso caso P2, un intreccio affaristico-golpista che scuote l'intero mondo politico, quando sulla pista della vicenda del Banco Ambrosiano gli investigatori si imbattono nell'elenco degli affiliati alla loggia massonica del gran maestro Licio Gelli. Accanto ai nomi di alti dirigenti dei servizi, delle forze dell'ordine, dell'esercito, di autorevoli burocrati e magistrati, di potenti e popolari uomini della comunicazione e dell'editoria, e di personaggi meno noti, appartenenti a tutte le professioni, ci sono anche quelli di tanti politici della Dc e di tutti i partiti della coalizione governativa.

Lo scandalo P2, come tutti i casi più inquietanti esplosi nei cinquant'anni di vita della Repubblica, ha ancora oggi contorni sfumati. Fa parte cioè dell'altro volto dell'Italia repubblicana, quello buio e indecifrabile, coperto dall'omertà del ceto politico al potere; quanto si riesce a sapere viene a confermare l'esistenza di un mondo parallelo che tende in alcuni momenti a sovrapporsi e a scalzare quello ufficiale, regolato dalle istituzioni democratiche. Dalle inchieste parlamentari e dai processi degli anni successivi emerge il quadro di una grande cospirazione contro lo Stato democratico, preparata con cura e ramificata in tutti i livelli della società civile e politica e persino della criminalità organizzata che ha anch'essa un ruolo importante da svolgere. La strategia del terrore, infatti, fa parte integrante del gioco, come conferma già nel 1980, un anno prima della scoperta delle liste massoniche, la strage alla stazione di Bologna. Insomma, uomini in doppio petto, in camicia nera e mafiosi con coppola e lupara sono tutte tessere di questo mosaico eversivo così difficile da comporre.

Nell'immediato, la scoperta della loggia massonica «deviata» costringe la Dc a fare un rilevante passo indietro, a lasciare cioè la poltrona di Palazzo Chigi che ha ininterrottamente ricoperto da quando, nel '45, De Gasperi era stato nominato presidente del Consiglio. A prendere questa storica decisione è il capo dello Stato, Sandro Pertini, socialista, uno dei padri della Repubblica, salito al Quirinale nel '78 dopo le dimissioni di Leone. Pertini si è guadagnato subito una grande popolarità, ben al di là dai confini della sinistra che era riuscita ad imporlo dopo una serie di votazioni in Parlamento. Insomma, il vecchio dirigente socialista che aveva scontato tanti anni di carcere sotto il fascismo, militato nella resistenza, partecipato alle lotte del dopoguerra, e ancora adesso si lascia andare a commenti spregiudicati e inusuali al ruolo ricoperto, riesce a diventare il presidente di tutto il popolo italiano. Per i cittadini è un simbolo di semplicità e di onestà, il volto pulito del potere; e di un po' di pulizia si sente proprio il bisogno. In sintonia con questo desiderio generalizzato, Pertini nell'81 dà l'incarico di governo al repubblicano Spadolini, vanificando il sogno di Craxi, suo compagno di partito, che spasima per quella ambitissima poltrona. Ma il Psi è anch'esso pesantemente compromesso con la P2, mentre nessuno degli scandali ha ancora sfiorato il Pri che conserva un'immagine di nitidezza e di rigore, nonostante sia sempre stato nella maggioranza governativa.

È indispensabile che la cittadinanza ritrovi un po' di fiducia nel ceto politico, anche perché proprio in questo momento per l'economia scatta di nuovo l'allarme rosso. Per quanto negli ultimi cinque anni la produzione industriale nel suo complesso sia cresciuta, è soprattutto la piccola e media industria privata a tirare; i grandi complessi industriali integrati dei settori metallurgico, chimico, ma anche meccanico e tessile, non godono buona salute, e la congiuntura internazionale sfavorevole contribuisce allo stato di crisi. È in atto in Italia, come nel resto del mondo industrializzato, una trasformazione dell'intera economia capitalistica, destinata a cambiare le direttrici dello sviluppo: si è ormai alle soglie dell'era dell'elettronica e dell'informatica che annuncia una vera e propria rivoluzione nel pianeta dell'industria. Nel 1980 la Fiat robotizza la produzione, licenziando il 10% della manodopera e aumentando le quantità di prodotto. È una nuova realtà alla quale si ribellano immediatamente le masse operaie, scese in sciopero per protestare contro le riduzioni di personale; ma questa volta non tutte le maestranze e, soprattutto, ben pochi tecnici sono d'accordo. Tra lo stupore degli operai, dei sindacalisti e dei militanti comunisti, le strade di Torino si affollano di manifestanti che chiedono l'immediata ripresa del lavoro. La «marcia dei quarantamila» segna una tappa fondamentale nella storia del sindacato, costretto dopo altre brucianti sconfitte (la più dura quella del referendum dell'85 sulla scala mobile) a rivedere tutta la sua strategia.

Il declino dei giganti industriali colpisce al cuore l'imprenditoria pubblica che ha investito immensi capitali nella chimica e nell'acciaio. I licenziamenti che nel settore privato colpiscono migliaia di lavoratori non sono una soluzione percorribile a cuor leggero nelle industrie dello Stato, che comunque sa di dover affrontare e provvedere al problema disoccupazione. In dieci anni, dal '71 all'81 gli operai disoccupati sono aumentati di 600.000 unità, così come hanno continuato a crescere i senza lavoro del settore agricolo. Certo, nel 1980 la situazione è ancora sotto controllo, perché, a fronte di una minor occupazione nelle fabbriche e nelle campagne, è salito l'indice occupazionale del terziario. E tuttavia, i dati sulla spesa e sul disavanzo pubblico incombono all'orizzonte come nuvole nere che annunciano la tempesta. Dal 1960 al 1983, la spesa pubblica era passata dal 31,2% al 62,5% del prodotto interno lordo, cioè era raddoppiata, mentre la pressione fiscale nello stesso periodo non era aumentata in proporzione, passando dal 26% al 41,3%. È comunque sul fronte monetario che si abbatte la tempesta: nell'81, la lira viene svalutata del 6% nei confronti delle altre monete dello Sme e il tasso di sconto e delle riserve bancarie viene aumentato. Nello stesso anno, la spirale dell'inflazione, ormai incontrollabile, tocca il picco del 20%. È appunto Spadolini a dover gestire questa sorta di «Caporetto finanziaria» che mette in ginocchio anche la Borsa di Milano: i titoli quotati hanno un ribasso di oltre il 20% tanto da costringere le autorità a sospendere per tre giorni le contrattazioni.

Nell'83 il deficit arriva ai 140 miliardi: i ministri della Cee decidono un'ulteriore svalutazione della lira del 2,5% e la Borsa continua a scendere. Oltre alle misure di inasprimento fiscale, il governo annuncia tagli alla spesa, alla previdenza, agli enti locali. Si tratta di palliativi, perché in realtà la crisi all'inizio degli anni Ottanta sta palesando un problema assai più complesso che il ceto politico si rifiuterà di risolvere. I costi del Welfare State, che in italiano si traduce in Stato assistenziale, sono diventati troppo alti per tutte le nazioni dell'Occidente capitalistico; mentre altrove, però, i governi cercano di provvedere, in Italia i partiti al potere e all'opposizione si rifiutano persino di prendere atto di una situazione destinata a degenerare rapidamente negli anni successivi, fino a portare il paese fuori dal sistema monetario europeo. L'erogazione continua e crescente del denaro pubblico è linfa vitale per il ceto politico al governo che ormai solo con questo strumento si garantisce i consensi dei cittadini. Né ci si può aspettare che siano i comunisti a proporre una secca riduzione dei finanziamenti statali, anche se il Pci ne gode solo marginalmente; lo statalismo è uno dei dogmi più difficili a morire nella cultura comunista, nonostante si moltiplichino i segnali inequivocabili del «fallimento del pubblico».

5

La nazione incompiuta

Il secondo miracolo economico

A metà degli anni Ottanta, un secondo «miracolo economico» fa dimenticare di colpo le preoccupazioni degli anni precedenti, quando l'inflazione alle stelle, la falla aperta nel debito pubblico e il tasso di crescita produttiva intorno allo zero hanno fatto temere un'altra stagione di austerità, ben più aspra di quella inaugurata dalla crisi petrolifera del '73. Anche adesso è il costo del petrolio a incidere, questa volta in positivo, sull'economia italiana che si giova della caduta dei prezzi del barile e della contemporanea discesa del dollaro. La grande industria tira il fiato, mentre la media e piccola impresa che punta sulle esportazioni ha un vero e proprio boom.

Mai come in questo momento i prodotti italiani si vendono bene all'estero, in Europa e negli Stati Uniti, dove il «made in Italy» è ormai un marchio di sicuro successo. L'Italia è diventata di moda: calzature, valige, borse e pelletterie vanno a ruba per la gioia delle tante fabbriche e fabbrichette degli «scarpari», soprattutto marchigiani, uno dei settori industriali trainanti del nuovo modello economico che si è costruito in questa regione. Al posto delle grandi imprese con migliaia di operai ci sono aziende medio-piccole, a gestione familiare, con una manodopera impegnata part-time o addirittura a domicilio dove, specie per le donne, conciliare lavoro e famiglia migliora la qualità della vita. E, in effetti, vaste aree del Centro e del Nord-Est presentano un inedito tessuto industriale più a misura d'uomo che rende meno convulsa e alienante l'esistenza; tanto più che si guadagna anche bene.

Non sono solo i calzaturifici a fare affari d'oro: tessuti e maglieria, bigiotteria e vestiti conquistano il mercato internazionale. L'alta moda e il prêt-à-porter italiano invadono i negozi di New York, Londra, Parigi che vendono a un pubblico entusiasta del taglio, della fantasia, del gusto dei prodotti italiani, e non solo quelli di abbigliamento. Dalle piastrelle ai vasellami, alle forniture per la casa e gli uffici fino alle automobili, disegnatori e architetti impongono uno stile che in breve tutti cercano di imitare; il marchio, la griffe sono ormai anch'essi componente integrante del prodotto, che si compra perché a firmarlo è quello stilista e non un altro; anzi, viene acquistato addirittura solo per potersene fregiare, perché quella camicia, quell'orologio, quel paio di mocassini sono diventati un irrinunciabile status symbol, specialmente per i consumatori italiani.

Gli osservatori internazionali guardano stupefatti a questa Italia piena di fiducia in se stessa, vitale, creativa, ottimista, tanto più che negli altri Stati dell'Occidente l'altalena degli *stop and go* dell'economia ha portato invece a rimettere in discussione il Welfare State, con dolorosi sacrifici per le classi meno abbienti. Cade il vecchio stereotipo spaghetti-sole-canzoni che aveva definito per anni un paese tutto sommato di poche risorse, provinciale, pigro e allegro; gli italiani sembrano aver cambiato natura, a partire dai circoli degli affari dove è iniziata la scalata al potere di una nuova élite imprenditoriale.

Accanto agli Agnelli, ai Pirelli, agli Olivetti, simbolo del capitalismo nazionale, salgono alla ribalta internazionale Gardini, De Benedetti, Berlusconi, Benetton: uomini ambiziosi, rapaci, decisi e protervi che si guadagnano in breve il titolo di «nuovi condottieri». In che modo e su quale debole terreno crescano le loro fortune, nessuno se lo chiede; tutti sono abbagliati dai nuovi astri del mercato che sfondano le porte del vecchio mondo capitalistico, dominato da sempre dalle sei o sette «sacre» famiglie dell'imprenditoria. Solo quando, nei primi anni Novanta, la bufera giudiziaria della corruzione politica solleverà il velo sul perverso rapporto industria-partiti, si comincerà a delineare un panorama nel complesso desolante per chi si era illuso che anche in Italia, finalmente, si fossero create le basi per la fondazione di una moderna *business community*. Eppure, tra l'84 e l'86, nei circoli degli affari si vive un momento magico e trascinante: sull'esempio dei nuovi dinamici rappresentanti del capitalismo italiano il ricco mercato occidentale è invaso da una falange di giovani manager, maturi dirigenti, uomini di spettacolo e intellettuali, insieme ad una folla eccitata ed eccitante di turisti spensierati e spendaccioni. Il secondo boom economico non affascina solo l'estero, ma esalta l'intero paese che alla nuova ricchezza vuole credere ciecamente, come dimostra persino il mercato azionario, tradizionalmente fiacco; la Borsa di Milano aumenta di quattro volte la propria capitalizzazione e raggiunge nell'86 il suo massimo storico, mentre la compravendita delle azioni diventa un fenomeno di massa, destinato a coinvolgere più di 3 milioni di italiani.

Il mito del successo, del denaro, del consumo di lusso contagia immediatamente le generazioni più giovani che arrivano alla laurea, ma anche quelle di mezzo già «in carriera». L'inatteso balzo in avanti dell'economia dà l'illusione di un'ascesa individuale inarrestabile, di una mobilità sociale verso l'alto priva di ostacoli, sempre che si abbia la forza, la capacità e la spregiudicatezza necessarie per dare la scalata alla piramide. Persino il mondo femminile acquista più fiducia; da quando i lettori del nuovo mensile «Class» hanno designato una donna, Marisa Bellisario dell'Italtel, manager dell'anno 1986, occupare una poltrona dirigenziale non appare più un sogno proibito. Del resto lentamente, se si guarda ai dati del censimento del

165

1991, soprattutto nei livelli alti di istruzione, si va riducendo il divario tra laureati maschi e femmine, rispettivamente il 4,3% e il 3,0% della popolazione oltre i sei anni di età (nell'81 erano invece il 3,6% e il 2,1%). Il totale dei laureati, 3,6% (+0,8% rispetto all'81) è un dato tutto sommato ancora molto ridotto in paragone ai paesi più avanzati dell'Europa. Malgrado questo e i molti altri ritardi, gli italiani si sentono ormai cittadini europei a pieno titolo e sono convinti di essersi lasciati alle spalle abitudini e tradizioni della vecchia Italia clericale e proletaria, dominata dalle subculture collettivistiche e solidaristiche del cattolicesimo e del socialismo. Valori da sempre assenti o fortemente minoritari nella società italiana esplodono improvvisamente, con effetti distorti nell'immediato: l'individualismo sfrenato, il «rampantismo» volgare di chi vuole affermarsi a tutti i costi e il più in fretta possibile sono l'espressione superficiale di quella cultura industriale che inizia solo ora a radicarsi nel paese.

Di colpo, la ricerca del benessere materiale e soprattutto dei suoi simboli visibili si impone su ogni altro ideale, diventando obiettivo primario dell'esistenza. Quotidiani, riviste e supplementi economico-finanziari registrano una diffusione inusitata; le Facoltà universitarie di economia e commercio si affollano di studenti, attirati dal miraggio degli affari e conquistati dal modello *yuppie*, importato da oltreatlantico. Persino nei fermenti studenteschi che agitano di nuovo le università nell'85, e via via negli anni successivi, si colgono nuovi accenti: la rivendicazione del diritto allo studio ha ancora un forte valore egualitario, ma si intreccia anche con una perentoria richiesta di qualificazione professionale, specie negli atenei del Nord dove i giovani stanno riscoprendo il merito, l'efficienza, l'importanza degli strumenti culturali per emergere. La mancanza di strutture adeguate, di docenti motivati, di fondi e di attrezzature indispensabili alla ricerca scientifica spingono una minoranza di privilegiati a fuggire dalle università so-

166

vraffollate dello Stato. I più ricchi mandano i figli all'estero o scelgono istituti universitari privati che selezionano l'accesso; insomma, chi può si vuole attrezzare al meglio per la corsa al futuro dove la competizione è spietata.

La nuova «filosofia del profitto» è, però, solo una vernice sottile che non basta a coprire la mancanza di una radicata cultura dell'impresa. Nelle generazioni che si affacciano prepotentemente alla ribalta in questi anni, così come nelle vecchie, l'etica del lavoro è pressoché sconosciuta, come gran parte del complesso patrimonio civile e morale che ha accompagnato la crescita capitalistica delle nazioni più industrializzate dell'Occidente. Gli ideali e i valori dominanti in queste società dove viene esaltata la capacità di produrre degli uomini, restano per lo più estranei agli italiani, entusiasti soprattutto di consumare; insomma, il portafoglio va riempito il più in fretta possibile e senza guardare troppo per il sottile. Per quanto il nuovo miracolo faccia balzare l'Italia al quinto posto nella graduatoria tra le potenze più ricche, dopo gli Stati Uniti, il Giappone, la Germania e la Francia, ma prima della Gran Bretagna, il volto autentico della Repubblica italiana ha tratti più simili a quelli dei paesi dell'Est europeo o addirittura del Terzo Mondo.

Il degradarsi del sistema politico

A imprimere questi caratteri negativi contribuisce in larga misura il sistema politico che, dopo quarant'anni, mostra segni vistosi di logoramento. L'occupazione dello Stato da parte dei partiti ha contribuito a dilatare all'infinito la sfera del pubblico che è ormai una gigantesca macchina burocratica, inefficiente, improduttiva, mal gestita e corrotta, simile per tanti versi a quella dell'impero sovietico arrivato sull'orlo del collasso economico proprio in questi anni. Il malaffare politico ha raggiunto livelli così alti e sfacciati da fare dell'Italia quasi la caricatura di una «repubblica delle banane», e la società civile ha finito col risentirne, contagiata nel profondo dagli stessi virus che affliggono il ceto politico. Acquistata finalmente una coscienza nazionale, gli italiani restano cittadini di serie B, privi di un forte senso dello Stato e ancora incerti su diritti e doveri da pretendere e rispettare. Né può essere altrimenti, dal momento che i valori incarnati dalle istituzioni democratiche vengono negati e violati quotidianamente proprio da chi dovrebbe garantirli e adeguare ad essi la sua azione di governo. È una spirale perversa che in questi ultimi dieci anni di storia repubblicana si avvita su se stessa fino a stritolare il sistema politico, lasciando disorientato il paese, ancora oggi alla ricerca di una nuova identità.

A metà degli anni Ottanta, il sistema politico sembra ormai ingessato su un equilibrio che non prevede alcun ricambio in tempi brevi o lunghi. Trent'anni prima, quando il primo boom economico aveva innescato la grande trasformazione della società italiana, i partiti erano ancora vitali, in grado di proporre nuove alleanze governative, più adeguate ai bisogni e alle istanze di un paese in crescita tumultuosa. Adesso, il ritorno alla vecchia coalizione di centro-sinistra, definita di pentapartito dopo il reingresso del Pli nella maggioranza, non è certo una novità incoraggiante, tanto più che i governi Dc, Pri, Psdi e Psi erano già apparsi inadeguati a gestire la fase di emergenza nel decennio dei Settanta. Eppure, non ci sono altre possibilità: il quadro politico, bloccato dalla *conventio ad excludendum* delle ali estreme, condanna ad una perpetua opposizione quasi il 40% delle forze parlamentari, mentre i partiti legittimati a governare sono sempre gli stessi. Ma quarant'anni di ininterrotta permanenza al governo per la Dc e i suoi alleati laici e trent'anni per il Psi hanno cambiato profondamente la loro identità e non in meglio. La gestione prolungata del potere ha finito per logorare questo ceto politico, ormai segnato dalle stimmate di una decadenza da basso impero che cancella anche la memoria delle origini quando, dopo un ventennio di dittatura, i partiti antifascisti avevano rivendicato la guida del paese, in nome degli ideali di giustizia e libertà.

Molti padri della Repubblica sono ormai morti: De Gasperi è scomparso nel lontano '54; nel '79 è stata la volta di Ugo La Malfa, nell'80 di Pietro Nenni e poco dopo di Giuseppe Saragat. I loro fratelli minori e i loro figli sembrano immemori della lezione ricevuta. Prevale nel mondo politico, al centro e in periferia, una filosofia del potere come valore in sé che punta esclusivamente alla conservazione della partitocrazia, mentre la società civile va scivolando di nuovo al rango di una massa di dominati di cui ci si può assicurare il consenso passivo con *panem et circenses*, vale a dire il flusso ininterrotto di spesa pubblica e la politica-spettacolo. I «quarantenni» che hanno conquistato la leadership del Psi nel '76 sono i primi ad innovare i rituali politici, adeguandoli al «mercato della politica» dove l'elettore-consumatore sceglie tra i diversi prodotti, magari abbagliato anche dalla splendida confezione o persuaso da un'insistente pubblicità: congressi e manifestazioni del Psi sono messi in scena come tanti festival di Sanremo, con il segretario e i dirigenti nelle vesti di cantanti e attori famosi, inseriti da un'attenta regia in sale e teatri sempre più grandi, addobbati con fiori, bandiere e luci che mirano agli effetti più suggestivi, seguiti da un pubblico plaudente tra il quale non devono mancare personaggi famosi e popolari, star del cinema o della televisione e molte belle signore; su tutto dominano giganteschi teleschermi, la chiave di volta del nuovo rito politico. In un paese dove gli abbonati alla televisione raggiungono i 14 milioni, anche la comunicazione politica passa ormai quasi esclusivamente per questo medium.

Sembra preistoria il 1963, quando le prime tribune politiche mostravano i dirigenti dei partiti impacciati e timidi, con gli occhi bassi intenti a leggere un discorso preconfezionato; adesso il successo di un uomo politico passa anche per la sua telegenia, la disinvoltura e la capacità di imporre la sua immagine sopra e oltre le parole che dice. La propaganda politica ha ormai la stessa consistenza di un messaggio pubblicitario, ma anche la stessa efficacia, come nei primi anni Novanta dimostrerà la improvvisa e travolgente ascesa al potere di Berlusconi, proprietario di un impero televisivo, non a caso amico e sostenitore di Craxi. A metà degli anni Ottanta, la Fininvest si limita ad appoggiare con tutte le sue reti i socialisti che in cambio concedono a Berlusconi molti favori. Uno dei più graditi, nell'86, è l'autorizzazione all'interconnessione, insomma alla diretta per i network privati che possono così trasmettere i telegiornali, conquistando la tanto ambita parità assoluta con la Rai. Il matrimonio televisione-politica è un ulteriore passo verso l'omologazione al modello che viene dagli Stati Uniti, dove la contesa politica è uno spettacolo affascinante, seguito con passione da milioni di telespettatori. In Italia però c'è la sostanziale differenza che tutti sanno in partenza chi vincerà la partita: da quarant'anni sono sempre le forze governative a prevalere nello scontro con l'opposizione; e non potrebbe essere altrimenti. L'unica novità, in questo periodo, è la competizione tra gli alleati di governo, il Psi che cerca di guadagnare qualche voto e la Dc che si affanna a non perderne. Ma il conflitto, trasferito all'interno del governo, ha il solo effetto di paralizzarne l'azione già ben poco incisiva. Inoltre mancano le regole che disciplinano l'accesso al mezzo televisivo, per tanti anni esclusivo monopolio della Rai-Tv, lottizzata tra i partiti come tutte le altre strutture dello Stato. A partire dal '75, le televisioni private hanno avuto un primo via libera e in dieci anni sono cresciute di importanza; ma verso la metà degli anni Ottanta si è creato un mercato selvaggio che ha finito col produrre un regime monopolista nelle mani di un solo imprenditore. Eppure, nessuno sembra curarsi più di tanto dell'urgenza di regolamentare l'etere.

170

Questa incuria riflette, del resto, l'assenza di ogni pro-
gettualità da parte dei governi che si susseguono fino al
'92, prima sotto la guida di Craxi, poi, dall'87, presieduti
di nuovo da esponenti democristiani. Gli esecutivi vivono
alla giornata; tuttalpiù si limitano a legiferare per accontentare i clienti, gli amici, o per colmare frettolosamente
qualche falla troppo vistosa. Certo, si fa un gran parlare di
riforme, anzi di una Grande Riforma che dovrebbe curare
tutti i mali della Repubblica arrivata nell'86 ai quarant'anni; ma non se ne fa nulla, così come nel vuoto finiscono
tutte le iniziative riformatrici, anche quelle più necessarie.
Niente cambia, ad esempio, all'Iri e all'Eni, nonostante le
tante promesse e la nuova gestione di due valenti tecnici,
Prodi e Reviglio. A privarli degli strumenti necessari per il
risanamento sono gli stessi partiti di governo che li hanno
nominati, ben decisi a non intaccare neppure una piccola
parte del loro potere e delle risorse, assicurate con lar-
ghezza da questi grandi carrozzoni pubblici. Di conseguenza, continua a crescere il debito pubblico che si avvia
a superare il prodotto interno lordo; si perpetuano l'inefficienza e lo spreco in tutti i settori dell'amministrazione statale; si danneggia l'intero tessuto economico del paese che,
per di più, passata l'euforia del rapido boom, è ormai alle
soglie di una durissima fase recessiva.

I partiti non vogliono e non possono intervenire. Il loro
potere è cresciuto, fino ad acquistare dimensioni abnormi,
proporzionalmente al dilatarsi della presenza pubblica
nell'economia italiana. E questa dilatazione straordinaria
ha una significativa accelerazione proprio negli anni Ottanta: nel 1970 il settore pubblico assorbiva il 36,7% del
prodotto interno lordo, nel 1980 il 43,6%, nel 1992 il
57,6%; in pratica, nello spazio di una generazione la quota dei privati nell'utilizzazione del reddito passa dal 65% a
poco più del 40%. L'Italia è il paese europeo con il maggior numero di imprese pubbliche e un controllo statale sul
sistema bancario senza precedenti: tutte le banche più im-

171

portanti, dall'Istituto San Paolo di Torino, alla Banca Nazionale del Lavoro, al Monte dei Paschi di Siena, al Banco di Napoli, al Banco di Sicilia appartengono allo Stato; fino al '93 la Banca Commerciale e il Credito Italiano restano di proprietà dell'Iri, mentre le Casse di Risparmio, diffuse su tutto il territorio, hanno natura pubblica. I partiti da lungo tempo hanno messo le mani su questo immenso patrimonio, determinando una sorta di privatizzazione partitica dello Stato, con tutte le conseguenze negative già rilevate; ma questo perverso meccanismo è inarrestabile, per lo meno fino a quando tutte le componenti politiche, compresa la forte opposizione comunista, sono interessate al controllo diretto della macchina statale, anzi, lo considerano obiettivo prioritario del loro agire politico.

Alla base c'è una visione del ruolo assistenziale dello Stato ampiamente condivisa dalle tre forze politiche dominanti, Dc, Psi e Pci, che sommata ai vantaggi ricavati sul piano pratico da ciascun partito, impedisce ogni inversione di rotta. Mancano in Italia partiti in grado di contrapporre una diversa strategia dello sviluppo o, quanto meno, di imporre i correttivi necessari alla crescita strabordante dell'intervento pubblico nell'economia e nella società, specie quando si raggiunge il livello di guardia. Non un mattone dello Stato sociale viene, invece, smantellato; ogni governo rifiuta di operare tagli e ogni forza politica, compresa l'opposizione, spinge a incrementare la spesa pubblica. Anzi, più la situazione si aggrava, maggiori diventano gli sforzi dei partiti nel drenare le risorse dello Stato per sostenere la propria base elettorale nel paese dove le adesioni politiche si sono ridotte a un rapporto prevalentemente di scambio o *tout court* clientelare.

Il mutamento sociale e il declino delle grandi ideologie hanno inciso sul comportamento politico degli italiani, mettendo in crisi il modello del partito di integrazione. Lo sfilacciarsi dei legami di classe e l'abbattimento delle barriere tra uno strato sociale e l'altro hanno minato le basi dottrinarie del credo marxista e privato di intensità le spinte solidaristiche del cattolicesimo come religione dei poveri. La modernizzazione che ha omologato la società nei valori, nei costumi, nei livelli di vita, ha però frantumato il tessuto sociale e moltiplicato gli interessi particolari. I partiti si affannano nel tentativo di individuare tematiche unificanti, mentre saltano uno dopo l'altro i vecchi pilastri portanti dell'organizzazione. Incapaci di rinnovarsi e di ridisegnarsi una nuova identità, le forze politiche finiscono a loro volta per subire una frantumazione speculare a quella di una società complessa, per molti aspetti corporativa. Ne deriva una diminuita capacità di controllare e guidare l'intero sistema socio-politico ed economico, in nome dell'interesse collettivo, mentre all'interno dei partiti cresce il potere dei candidati, ciascuno portatore delle istanze di gruppi particolari che possono essere e vengono soddisfatte attingendo appunto al patrimonio dello Stato.

È questo ininterrotto prelievo che garantisce la sopravvivenza della partitocrazia ormai in pieno declino. Non c'è dubbio che i cittadini abbiano perduto fiducia nei partiti; più del 75% della popolazione li giudica negativamente, come dimostra un sondaggio della Cee dei primi anni Ottanta. Eppure gli elettori continuano a votarli: un voto in cambio di un favore, piccolo o grande. Insomma, fino a quando regge questo equilibrio perverso del *do ut des* tra società civile e potere politico, la partitocrazia non si aspetta troppe sorprese dalle urne. Certo, aumentano le astensioni, le schede nulle e bianche – dal 92,2% del 1948 si è passati all'89,0% del 1983, all'88,9% del 1987. È più comodo, però, interpretare il calo di partecipazione come un fenomeno fisiologico delle democrazie moderne, un altro passo verso l'omologazione agli Stati Uniti dove la percentuale dei votanti è inferiore al 50%. Nei palazzi romani nessuno vuole ammettere l'esistenza di un malessere diffuso nella società che, complice del sistema, ne intuisce comunque il decadimento. È proprio questa connivenza cittadini-ceto politico che va alimentata perché la protesta non dilaghi oltre il livello di guardia; e all'orizzonte si addensano le prime nubi portate dal vento delle leghe, anche se all'inizio il nuovo fenomeno viene sottovalutato e ridicolizzato. Questo circolo vizioso finisce, però, per snaturare del tutto la funzione e la fisionomia delle forze politiche, portando contemporaneamente lo Stato alla bancarotta. Trasformati in fabbriche del consenso, i partiti si strutturano come grandi aziende, finalizzate ad aumentare il loro «capitale pubblico» da investire nel mercato elettorale dove la concorrenza si fa spietata e la chiamata alle urne sempre più frequente. I costi di gestione di queste macchine partitiche vanno alle stelle: serve un numero spropositato di personale, di alto, medio e basso livello, in grado di alimentare e far fruttare il flusso di denaro che entra nelle casse dei partiti o delle correnti, per pagare l'alto prezzo della nuova politica; ci sono centinaia di sedi, sparse per tutto il territorio nazionale che costano in affitti, bollette, attrezzature; c'è la propaganda, specie quella televisiva, che risucchia miliardi; per non parlare delle spese per congressi, comizi, feste, incontri. I dipendenti dei partiti, a tempo pieno o parziale, sono migliaia; ad essi vanno aggiunti deputati, senatori, sindaci, consiglieri regionali, provinciali, comunali, ognuno, in proporzione alla sua importanza e al suo peso nel partito, circondato da uno staff di collaboratori. Secondo una stima forse approssimata per difetto, gli addetti più o meno direttamente alla sfera politica raggiungono, verso la metà degli anni Ottanta, la cifra di circa 2 milioni. L'immenso peso finanziario va ben oltre i contributi legali ottenuti da ciascun partito con la legge sul finanziamento pubblico del '74. I politici diventano grandi esattori all'interno di una vera e propria «struttura fiscale parallela» che colpisce chiunque, grande o piccolo imprenditore, intenda fare affari con enti e aziende dello Stato; insomma, la tangente entra a far parte dei costi normali delle imprese che versano oboli di milioni e di miliardi nelle tasche dei partiti, delle correnti e dei loro uomini, diventati sempre più avidi.

Il declino dell'opposizione comunista

Nessuno sembra preoccuparsi troppo del precipitare della moralità pubblica e privata in quell'abisso destinato a spalancarsi solo nei primi anni Novanta con l'inchiesta su Tangentopoli, anche perché all'interno della sfera politica sono tutto sommato abbastanza flebili le voci di protesta. L'opposizione comunista che per trent'anni aveva fatto da contrappeso efficace a questa democrazia zoppa, bloccata cioè nel meccanismo fisiologico dell'alternanza al potere, ha rinunciato di fatto al suo ruolo. La prassi consociativa non è venuta meno quando nel '79 si sono chiuse al Pci le porte della maggioranza; ma, ritornata sotterranea dopo la stagione della solidarietà nazionale, ha acquistato caratteri perversi. Una volta superata l'emergenza del terrorismo, del disordine sociale e della crisi economica che avevano giustificato il compromesso storico, gli accordi sottobanco tra la coalizione governativa e i comunisti servono solo a mantenere stabile il potere dei partiti sulla società civile; e i danni, come si è visto, sono notevoli. I vantaggi che la Dc, il Psi e i loro alleati ricavano da questo connubio inconfessabile sono evidenti: il Pci mantiene ancora una forte presa nel mondo del lavoro che va comunque tenuto sotto controllo, tanto più che una decisa campagna contro la corruzione politica è ancora in grado di suscitare una forte eco tra le masse. Il Pci nell'84, alle elezioni europee, è riuscito addirittura a sorpassare in voti la Dc proprio sulla base di una grande mobilitazione della popolazione, indignata per gli scandali, primo fra tutti quello della P2, che hanno investito i partiti di governo.

Eppure, i comunisti non hanno fatto buon uso di questo straordinario successo, favorito sicuramente dalla morte improvvisa in piena campagna elettorale del segretario Berlinguer, personaggio di grande carisma e rispettato dall'intero mondo politico. Il vuoto improvviso lasciato dal segretario tanto amato accentua lo stato di incertezza e di sbandamento del partito fino a determinarne la paralisi: il Pci vive la sua ultima stagione ormai rassegnato a un destino di perpetua opposizione, senza il coraggio di sciogliere una volta per tutte il nodo della sua tradizione e della sua stessa identità comunista che viene messa ora in discussione dal terremoto in atto nell'impero sovietico. L'illusione di riformare il comunismo che la perestrojka e la glasnost di Gorbaciov alimentano fino al 1989, rallenta ogni slancio di innovazione all'interno del partito dove il successore di Berlinguer, Natta, frena le impazienze dei dirigenti più giovani. Anche se la regola del centralismo democratico resta in vigore, nel Pci si va ormai delineando con nettezza una divisione in correnti tra chi non si vuole rassegnare all'immobilità: la destra «migliorista» punta a ricucire un rapporto con il Psi di Craxi per ritessere la tela dell'alternativa alla Dc; la sinistra, ostile ai socialisti, cerca invece di ritrovare un aggancio con la società dove dietro l'apparente passività si intravedono i primi sussulti di protesta.

Sono entrambe direttrici a lungo termine; al presente vince la linea del nuovo segretario che si limita a sopravvivere nel ridotto margine di gioco lasciato aperto dalla Dc, disposta persino a servirsi dei comunisti nel conflitto quotidiano contro il Psi. Il fantasma del compromesso storico che fa molta paura a Craxi, viene agitato da De Mita quando il prezzo delle richieste socialiste si fa esorbitante. In compenso, al Pci è concesso di sedere al tavolo della spartizione e di ottenere qualche fetta del potere: il controllo di una rete televisiva, la presidenza della Camera dei deputati e di commissioni parlamentari di prestigio, posizioni privilegiate in alcuni enti e via dicendo. Sono briciole, paragonate alla grande lottizzazione tra Dc e Psi; bastano però

per legare anche il Pci al carro sgangherato della partitocrazia che, senza saperlo, sta avviandosi alla sua ultima stagione. In ogni caso, il consociativismo non è pagante per
i comunisti, come dimostrano le elezioni politiche dell'87
che segnano un netto declino del Pci pressoché ovunque
in Italia, persino nelle zone rosse, da sempre roccaforte
inespugnabile delle liste di falce e martello.

La rottura a sinistra decisa da Craxi ha finito coll'isolare i comunisti, sottoposti all'attacco continuo e pesante dei
socialisti, impegnati a distruggere l'immagine riformista e
occidentale del Pci che negli anni Settanta ha fatto larga
breccia tra il ceto medio progressista. Sono proprio questi
consensi che il Psi spera di sottrarre all'area di influenza
comunista per attirarli nelle file del nuovo partito craxiano,
modernizzato e de-ideologizzato fino a cancellare le ultime
tracce del marxismo originario. L'offensiva socialista apre
ferite profonde nel corpo dei comunisti italiani, ancora legati all'identità ideologica del passato remoto: sotto il fuoco delle accuse di complicità negli orrori dello stalinismo
traballa persino il mito di Togliatti, il «Migliore», mentre dilagano le polemiche su tutta la storia del Pci che fino a ieri solo l'estrema destra aveva criticato con questa violenza
di toni e di accenti. Alla fine, il partito comunista è ridotto
sulla difensiva, anche perché non riesce né a rinunciare del
tutto alle sue radici rivoluzionarie-leniniste, né a rilanciarsi
credibilmente come forza di opposizione riformista dal momento che accetta di patteggiare con il potere. Per di più
stenta anche ad interpretare la nuova società italiana degli
anni Ottanta che, rispetto al decennio precedente, sembra
addirittura aver cambiato volto.

La società post-industriale

Nel 1980, per la prima volta nella storia della Repubblica,
gli addetti al terziario superano gli occupati nei settori in-

dustriali: quasi 11 milioni di ceti medi urbani, vale a dire il 46,4% della popolazione attiva, contro i 7 milioni e mezzo di operai; e, nella massa operaia che in dieci anni è calata dal 47,1% al 42,7%, i lavoratori delle piccole aziende sono in aumento rispetto agli occupati nelle grandi fabbriche. Il mutamento degli equilibri nel mondo del lavoro incide anche nell'immaginario collettivo dove ormai si era radicata una visione della classe operaia come soggetto sociale dello sviluppo, capace di attrarre nella sua orbita politica i settori intermedi progressisti. Adesso, invece, sono i ceti medi urbani ad assumere il ruolo di protagonisti nel processo di trasformazione di questa nuova società che mette in difficoltà innanzi tutto i sindacati, i primi a subire sulla propria pelle gli effetti del cambiamento. Nelle aree in espansione del pubblico impiego, cresciuto di un milione di addetti nel giro di un solo decennio, '75-85, si apre una stagione di lotte di inusuale virulenza, tanto da far parlare di una vera e propria terziarizzazione del conflitto; insomma il fuoco dello scontro sociale si sposta dall'industria al settore dei servizi che è privo di una radicata cultura sindacale, non conosce codici di autoregolamentazione e abbonda di impiegati assunti con criteri clientelari e nepotistici.

Bersaglio delle agitazioni non è più il datore di lavoro, ma direttamente il cittadino-utente, oppresso da una permanente agitazione del personale della sanità, delle scuole, dei trasporti e via dicendo. L'impotenza dei sindacati a controllare, gestire e soddisfare i fermenti del pubblico impiego ha un effetto centrifugo e atomizzante sulla protesta che comincia a manifestarsi spontanea, trovando a poco a poco propri canali organizzativi apertamente antagonistici alle Confederazioni. Nella seconda metà degli anni Ottanta, gli italiani vivono praticamente sotto il terrore degli scioperi selvaggi dei Cobas (Comitati di base): «aquila selvaggia», «rotaia selvaggia», «sportello selvaggio», «scrutinio selvaggio» esplodono improvvisi e devastanti per l'esistenza quotidiana del cittadino. Stretto tra le spinte corporative sempre più frammentate e l'esasperazione montante nel paese che vede sommarsi alla consueta inefficienza della macchina pubblica anche la paralisi dei servizi, il sindacato appare letteralmente disarmato sul piano operativo e soprattutto su quello culturale. La crisi del Welfare State, in coincidenza con questa nuova dinamica sociale, finisce col mettere in discussione gli ideali collettivistici e l'intera cultura statalista della sinistra e dei sindacati.

La percezione di una svolta irreversibile nel processo di evoluzione continua del capitalismo è penetrata nelle coscienze più a fondo di quanto non appaia; per la prima volta anche tra i lavoratori dipendenti si insinuano i valori eretici dell'individualismo, della competitività, del merito e del lavoro stesso; insomma, tutto quanto è stato fino a questo momento patrimonio ideale di una ristretta élite borghese capitalistica. Nel mondo del lavoro, organizzato sui dogmi dell'egualitarismo, dove il livellamento di ruoli e funzioni, l'appiattimento dei salari, i contratti unici, le vertenze nazionali per grandi accorpamenti sono state le sbandierate conquiste di vent'anni di lotte, affiora con effetti dirompenti la meritocrazia, dilagano le istanze corporative, si aprono ampie falle nella rete delle solidarietà collettive. La conferma sta anche nella marcata impronta antimeridionalista e addirittura nel razzismo strisciante contro gli immigrati extracomunitari che serpeggiano tra gli aderenti al nuovo movimento leghista, sul punto di decollare. In ogni caso, la difficoltà di interpretare un cambiamento così profondo e soprattutto di trovare rapidamente nuovi strumenti politici per gestirlo, contribuisce a far perdere autorità ai sindacati e voti al partito comunista sul finire degli Ottanta.

Il Pci era già apparso in difficoltà all'inizio del decennio, nel 1980, quando la vertenza Fiat era sfociata nella «marcia dei quarantamila»; ma la lezione non era bastata a far invertire la rotta. Nell'85, il segretario Natta impegna il partito nella battaglia referendaria contro la legge che riduce di qualche punto la scala mobile: è un'altra dura sconfitta, tanto più dolorosa perché le più alte percentuali di «no» si hanno proprio nelle regioni industriali, roccaforte della classe operaia che ormai è persino disponibile a rinunciare ai meccanismi automatici di innalzamento dei salari, in cambio della promessa di un futuro, ipotetico sviluppo. Per di più, il referendum finisce anche per creare una forte tensione tra la Cgil, che con molte riserve decide di appoggiare l'iniziativa del Pci, e la Cisl e la Uil, schierate al fianco del governo. Il significato antigovernativo del voto referendario non giova; anzi, ha proprio l'effetto opposto a quello sperato dal Pci che a gran voce accusa il capo dell'esecutivo, Craxi, di puntare allo smantellamento dello Stato assistenziale, secondo il modello neo-liberista della nuova destra internazionale, impersonata da Reagan e dalla Thatcher.

Questa interpretazione non convince gli italiani, ben consapevoli che dietro il volto modernizzante ed efficientista del presidente del Consiglio non ci sia in realtà nulla di diverso da prima. E, naturalmente, hanno ragione: né Craxi, né i suoi alleati democristiani hanno mai pensato di tagliare la spesa pubblica e di risanare i conti dello Stato, due misure che avrebbero rotto il tacito patto con la società civile, basato sull'equazione finanziamenti-consensi. Per tutto il decennio Dc e Psi sono attentissimi a non turbare questo delicato equilibrio che cercano di conservare intatto fino all'ultimo, anche quando cominciano ad intravedere il fondo del barile, ormai vuoto di denaro pubblico.

Nessuno sembra curarsi delle nubi sempre più minacciose all'orizzonte economico e neppure gli impegni assunti con i partner europei spingono a un cambiamento di rotta. L'appuntamento del '91 a Maastricht, prima tappa del processo di unificazione monetaria dell'Europa, è relativamente vicino; ma i partiti di governo non fanno praticamente nulla per prepararsi ad affrontarlo. Del resto, a questo punto non serve più tagliare qua e là qualche voce di spesa nelle leggi finanziarie che comunque vengono stravolte dai parlamentari, preoccupati di non scontentare i propri elettori. Alla partitocrazia non resta che sperare in un'altra miracolosa ripresa economica o in un prodigio divino, capace di riempire per magia le casse dello Stato. Oppure, si può disertare Maastricht, abbandonare l'Europa, voltare le spalle a una comunità di nazioni troppo attente ai bilanci, ai debiti, ai patti e alle regole che l'Italia dovrebbe rispettare. Di fronte all'impotenza e all'immobilità dei governi, è legittimo il dubbio che i partiti abbiano preso in considerazione questa soluzione, anche se nessuno ha il coraggio di dichiararlo.

La protesta delle leghe

Chi però non ha la minima intenzione di lasciare l'Europa è la parte più ricca e progredita della società civile, totalmente omologata ai paesi circostanti tanto che le frontiere nazionali hanno ormai solo un valore formale. A preoccuparsi per il futuro sono soprattutto i cittadini dell'intera valle del Po, il territorio con i livelli di vita più alti non solo d'Italia ma di tutta la Comunità europea. Certo, anche qui la gente ha per anni e anni chiuso un occhio di fronte al progressivo degrado del sistema politico; bastava che i partiti assicurassero finanziamenti pubblici e assistenza per ammortizzare le tensioni sociali, e si tolleravano persino i guasti e i disservizi della macchina statale. A colmare queste carenze provvedevano in parte le amministrazioni locali, specie nelle regioni governate dall'opposizione comunista che, esclusa dagli esecutivi nazionali, aveva puntato con successo tutte le sue carte sui governi locali. Del resto, i margini di profitto del ricco ceto medio della Valle Padana rimanevano comunque altissimi, grazie anche ad una larga evasione fiscale che faceva parte integrante dello scambio perverso partiti-cittadini, una sorta di compenso per la qualità scadente dei servizi offerti dallo Stato. Quando, però, il conto costi-benefici della partito-crazia non va più in pareggio e le disfunzioni della sfera politica diventano una minaccia al benessere del Nord, la protesta comincia a salire. Non è casuale che la riforma fiscale di Visentini, varata nell'85 sotto il governo Craxi, marchi una tappa importante nella diffusione della protesta. Il provvedimento che il ministro del Pri riesce a imporre è significativo: consapevole della voragine aperta nei conti dello Stato, la coalizione governativa non sa fare di meglio che chiedere ai cittadini di versare nuovi contributi, perché tutto continui come prima. Ma la questione del fisco scoperchia una pentola dove il malumore comincia a ribollire: chi non si è mai sottratto alla tassazione non tollera nuove imposizioni, anche perché sa bene quanto vasta sia l'area degli evasori contro i quali da sempre lo Stato è impotente; chi non ha mai pagato si rifiuta di dare i suoi soldi per sanare il bilancio pubblico, ormai dissestato. Il degrado del sistema politico offre dunque un alibi di ferro ai tanti italiani sleali. Del resto, a radicare nella cittadinanza senso civico e rispetto delle regole non ha certo contribuito il ceto politico, che ha sempre abdicato alla lotta contro l'evasione per incuria, lassismo e soprattutto per non alienarsi voti. Adesso però sono proprio questi consensi a sfuggire dalla rete dei partiti.

A trarre vantaggio da questa ondata di protesta che monta nell'Italia settentrionale è soprattutto il nuovo movimento delle leghe che si era già affacciato sulla scena alla fine degli anni Settanta. All'origine, esse erano apparse meri fenomeni politici residuali, analoghi alle tante piccole liste locali che alle elezioni amministrative e politiche raccolgono sempre una manciata di voti particolaristici nei comuni e nelle province. Nel municipalismo sembravano esaurirsi anche queste nuove folcloristiche espressioni politiche, la Lega Lombarda, la Liga Veneta, l'Union Piemonteisa, Piemont Autonomista e le tante altre leghe che si formavano in tutto il Nord con l'obiettivo di difendere il dialetto e le tradizioni popolari, rivendicando un'autonomia territoriale abbastanza vaga. Quando però, a metà degli anni Ottanta, si ingrossano le file degli scontenti, lo slogan di Bossi, «la Lombardia ai lombardi», acquista un maggior valore politico. Il localismo, cioè quel senso di appartenenza al territorio espresso dalle leghe, si salda con l'insofferenza crescente in sempre più larghe fasce di popolazione verso l'altra Italia, quella dei palazzi romani, centro della vita politica e quindi fulcro di tutti i mali che affliggono il paese e soprattutto minacciano il benessere dei settentrionali. A sentirsi minacciati sono innanzi tutto i commercianti, i piccoli e medi imprenditori, i lavoratori autonomi e gli impiegati, insomma quei ceti sociali, politicamente moderati, che nel passato votavano i partiti di governo garanti dell'ordine. Il loro approdo nelle file del movimento leghista segna una rottura nella storia del paese, dove i fermenti di contestazione hanno sempre interessato le masse operaie e contadine, i giovani, il sottoproletariato meridionale che nei partiti di destra e di sinistra trovavano il loro punto di riferimento.

Bisogna tornare indietro di quarant'anni per rintracciare un altro movimento di contestazione con una base di massa nel ceto medio: nel '45 l'Uomo Qualunque di Giannini aveva trovato un terreno fecondo di sviluppo proprio nella dura polemica contro i partiti; nell'85 è sempre la critica alla partitocrazia la leva per convogliare consensi sotto le bandiere delle leghe. La similitudine salta agli occhi, anche perché, ieri come oggi, il linguaggio politico dei leader qualunquisti e leghisti rompe gli schemi del «politichese» un po' oscuro e sfuggente che risuona nei palazzi romani: Giannini accentuava i toni ironici, parlava per paradossi e a tinte forti; Bossi colora le frasi con espressioni dialettali, persino con qualche parola volgare che strappa l'applauso. Entrambi ridicolizzano il potere politico e si schierano dalla parte dei cittadini, oppressi e messi sotto torchio dai partiti. Diventa facile per i partiti rovesciare sulle leghe l'accusa di «qualunquismo» che nella storia repubblicana ha finito per diventare sinonimo di indifferenza, disimpegno, persino di fascismo, inteso soprattutto come rifiuto della democrazia espressa appunto dai partiti. Insomma, dovrebbe bastare per screditare agli occhi degli italiani il nuovo leghismo. Ma l'accostamento Uomo Qualunque-leghe non persuade, anche perché sono troppo stridenti le differenze, a cominciare dall'area di insediamento dei due movimenti. Giannini reclutava consensi tra le folle dei meridionali spoliticizzati, poveri, arretrati, impauriti dal presente e dall'avvenire; Bossi raccoglie adesioni sempre più numerose nelle ricche regioni settentrionali, dove ben diverso è l'identikit politico, sociale e culturale dei leghisti. Il Nord è il motore economico dell'Italia, ha tradizioni politiche consolidate e guarda al suo futuro in Europa con ottimismo. A gettare ombre sulle aspettative dei settentrionali è la partitocrazia che sperpera il denaro pubblico, ostacola il dinamismo produttivo con la sua pletorica, inefficiente burocrazia, continua ad alimentare con finanziamenti a pioggia il Mezzogiorno parassitario, riserva inesauribile di voti clientelari.

Il peso dei problemi del Sud che in quarant'anni i partiti sono stati incapaci di risolvere, appare adesso intollerabile di fronte all'allargarsi del deficit e all'aumento astronomico del debito pubblico. La paura che la parte più debole del paese possa trascinare irresistibilmente verso il basso le regioni più forti, insomma la prospettiva del declassamento nella graduatoria delle grandi nazioni industriali, provoca al Nord una reazione così rabbiosa da rimettere persino in discussione l'unità nazionale. Gli accenti autonomisti, già presenti nel messaggio originario delle leghe, si traducono via via in un discorso più maturo sul federalismo che è una vera e propria sfida allo Stato centralista occupato dalla partitocrazia. Ma ad entusiasmare i leghisti è la traduzione degli ideali federalisti nel linguaggio da combattimento di Bossi che promette di tagliare i ponti sulla linea del Po, o appena più giù, lasciando colare a fondo tutto il resto della penisola. E, via via che si radica questo desiderio di separarsi, di far parte a sé, di fondare la mitica Repubblica del Nord, dilaga anche un antimeridionalismo viscerale, ai limiti del razzismo; per rendersene conto, basta guardare le scritte «Forza Etna» comparse sui muri di città del Nord, in occasione dell'eruzione del vulcano nel 1991. Ogni valore di solidarietà, di civiltà, di elementare umanità sembra scomparire in questa polemica dura, spesso volgare, qualche volta persino violenta, contro i «terroni», parassiti, mantenuti dalla ricchezza prodotta dal lavoro dei settentrionali. Paradossalmente, al coro si associano anche i meridionali che da poco o da molto tempo hanno lasciato il Sud; e sono tanti, se si considera che circa il 20% della popolazione del Centro-Nord risulta nata nelle regioni del Mezzogiorno e nelle isole.

L'appartenenza al territorio promuove immediatamente al rango di cittadini nordisti, sempre naturalmente che si abbia un lavoro e si produca ricchezza; ed è così ambito il nuovo status che si rinnega o si rimuove rapidamente il peccato di origine, cioè la miseria, la disoccupazione, il degrado e la stessa fiducia nelle promesse dei politici. Del resto, proprio all'elettorato meridionale i partiti si stanno aggrappando in questa ultima convulsa fase della loro esistenza, via via che le radici subculturali si indeboliscono e diminuiscono i voti settentrionali. La meridionalizzazione della politica è il primo elemento che colpisce quando si analizza la stabilità del sistema partitico alla scadenza elettorale dell'87: il boom è finito, l'economia ha smesso di tirare, i conti dello Stato sono in rosso, i partiti sono screditati e in alcuni grandi centri del Nord le leghe arrivano già alla soglia del 10%. Eppure, il dato nazionale dei voti è confortante per le forze politiche al governo; crescono il Psi e la Dc che si preparano a un'altra stagione di potere, stringendo un patto ferreo per spartirsi le poltrone chiave di Palazzo Chigi e del Quirinale. I tre più potenti uomini politici del momento, Craxi, Andreotti e Forlani, sono così convinti della stabilità dell'asse governativo Dc-Psi da programmare anche il futuro. Se però si guardano i risultati elettorali disaggregati, regione per regione, ci si accorge che sotto i colpi delle leghe traballano le roccaforti bianche del Nord e, al saldo positivo delle liste democristiane, sono determinanti i voti guadagnati nel Sud. Qui si rafforzano anche i socialisti che vedono sfumare il tanto atteso trionfo a Milano, cuore del potere craxiano, insidiato dall'avanzata della Lega, che qualche anno dopo conquisterà il Comune. Tanto basta, comunque, per indicare una tendenza che alle elezioni politiche del '92 si fa ancora più chiara. Via via che la protesta antipartitica sale nel paese, gli elettori meridionali diventano l'ultima ancora di salvezza per le forze politiche.

Il Sud tra arretratezza e criminalità

Eppure, il Sud non dovrebbe dimostrarsi così grato ai partiti, certo molto generosi nell'erogare finanziamenti dello Stato, ma anche responsabili di un degrado che negli anni Ottanta annulla pressoché tutti i benefici accumulati nei periodi precedenti. A metà dei Settanta, il volto del Mezzogiorno aveva cominciato a cambiare con riflessi immediati sull'insieme della società civile che appariva più vitale, più consapevole, meno lontana dal resto dell'Italia. L'eco della grande mobilitazione democratica, iniziata sul finire degli anni Sessanta, era arrivata anche qui, tanto che la capitale del Sud, Napoli, nel 1975, aveva emulato le consorelle del Nord e del Centro, Milano, Torino, Bologna, Firenze e Roma, portando un uomo della sinistra a Palazzo San Giacomo, sulla poltrona del sindaco; insomma, da Lauro a Valenzi qualche passo avanti era stato fatto. Il mutamento negli equilibri politici era la diretta conseguenza della crescita economica: in quindici anni, dal 1960 al 1975, nell'industria si erano creati ben 194.000 posti di lavoro, più di quelli che potevano vantare il Nord e il Centro Italia; e il Sud superava le altre regioni anche per quanto riguardava il rafforzamento della sua struttura creditizia, incrementata in vent'anni del 75%. Certo, i ritardi in partenza erano così vistosi da giustificare il balzo in avanti; ma si trattava pur sempre di un dato confortante. Negativo era invece il bilancio dell'agricoltura che aveva continuato a declinare, perdendo dal 1951 al 1978 2 milioni di braccia; il fenomeno però si iscriveva nel generale ridimensionamento di questo settore che in tutta Italia andava perdendo progressivamente terreno. Ciononostante, anche dalle campagne meridionali venivano segnali positivi, grazie soprattutto alla politica agricola del Mec che aveva incoraggiato la meccanizzazione delle colture; se nel 1951 per produrre un quintale di grano occorrevano trenta ore di lavoro, nel 1981 bastavano circa trenta minuti.

Naturalmente, la medaglia aveva il suo rovescio assai meno brillante: fino al 1975 il Mezzogiorno aveva ricevuto, esclusivamente per gli investimenti industriali, 9.000 miliardi di intervento straordinario che non avevano dato i risultati previsti. Nel 1951, l'industria contribuiva alla formazione del reddito con il 24% del totale; nel '76, era passata al 29%, un successo assai simile a un insuccesso, il quale aveva sollevato forti critiche sulla politica per grandi poli industriali intorno ai quali era rimasto il deserto. Non si era creato insomma un tessuto economico capace di autoincrementarsi e produrre ricchezza, che facesse da volano a una diffusa industrializzazione su tutto il territorio. Sul finire degli anni Settanta, poi, la crisi dei sistemi industriali complessi si abbatteva anche sulle cattedrali industriali del Mezzogiorno con conseguenze disastrose. La fragile economia del Sud non reggeva all'urto: quando, nell'84-86, le industrie del Nord riacquistano finalmente fiato e l'intera produzione nazionale vive la breve ma intensa stagione del secondo miracolo economico, il Mezzogiorno non riesce a ripartire. Anzi; il divario tra le due Italie aumenta e le regioni meridionali perdono anche quel poco guadagnato. Tra l'83 e l'87, nel Sud il prodotto interno lordo pro capite ritorna quasi ai livelli degli anni Cinquanta, cioè intorno al 57% di quello medio del Centro-Nord. Accanto a questi dati ce ne sono altri, ancora più pesanti, destinati ad aggravarsi all'inizio dei Novanta quando l'intero paese si troverà in una situazione di crisi generalizzata. Il mercato del lavoro è il primo a risentirne: nel 1987 la quota dei disoccupati meridionali supera il 50% della disoccupazione nazionale; nel 1990 i disoccupati sono il 21% delle forze lavoro occupate al Sud, mentre al Nord la percentuale è del 7%. E per completare il quadro, a metà degli anni Ottanta, i senza lavoro tra i 19 e i 29 anni sono nel Mezzogiorno il 74% del totale; di questo 74%, il 47% è fornito di laurea o diploma.

Dietro questo freddo elenco di cifre, c'è una realtà di degrado e di disperazione più grave rispetto ai fenomeni di arretratezza che si registrano anche in altri paesi della Comunità europea dove esistono forti disparità tra aree territoriali. In Italia, l'allargarsi del secolare divario Nord-Sud non si circoscrive solo nella sfera dei problemi economici. È la diseguaglianza nella vita civile che degrada i meridionali a cittadini di serie B, in contraddizione con il concetto stesso di Stato democratico. E fino a quando la questione del Sud rimane irrisolta e insoddisfatti i presupposti di una piena appartenenza nazionale, la nazione resta incompiuta. Il distacco del Nord dal Mezzogiorno, chiesto provocatoriamente dal movimento leghista, suona a pesante denuncia delle colpe dei partiti democratici che, nel '46, si erano impegnati a trasformare i sudditi fascisti in una moderna e consapevole cittadinanza; dopo cinquant'anni, nel '96, quasi metà del paese è ancora lontano da questo traguardo e fasce non indifferenti di popolazione sono addirittura succubi di un anti-Stato, di quel superpotere criminale che è cresciuto in forza e in autorità proprio sui mali endemici del Sud. Molti sono gli errori accumulati fin dal dopoguerra dalla partitocrazia; ma con l'inizio degli anni Ottanta si ha l'impressione che i partiti si siano definitivamente arresi.

Del resto, non stupisce la loro diserzione; a questa data il sistema politico si ripiega su se stesso, puntando esclusivamente all'autoconservazione. A risentire più duramente della paralisi politica è appunto la parte più debole dell'Italia dove l'intervento pubblico è elemento essenziale alla stessa sopravvivenza della popolazione. Naturalmente, non sono venuti meno quei finanziamenti che assicurano un consenso drogato ai partiti in declino; il flusso della spesa pubblica è però ormai totalmente svincolato da quella cornice progettuale che, pur con tanti difetti, aveva come obiettivo l'industrializzazione del Sud. Rispetto al quinquennio precedente, tra l'80 e l'85 i contributi statali ai settori produttivi si riducono a meno della metà; mentre crescono i fondi per l'assistenza alle famiglie, ai gruppi sociali e ai privati, con una scelta chiaramente finalizzata alla conservazione delle clientele e alla conquista di nuovi voti. In un tessuto civile debole e per di più vistosamente inquinato dalla delinquenza organizzata, nessuno può farsi illusioni su quale sia l'effettivo utilizzo dei soldi dello Stato. A dimostrarlo, bastano i dati sulle condizioni di vita della società meridionale. I servizi collettivi di cui dispone la popolazione del Sud sono in assoluto i peggiori di tutta la penisola: la sanità, l'istruzione, la pubblica amministrazione, i trasporti, la rete di comunicazione sono un disastro. Alla fine degli anni Ottanta, mancano ancora posti letto negli ospedali e nelle carceri, aule e attrezzature nelle scuole e nei tribunali. E in condizioni precarie è anche quanto spetterebbe a regioni, province e comuni, dall'illuminazione alle forniture idriche, alla raccolta dei rifiuti, a tutto il necessario insomma che soddisfi i più elementari bisogni di questi cittadini maltrattati. Sullo striscione, issato una notte di fronte all'ingresso della stazione centrale di Napoli, si legge uno spietato, autoironico «benvenuti nel terzo mondo»; per qualche tempo nessuno si cura di rimuoverlo e nessuno sembra particolarmente turbato di vedere proclamata una verità a tutti nota.

Lo stereotipo, caro alla propaganda leghista, del meridionale passivo e rassegnato, cinico e parassita, sembra trovare ogni giorno di più conferma agli occhi dei settentrionali. Il corpo della società meridionale metabolizza il denaro pubblico, ma il suo stato di salute continua a peggiorare; e non serve aumentare le dosi, come dimostrano gli aiuti erogati generosamente in occasione delle catastrofi naturali che colpiscono il Mezzogiorno. A molti anni di distanza dal devastante terremoto in Irpinia del 1980, l'intero territorio vive ancora l'emergenza dei senza casa e i contributi dello Stato si sono volatilizzati; inutile dire che nel Friuli, colpito da un analogo disastro, la situazione è ben diversa. È però logico che la popolazione del Sud non riesca a reagire alle cure apparentemente premurose dei medici: le medicine somministrate sono per lo più tossiche e molti, troppi dottori sono dei veri e propri avvelenatori. L'apparente indifferenza dei meridionali deriva anche dal venir meno di una condizione essenziale alla vita democratica, cioè la vigilanza e il controllo della collettività sulla destinazione sociale dei propri soldi. Solo una parte di quanto il Sud riceve viene dal prelievo fiscale dei suoi abitanti che, in proporzione al loro basso reddito, versano al fisco somme inferiori rispetto al resto dell'Italia. È un punto tra i più dolenti della polemica leghista, che accusa i partiti di stornare una parte della ricchezza prodotta dal Nord proprio per sovvenzionare il Mezzogiorno improduttivo. E il sospetto che i meridionali poco si curino di come vengano utilizzati i soldi dei settentrionali, sembra trovare conferma ad ogni tornata elettorale. La popolazione del Sud continua a votare compatta il «partito della spesa pubblica», indifferente agli sprechi, agli abusi, alla corruzione e al malgoverno, purché il rubinetto dei finanziamenti non venga chiuso.

In questo perverso rapporto, cresce a dismisura il potere del ceto politico locale e nazionale, mentre i cittadini del Mezzogiorno e delle Isole vengono degradati al rango di questuanti. Per loro, i diritti sono diventati privilegi e nulla, proprio nulla, si ottiene senza l'aiuto, l'appoggio, l'intervento di amici, compari, padrini purché abbiano almeno un minimo aggancio nella sfera politica. Per un posto di lavoro si è quasi pronti a tutto, dal momento che la discrezionalità è l'unico criterio vigente nelle assunzioni, specie quelle nell'amministrazione pubblica, le più ambite e perciò le più inquinate. La trasparenza nei concorsi, i controlli nelle promozioni, l'insieme delle leggi che regolano la selezione del personale, sono costantemente violati e sempre si trova il modo di far prevalere sulla competenza professionale l'appartenenza al partito, al clan, al gruppo dei fedeli e fedelissimi di questo o quel notabile.

La spirale di corruzione che si attiva coinvolge tutta la società civile e l'intero apparato dello Stato, caduto nelle mani di un ceto politico spesso colluso con la criminalità. Le inchieste giudiziarie che all'inizio degli anni Novanta travolgono tutti gli uomini dei partiti di governo al Nord come al Sud, mettono in evidenza la diversa qualità anche dei reati: appalti e tangenti abbondano ovunque, ma sono soprattutto i «voti di scambio» e le collusioni con le organizzazioni criminali i più frequenti capi di imputazione che gravano sui politici meridionali, anche di alto rango. Nel 1981, il rapimento ad opera delle Br di Ciro Cirillo, notabile democristiano, aveva già sollevato uno scandalo sui legami tra la Dc napoletana e la camorra che si era direttamente attivata, con successo, per la liberazione dell'ostaggio; nel '94 sono i potentissimi leader cattolici Gava e Mannino, già ministri della Repubblica (Gava addirittura agli Interni), a finire in carcere con l'accusa infamante di associazione mafiosa, e, in casa socialista, la scure della giustizia si abbatte su Andò, ministro della Difesa, e su Mancini, ex segretario del Psi. Tra tanti imputati eccellenti spicca naturalmente Andreotti, emblema del potere democristiano e quasi simbolo della partitocrazia, trascinato anch'egli sotto processo per supposti legami con la mafia. Anche se in sede giudiziaria si aspetta ancora l'accertamento delle loro effettive responsabilità, emerge evidente dalle indagini nel Mezzogiorno la vastità del tessuto politico-criminale che si è via via dilatato fino ad assumere dimensioni senza paragoni in nessuna nazione moderna.

Ovviamente, la delinquenza organizzata ricava immensi vantaggi dall'inquinamento dei partiti di governo che spianano la strada all'ingresso dei criminali nei canali della legalità. La possibilità di muoversi sul doppio binario legale e illegale segna un vero e proprio salto di qualità nella storia della mafia, della camorra, della 'ndrangheta, divenute concorrenti imbattibili per le imprese pulite, specie nel Sud dove sono rimaste le «case madri» del crimine, ormai ramificato un po' in tutta Italia. Per quanto nel Mezzogiorno si facciano sempre buoni affari con i soldi pubblici, il prelievo del «pizzo» e la microcriminalità, le organizzazioni mafiose puntano ai più ricchi mercati del Nord e dell'intera Comunità europea che si mostra via via più preoccupata e risentita per questa strisciante avanzata. La delinquenza dispone di patrimoni immensi, difficilmente calcolabili, anche se alcuni rilevamenti quantificano il denaro sporco addirittura nel 20% o più della ricchezza nazionale; in ogni caso, sono soldi che vanno custoditi, nascosti e fatti fruttare. Pur conservando alcuni tratti caratteristici del passato, mafia e camorra hanno cambiato volto: si sono trasformate in moderne società per azioni con consigli di amministrazione, presidenti, amministratori delegati e manager efficienti che girano per i mercati di tutto il mondo, investono i proventi criminali in Borsa e in Bot, provvedono a ripulire i soldi, costruiscono insomma gli edifici paralleli, anche a preziosa copertura della fonte primaria di tanta ricchezza. La sorgente inesauribile è la droga che ha reso l'Italia un crocevia fondamentale del traffico internazionale di morte, organizzato e regolato da un esercito di delinquenti le cui file si ingrossano ogni giorno di una manovalanza inesauribile. Gli indici della disoccupazione nel Sud indicano chiaramente quale sia il serbatoio delle tante nuove reclute di un'armata che va potenziata per rispondere alle esigenze di organismi mafiosi sempre più complessi. E sempre più sanguinose diventano anche le guerre che esplodono cicliche all'interno di questa *business community* tra cosche rivali, pronte a liquidare concorrenti e avversari a colpi di mitra e con cariche di tritolo.

I livelli raggiunti dai conflitti mafiosi negli anni Ottanta sono tali da suscitare brividi di paura persino nel ceto politico coinvolto, direttamente o indirettamente, negli affari della malavita. Le morti misteriose di Sindona e di Calvi seminano il panico tra gli esponenti politici legati in qualche modo ai due banchieri. Si dovrebbe fare marcia indietro prima che sia troppo tardi; anche perché le casse ormai vuote dello Stato non consentono più ai partiti di governo di erogare con la consueta abbondanza i finanziamenti pubblici che alimentano la fitta rete di piccole aziende mafiose e camorriste, cresciute fiorenti sul terreno degli appalti truccati. Ma l'abbandono del campo non è previsto nelle regole della malavita, che naturalmente non accetta neppure una ridotta porzione di torta. Quando da Roma si inizia a prendere in seria considerazione la lotta alla delinquenza organizzata, scattano le prime rappresaglie.

Probabilmente, forti del successo ottenuto contro il terrorismo, i partiti della coalizione governativa hanno effettivamente tutta l'intenzione di liquidare la criminalità organizzata i cui costi – anche per i settori politici compromessi – stanno diventando superiori ai benefici. Per di più, via via che si logora l'immagine del sistema politico e sale nel paese la protesta, a Roma i dirigenti politici più attenti ed

esperti hanno fretta di liberarsi dal peso di amici, luogotenenti, signori delle tessere che operano direttamente nelle regioni meridionali dove tutti, anche i cittadini più anonimi, sono perfettamente a conoscenza dei legami tra criminalità e politica locale. C'è poi il caso di Palermo, per
anni governata da sindaci e consiglieri mafiosi, dove sul finire degli anni Ottanta sale l'astro di Orlando, a capo di un
movimento antimafia che nel 1990 lo incoronerà primo
cittadino con 70.000 preferenze. Insomma, persino dalla
Sicilia partono espliciti segnali di pericolo per i partiti di governo e in particolare per la Dc, la più esposta nel connubio con la criminalità organizzata. Non meraviglia dunque
che Andreotti si difenda oggi dalle accuse, ripetendo l'elenco dei provvedimenti adottati per combattere la mafia
quando sedeva sulla poltrona di Palazzo Chigi. È credibile
insomma che il ceto politico si voglia a un certo punto liberare di pericolosi e scomodi complici.

Agli inizi degli anni Ottanta, si erano fatti i primi passi
con l'estensione della legge sui pentiti ai mafiosi e con l'in-
vio in Sicilia del generale Dalla Chiesa, appena reduce dalla battaglia contro le organizzazioni terroriste. Ma la reazione della malavita era stata immediata e spietata: il generale Dalla Chiesa veniva ucciso, con la moglie e un agen-
te di scorta, nel 1982; e le ombre che ancora oggi circon-
dano il delitto nascondono forse inconfessabili complicità
in prefettura, a palazzo di Giustizia, tra le forze dell'ordine.
Il delitto inaugura una vera e propria mattanza: giudici, poliziotti, uomini politici, imprenditori e capimafia vanno incontro a un destino di morte che non è sempre facile spiegare. È colpito chi tradisce, chi diserta, chi abiura, ma anche chi cerca di approfittare della confusione nelle file di
un clan per rafforzare la propria sfera di potere. E il livello
del fuoco cresce fino ai gradini più alti: nel '92 la mafia uc-
cide il deputato europeo Lima, luogotenente in Sicilia di
Andreotti; è un delitto importante che getta la sua ombra
sul complesso di accuse contro il leader democristiano.

Tuttavia, anche se le forze politiche volessero bloccare le indagini, fermare insomma la macchina della lotta alla mafia che essi stessi hanno contribuito a mettere in moto, è quasi impossibile tornare indietro.

Nel 1984, il capomafia Tommaso Buscetta si pente e confida i suoi terribili segreti alle orecchie di un pool di magistrati siciliani incorrotti. Anche se consapevoli di rischiare la vita Falcone e Borsellino, con cautela ma con determinazione, cominciano a sollevare pezzo dopo pezzo il velo sull'intreccio perverso politica-criminalità. È così vasto il tessuto criminale da lasciare allibita l'opinione pubblica. Eppure, molto prima che si aprisse questo capitolo, gli italiani sapevano: anche se mancavano prove certe dei fatti e soprattutto della dimensione del fenomeno, la Sicilia mafiosa, Napoli camorrista, la Calabria nelle mani dei banditi e la Puglia incubatrice della neonata sacra corona unita, erano già degli stereotipi; e nessuno ignorava quale ruolo spettasse in questo quadro alla politica e ai partiti. C'erano i romanzi di Sciascia, c'era un ricco filone cinematografico di varia qualità, c'erano persino gli sceneggiati televisivi della serie «La Piovra», con straordinari indici di ascolto, che raccontavano le storie sanguinose di mafia e di politica. Certo, quando con l'inizio degli anni Novanta cominciano gli arresti «eccellenti» e il ciclo delle stragi culmina nell'assassinio dei giudici Falcone e Borsellino, tutti possono affermare con sincerità che la realtà supera persino le più cupe fantasie di scrittori, registi e sceneggiatori. Ma il paese non è assolto da un peccato quanto meno di omissione che lo ha portato per cinquant'anni a chiudere gli occhi, a voltare la testa, a scordare subito il fugace brivido di indignazione che romanzi, inchieste giornalistiche e film per un momento hanno suscitato.

Il risveglio della società civile

Anche in questa sostanziale indifferenza va individuata quella sorta di complicità tra la società civile e i partiti, arrivati ormai alla fase terminale; è, però, decisivo che il paese sia ancora in grado di trovare gli anticorpi necessari per metter fine ad un sistema politico ormai troppo corrotto e compromesso. La magistratura è un importante tassello nel mosaico della protesta che comincia a scuotere gli equilibri della partitocrazia alla fine degli anni Ottanta. E l'opera di pulizia che i giudici siciliani hanno cominciato a intraprendere si salda idealmente con le indagini aperte dai loro colleghi milanesi, Di Pietro, Davigo, Colombo e Borrelli, scesi nel campo minato di Tangentopoli. Non è la prima volta che i giudici attaccano i politici corrotti. Da oltre vent'anni, in Italia, scoppiano scandali gravi che coinvolgono personaggi eccellenti nel Gotha della politica. Ministri, segretari di partito e persino un presidente della Repubblica sono rimasti impigliati nella rete della giustizia nella seconda metà dei Settanta; ma solo uno, Tanassi, ha pagato con il carcere. La solidarietà di partito e di consorteria scattava immediata come un muro impenetrabile a coprire ogni malefatta: la commissione inquirente negava le autorizzazioni a procedere e il Parlamento ratificava l'insabbiamento delle indagini. Alla fine, nel mirino finivano gli stessi magistrati troppo zelanti che si erano permessi di alzare il tiro sull'olimpo dei partiti.

La polemica contro la magistratura si era fatta più violenta all'inizio degli anni Ottanta, quando un'altra ondata scandalistica aveva messo a rumore il paese. Il patto spartitorio tra la Dc e il Psi, siglato in questo periodo, aveva portato alle stelle la curva della corruzione politica, anche perché la strategia di Craxi puntava sul rafforzamento immediato del partito, con qualunque mezzo. Abbandonati anche i pochi scrupoli della vecchia generazione socialista dei primi governi di centro-sinistra, i nuovi dirigenti del garofano si erano accomodati al banchetto del potere con un appetito inaudito che lasciava meravigliati persino i democristiani, espertissimi nel consumare la torta pubblica. A Roma come in periferia si veniva a creare un vero sistema di prelievo fiscale parallelo che fruttava somme enormi, finite nelle tesorerie dei partiti, delle correnti e, soprattutto, nelle tasche dei politici. Ogni feudatario, vassallo, valvassore pretendeva di gestire in proprio un patrimonio grande o piccolo che gli assicurasse un brillante futuro; politico o personale non aveva più importanza.

È logico che in un tessuto corrotto di queste dimensioni qua e là si aprissero delle falle che in periferia era più difficile ricucire. Non godono di immunità parlamentare gli amministratori locali, i dirigenti degli enti pubblici, i tanti faccendieri indispensabili alla gestione di queste complicatissime macchine mangiasoldi in cui si sono trasformati i partiti. Colti con le mani nel sacco, come tutti i normali cittadini, finiscono in prigione o comunque entrano nel disperante ingranaggio della giustizia italiana che non è certo nota per la sua efficienza e rapidità. Questo lato debole nelle impenetrabili mura della corruzione politica non era sfuggito ai giudici, frustrati dai vani tentativi di raggiungere le vette partitiche, ma decisi a proseguire la battaglia. Non è un caso che nell'83 a mettere in imbarazzo il Psi siano stati due casi locali, a Savona e a Torino dove venivano arrestati il presidente socialista della regione Liguria e alcuni dirigenti cittadini; ed è significativo che la vicenda di Tangentopoli abbia avuto inizio nel febbraio del 1992, quando un oscuro esponente del Psi milanese, Mario Chiesa, varcò la soglia delle carceri di San Vittore.

Nell'83, Craxi reagiva con violenza all'attacco dei magistrati che avevano osato alzare la mano sui suoi uomini, «prigionieri politici», come venivano definiti con enfasi. Neppure il senso del ridicolo riusciva a moderare i toni arroganti e indignati di un'offensiva contro la magistratura che si avviava a diventare un vera e propria guerra, destinata a durare fino ad oggi. Allora, i potenti si sentivano ancora degli intoccabili e contro di loro c'era solo una sparuta pattuglia di magistrati, poche pecore nere nel gregge di un ordine giudiziario ossequiente verso i partiti e ancorato alla conservazione dell'esistente. Era relativamente facile isolare i giudici ribelli, tanto più che tutti i partiti di governo avevano interesse a insabbiare ogni indagine. Accanto a Craxi si schierava Andreotti, e persino il presidente della Repubblica Cossiga, salito al Quirinale nel 1985, si univa al coro. L'opposizione comunista, impantanata nella prassi consociativa, si barcamenava in questo fuoco incrociato. I «pretori d'assalto» facevano parte di quella leva di giudici orientati a sinistra e cresciuti durante la grande mobilitazione civile dei primi anni Settanta, che aveva appoggiato la campagna del Pci sulla questione morale. A loro volta i comunisti avevano sostenuto in ogni modo la «magistratura democratica», anche nelle sue istanze corporative: gli orientamenti giurisprudenziali di tanti giovani magistrati in materia di lavoro, di inquinamento ambientale, di criminalità economica erano in armonia con le battaglie politiche del Pci, così come le iniziative giudiziarie in tema di corruzione politica che colpivano direttamente i partiti avversari della maggioranza governativa.

Di fronte all'attacco scatenato dal Psi contro i giudici definiti rossi, accusati di fare un uso politico del potere giudiziario, il Pci correva in difesa della magistratura. Ma il comportamento dei comunisti risultava contraddittorio: nell'83, in Parlamento, proprio il Pci aveva salvato Andreotti contro il quale era stata avanzata una richiesta di autorizzazione a procedere; e nell'85, anche con il voto dei comunisti era stato eletto capo dello Stato Cossiga che nel 1990, con i suoi attacchi al Consiglio Superiore della Magistratura, avrebbe provocato un grave conflitto tra i poteri dello Stato. Alla fine degli anni Ottanta, però, il diffondersi della protesta antipartitocratica nel paese ridà slancio all'opposizione comunista che, spaventata dalla progressiva perdita di terreno nella società civile, balza con rinnovata determinazione sul carro della giustizia. Dopo il crollo elettorale dell'87 e la caduta del muro di Berlino nell'89, il Pci, ormai in procinto di trasformarsi in partito democratico della sinistra, intuisce tutta l'efficacia dell'arma giudiziaria che sta aprendo vistose falle nelle mura inespugnabili del potere politico, simboleggiato dal «Caf» (Craxi-Andreotti-Forlani).

Come nelle reazioni chimiche a catena, tutti gli elementi che minacciano la partitocrazia, entrati in contatto tra loro, finiscono per alimentarsi reciprocamente col risultato di produrre una miscela dal sempre più alto potenziale esplosivo. Le leghe si rafforzano anche grazie all'ondata di protesta contro i partiti innescata dalle inchieste dei giudici; il Pci esce dal suo stato di passività, incalzato dai magistrati della sinistra e preoccupato dalla sfida delle leghe che cominciano ad erodere persino la base comunista; gli stessi pubblici ministeri trovano il coraggio di affondare il coltello sempre più nel profondo perché sanno di avere alle spalle la sinistra, le leghe e soprattutto un'opinione pubblica ogni giorno più favorevole. A mobilitarla, contribuisce anche la scadenza di un referendum popolare che, come sempre è accaduto in passato, rivela una formidabile carica destabilizzante per gli equilibri del sistema politico. Questa volta, l'iniziativa non parte dai radicali, ma da un deputato democristiano, Mario Segni, figlio dell'ex presidente della Repubblica, un moderato, insomma, che si trasforma in un vero e proprio rivoluzionario, probabilmente suo malgrado o, comunque, molto al di là delle sue intenzioni.

Sul finire degli anni Ottanta, Segni promuove una serie di referendum per cambiare la legge elettorale da proporzionale a maggioritaria. È convinto che le tante disfunzioni della democrazia italiana, prima fra tutte la paralisi degli esecutivi, derivino dall'eccessiva frammentazione del sistema politico dove per aggregare uno schieramento di governo c'è bisogno di una perpetua, sfibrante

trattativa tra troppi partiti, grandi, medi, piccoli e piccolissimi, ciascuno però forte di un potere interdittivo inaudito. Il guasto è sotto gli occhi di tutti: dal 1976 fino al
1992, il Psi con meno del 10%-15% e i piccoli partiti laici, nessuno dei quali arriva al 5%, sono la chiave di volta
dell'intero sistema che può essere governato solo se si trova un accordo con loro, a meno di non coinvolgere l'opposizione comunista, come era accaduto all'epoca degli
esecutivi di solidarietà nazionale. In seguito al crollo della
Dc al 33,4% nell'83, in teoria bastava che Pri e Psdi si ri-
tirassero dalla maggioranza per rendere ingovernabile il
paese. Il maggioritario, privilegiando l'esigenza della governabilità anche a costo di sacrificare la rappresentanza,
avrebbe dovuto garantire esecutivi più stabili, tanto più
che le forze politiche sarebbero state costrette a coalizzarsi
preventivamente per vincere la gara elettorale.

Naturalmente, non tutti sono d'accordo: tra proporzio-
nalisti e sostenitori del maggioritario, a loro volta divisi in
fautori del doppio turno e del turno unico, si accende un
vivace dibattito che infiamma il mondo politico e intellettuale. Non è un caso che Segni recluti consensi trasversali ai partiti dove, dalla Dc al Pds, ai partiti laici, alle estreme, le adesioni ai referendum sono date a titolo individuale. Ancora più difficile appare poi il compito di convincere la grande massa dei cittadini che fatica ad orientarsi su
queste delicate e controverse questioni di ingegneria costituzionale. A renderle ancor più oscure contribuisce la
cornice del referendum abrogativo che, usato strumental-
mente per introdurre la nuova normativa maggioritaria, si
limita appunto a distruggere articoli e commi della vecchia
legge proporzionale. Sembra una battaglia persa in partenza. Fino a pochi mesi prima delle votazioni indette nel
giugno 1991, nonostante tutti gli sforzi, il movimento di
Segni è ancora relativamente debole e, soprattutto, è riuscito ad ottenere ben poco dalla Corte Costituzionale. Dei
tanti quesiti proposti, viene accolto solo quello relativo al-

le preferenze multiple che i referendari vogliono abolire per mettere un freno al mercato dei voti, alle cordate e ai traffici illeciti dei grandi elettori.

In sé il referendum si presenta assai poco incisivo; ma la sua carica antipartitocratica, percepita immediatamente, risveglia l'interesse degli elettori. A creare un clima di vera e propria mobilitazione contribuisce anche l'atteggiamento dei partiti di governo che, nell'imminenza delle votazioni, intervengono con arrogante disprezzo per boicottare i referendum. A questo punto, si risveglia il mondo dell'informazione che col suo silenzio aveva confinato il movimento referendario nel chiuso dei circoli ristretti degli studiosi e dei giuristi appassionati al tema. La stampa si impadronisce delle dichiarazioni dei capi politici; la televisione pubblica e privata manda in onda i potenti del Caf che entrano nelle case di tutti a consigliare prudenza e riflessione: i cittadini non sono in grado di capire; i sistemi elettorali sono materia controversa e complessa; meglio seguire, insomma, le indicazioni dei partiti che saggiamente consigliano di votare «no». Non manca neppure l'invito, allettante in pieno giugno, a disertare le urne, a prendersi una bella giornata di vacanza al mare, come suggerisce Craxi. È un clamoroso autogol: più del 65% di votanti e una valanga di «sì», 95,6%, sanciscono il trionfo di Segni e acquistano il valore di un gigantesco sondaggio di opinione contro la partitocrazia. I partiti di governo tremano. Quando nel '93 esploderà la seconda bomba referendaria, quella sulle elezioni per i comuni e il Senato, sono rimaste in piedi solo le mura del sistema che ormai vive i suoi ultimi giorni nel pieno della tempesta di Tangentopoli.

Conclusione
Dalla prima
alla seconda Repubblica

Il crollo del muro di Berlino

Mancano due anni al cinquantesimo compleanno della prima Repubblica, ma la sensazione di assistere alla sua agonia è diffusa tra molti italiani non più giovani che il 27 e 28 marzo 1994 entrano ed escono frettolosamente dalle scuole dove, come sempre, sono allestiti i seggi elettorali. Sulla scheda aperta nel segreto della cabina non c'è quasi più neppure un simbolo dei vecchi partiti che nel 1946 avevano fondato l'Italia repubblicana, chiudendo definitivamente la porta alla monarchia e al passato fascista. Quel sistema politico è finito e l'ultimo capitolo ha lasciato una macchia indelebile di disonore sulla partitocrazia che adesso tutti condannano e disprezzano. Sembra scomparsa persino la memoria storica delle origini e degli sforzi compiuti per costruire un paese più democratico, civile e moderno; impresse negli occhi degli italiani ci sono solo le immagini del declino umiliante dei vecchi partiti, trasmesso in diretta sui teleschermi. Il mondo della comunicazione che per anni ha affiancato e adulato il potere politico abbandona al suo destino la partitocrazia e si prepara a darle il colpo di grazia.

Già sul finire degli Ottanta era partita la prima offensiva, guidata naturalmente dai giornali della sinistra, con in testa «la Repubblica» e la terza rete della Rai-Tv che, nella generale lottizzazione, era finita sotto il controllo dei comunisti. Si trattava di una pattuglia ristretta, ma abbastanza agguerrita per non lasciarsi imbavagliare facilmente. Nonostante gli attacchi e l'ironico soprannome di «Tele-Kabul», Rai 3 incrementava ogni giorno il proprio indice di ascolto, mentre il quotidiano di Scalfari strappava il primato storico dei lettori al «Corriere della Sera». Erano segnali importanti, ignorati dalle altre due reti della televisione pubblica che continuavano a rendere il consueto omaggio ai potenti, così come nulla mutava nell'impero televisivo di Berlusconi che assicurava il solito trattamento di favore agli amici socialisti. Più defilati, i grandi quotidiani degli Agnelli fiutavano il vento della protesta; i cambiamenti nella direzione delle due più importanti testate, il «Corriere della Sera» e «La Stampa», passati nelle mani di una leva più giovane, sembravano preludere ad una svolta. I tempi del passaggio si consumavano praticamente in poco più di due anni, dal novembre 1989 al febbraio 1992, dal crollo del muro di Berlino all'inizio dell'inchiesta milanese su Tangentopoli; a marcare la tappa intermedia, nel 1991, c'era stato il primo referendum elettorale.

La disgregazione del blocco comunista, che nonostante gli sforzi di Gorbaciov si dissolve nel 1989, travolgendo nel 1991 anche il grande regista del rinnovamento sovietico, ha un'influenza decisiva per la stabilità del sistema politico italiano. La presenza in Italia di un forte partito comunista, senza eguali negli altri paesi dell'Occidente, ha da sempre condizionato pesantemente la dinamica politica, bloccando il meccanismo democratico dell'alternanza tra maggioranza e opposizione. Adesso che il Pci è costretto a firmare il suo atto di morte per assumere la nuova identità di partito democratico della sinistra, cambia tutto il quadro politico di riferimento. Nel giro di pochi mesi, scompare il nemico che per anni aveva fruttato voti ai partiti anticomunisti, fino a diventare quasi l'esclusiva ragione della loro esistenza e del loro successo. Lo sa bene la Dc che in quasi un cinquantennio di storia aveva superato tutti i momenti più difficili, facendo appello al suo ruolo di baluardo contro il pericolo rosso; ma anche i socialisti rabbrividiscono alla prospettiva dell'ingresso nell'area delle forze legittimate a governare di una nuova formazione politica che rischia di privare il Psi del suo forte potere di interdizione. E, naturalmente, il paese si sente più libero di affondare il coltello nel corpo della vecchia partitocrazia, ora che la minaccia comunista si allontana definitivamente dall'Italia e dal mondo intero.

Invano i partiti di governo si sforzano di denunciare la falsa mutazione del neonato Pds, rimasto lo stesso di prima anche se ha cambiato nome e simbolo. Scomparsa l'Unione Sovietica, il fantasma del comunismo, agitato ancora con toni da '48 dalla Dc e dal Psi, non dà più gli effetti sperati. Se democristiani e socialisti perdono terreno tra i loro elettori, anche gli ex comunisti hanno però grossi problemi nella sinistra, dove il processo di trasformazione del Pci in Pds sta creando più sconcerto che entusiasmo. Il taglio col passato, arrivato troppo tardi e senza evitare la tanto temuta lacerazione, disorienta e divide i militanti; la nascita di Rifondazione comunista rompe il mito dell'unità del partito e costringe ciascuno a schierarsi, a prendere posizione su ideologie, dogmi e dottrine che hanno scarsa eco tra i simpatizzanti dell'ex Pci e soprattutto nella grande massa degli elettori più spoliticizzati, annoiati e delusi, in ogni caso indifferenti a un dibattito sul passato remoto. Il fallimento storico del comunismo dà il colpo di grazia alla cultura marxista, già da un decennio traballante; il mondo intellettuale ha iniziato una riflessione più approfondita su diritti, doveri, libertà che rivitalizza il patrimonio del liberalismo, mentre declinano gli ideali collettivisti e statalisti alla base degli edifici socialisti e comunisti, costruiti in tempi ormai lontani. Le dispute tra gli ex comunisti, insomma, accentuano quanto di vecchio c'è ancora nel Pds piuttosto che far risaltare il nuovo. E invece proprio il «nuovo» è la parola magica che sta facendo salire la febbre politica nel paese.

Movimenti e avanguardie intellettuali di una sinistra sommersa, riapparsa sulla scena dopo una lunga parentesi di disimpegno, si orientano verso il movimento referendario di Segni, trasversale alle tradizionali formazioni politiche, tutte finite nel mirino di una protesta antipartitocratica che non risparmia gli ex comunisti. Per quanto Occhetto, regista della svolta storica dal Pci al Pds, si sforzi di conquistare la leadership nella battaglia contro il vecchio sistema, le sue carte non sono proprio in regola. Deve far dimenticare i lunghi anni di consociativismo che hanno significato anche collusioni e contiguità compromettenti del Pci con tutto il sistema spartitorio e corrotto dei partiti governativi. Naturalmente, la torta del potere non è stata mai divisa equamente, ma quella porzione che il Pci ha accettato gli viene adesso rinfacciata dagli avversari: per primi, dagli esponenti del Psi e della Dc, finiti sotto accusa; ma anche la Lega e il Msi hanno tutto l'interesse a mettere in difficoltà il Pds, rimasto comunque il concorrente più forte sul terreno della protesta popolare. Per quanto la Lega cresca ogni giorno in consensi, il suo straordinario successo resta circoscritto alle regioni del Nord; mentre il Msi non riesce a guadagnare spazi, anche se la sua permanente esclusione dalle lottizzazioni della partitocrazia gli ha conferito una invidiabile verginità, destinata col tempo a dare buoni frutti.

La recessione

Alle elezioni politiche del '92, i partiti di governo arrivano col respiro affannoso, consapevoli di presentarsi davanti ai cittadini con i conti pubblici in profondo rosso. All'ultimo momento sono saliti sul carro del Sistema monetario europeo; ma tutti sanno benissimo che presto o tardi l'Italia dovrà abbandonare lo Sme. La crisi economica a lungo annunciata è adesso una realtà: a partire dal 1989 la crescita del prodotto interno lordo si ferma, mentre sale oltre i 2 milioni il numero dei disoccupati, risulta triplicato il deficit della bilancia commerciale e, nel 1990, il debito pubblico supera il Pil; il Fondo monetario internazionale boccia la manovra economica italiana prevista per il 1990, e nel 1991 l'Italia è declassata dalla graduatoria stilata da Moody's, la potente agenzia che esamina l'affidabilità finanziaria degli Stati. Nel 1992, dalle urne esce un verdetto pesante, anche se tutto sommato i risultati elettorali sembrano smentire le previsioni più catastrofiche: la Dc scende sotto il 30%, ma rimane pur sempre il partito di maggioranza relativa; gli alleati laici della coalizione governativa hanno una buona tenuta e il Psi perde solo un punto percentuale; più o meno stabili restano le liste verdi, radicali e missine; mentre il Pds si attesta al 16,1%. Se si calcola però la percentuale di Rifondazione comunista, 5,6%, anche le perdite dell'ex Pci appaiono assai più contenute, un po' meno del 5% rispetto al 26,6% del 1987.

Meno rosea appare la situazione se si guarda invece all'avanzata della Lega lombarda, arrivata all'8,6%, e al successo della piccola lista di Orlando, La Rete, che alla sua prima apparizione sulla scena raccoglie già quasi il 2% dei voti. Ma, soprattutto, sono altri gli indicatori che non consentono ai partiti al governo di nutrire illusioni. Innanzi tutto fanno rabbrividire i dati economici, destinati nel giro di pochi mesi a diventare sempre più allarmanti. Come previsto, a settembre del 1992, la lira, svalutata del 7%, esce dal Sistema monetario europeo: aggredita da ogni parte, perde ogni giorno sul marco, arrivato in ottobre a quota 840, e sul dollaro, cambiato a 1.300. Ed è solo l'inizio; a marzo '94 si raggiungeranno le 1.000 lire sulla moneta tedesca e si supereranno le 1.600 su quella statunitense. La voragine nei conti dello Stato sembra ormai incolmabile.

La notizia peggiore arriva, però, nel dicembre '92,

quando l'Istat e il centro studi della Confindustria confermano il crollo della produzione. Dalla fine della guerra, è la prima volta che il paese si trova in una situazione così grave; per quanto l'economia italiana abbia vissuto momenti difficili, l'erogazione ininterrotta della spesa pubblica aveva sempre sostenuto la macchina produttiva. Nelle fasi peggiori, insomma, non c'era stata crescita; ma non si era mai tornati indietro. Adesso invece è proprio recessione, e naturalmente lo Stato non può fare più nulla. Anzi, in teoria dovrebbe sbrigarsi a vendere il suo patrimonio per evitare la bancarotta; ma nonostante il gran parlare di privatizzazioni, non è neppure ipotizzabile che il vecchio ceto politico, responsabile degli sperperi, possa gestire il risanamento della macchina pubblica. Tanto più che in questa sistematica dilapidazione delle finanze dello Stato, una parte non indifferente del denaro pubblico è finita direttamente nelle tasche degli esponenti dei partiti, sui quali, ormai, si sta abbattendo la scure dei giudici.

Tangentopoli

La maggior parte degli elettori che nell'aprile '92 sono andati a votare non ha prestato particolare attenzione alla notizia dell'arresto a Milano dell'oscuro dirigente socialista Mario Chiesa. I milanesi, invece, sanno bene che il Psi cittadino è già da mesi nell'occhio del ciclone: la giunta di pentapartito è stata costretta a dimettersi e lo stato maggiore dell'esercito craxiano, arroccato nel capoluogo lombardo, trema. Naturalmente la bufera travolge anche la Dc e i partiti laici, che insieme ai socialisti governano da anni la città e se ne spartiscono il potere. Chiesa sarà anche solo un «mariuolo», come afferma Craxi; ma per i magistrati inquirenti diventa la chiave per aprire le porte di Tangentopoli. I primi chicchi di grandine hanno colpito proprio al momento delle votazioni quando, a Milano, il leghista Bossi strappa il primato delle preferenze al segretario del Psi, che deve incassare un risultato deludente proprio nel suo feudo. La tenuta elettorale dei socialisti a livello nazionale non basta a compensare il danno, anche se per un momento Craxi sembra illudersi che tutto possa continuare come prima. Con la Dc ha stretto un patto spartitorio che prevede il suo ritorno a Palazzo Chigi e l'ascesa al Quirinale di Andreotti, in sostituzione di Cossiga, arrivato quasi al termine del suo settennato. Tuttavia, a pochi giorni dalla chiusura dei seggi il piano diventa irrealizzabile.

Intorno a Craxi cadono sotto i colpi delle richieste di autorizzazione a procedere i suoi più cari compagni e persino i familiari, il cognato Pillitteri che era stato portato sulla poltrona di sindaco quasi ad emblema del potere assoluto del monarca socialista. Per quanto riguarda i sogni di Andreotti, a bloccarli per sempre non c'è solo la montagna di fango che investe la Dc milanese e via via i più potenti esponenti del partito cattolico. Un mese prima della chiamata alle urne, nel marzo 1992, la mafia ha assassinato Salvo Lima, il leader della corrente andreottiana in Sicilia; e sono in molti ad interpretare l'omicidio come un messaggio mafioso diretto al grande capo romano. I sospetti, le voci e le chiacchiere arroventano l'atmosfera già surriscaldata dei palazzi romani dove si cerca invano di risolvere insieme il problema del governo e quello della presidenza della Repubblica, che Cossiga ha abbandonato con qualche mese di anticipo. Alla fine, è un altro orrendo delitto di mafia a sbloccare la situazione; nel maggio '92, sull'onda dell'emozione suscitata dall'uccisione del giudice Falcone, si chiudono i giochi politici. Andreotti e Craxi fanno un passo indietro; il democristiano Scalfaro, che ha fama di uomo al di sopra delle correnti, viene eletto capo dello Stato, mentre il Parlamento dà la fiducia a un governo sostenuto dalla solita maggioranza Dc, Psi, Pli, Psdi, anche se questa volta passa all'opposizione il Pri che vuole marcare la distanza dai vecchi e screditati alleati. A presiederlo va il socialista Giuliano Amato, il professore consigliere del principe, potentissimo, ma privo di propri feudi e di un'avida corte di vassalli da mantenere.

Sembra che si possa finalmente tornare alla normalità in un paese rimasto per quasi due mesi, dall'aprile al giugno '92, in uno stato di sospensione. Invece, con l'esplosione delle inchieste milanesi, proprio adesso inizia l'ultimo atto sulla scena politica. Tutti i cittadini assistono attoniti allo spettacolo che la Tv porta ogni giorno nelle case degli italiani. Sugli schermi compaiono le immagini del dramma che si consuma nei palazzi romani, nei tribunali e negli stessi studi televisivi dove i dibattiti politici si trasformano in altrettante corride. Nessun paese ha mai vissuto in diretta la fine di un sistema politico e lo spettacolo è affascinante, a volte drammatico, in ogni caso inquietante per le reazioni suscitate tra la gente, che ormai si appassiona alle trasmissioni politiche come fossero telenovelas o partite di calcio. C'è chi denuncia subito il dilagare di un pericoloso giustizialismo e chi paragona il pubblico incollato ai teleschermi alle *tricoteuses* della rivoluzione francese che gioivano per ogni testa di nobile caduta sotto la lama della ghigliottina. Se il ruolo dei cattivi è interpretato dai politici, la parte dei buoni spetta ai giudici, diventati dei veri e propri eroi popolari, primo fra tutti Antonio Di Pietro, il pubblico ministero milanese dai modi bruschi e dal parlare semplice che ha umanizzato la giustizia, spogliando riti e sacerdoti della tradizionale sacralità. Nel magistrato il popolo riconosce un suo figlio, un angelo vendicatore che nell'Italia delle raccomandazioni, dei nepotismi, delle furbizie e degli imbrogli, si permette di proclamare ad alta voce il semplice, elementare principio della legge uguale per tutti. Quasi come in una seduta collettiva di autocoscienza, sugli schermi televisivi esplodono le perenni contraddizioni del rapporto di odio-amore tra dominati e dominanti, tra corrotti e corruttori, mentre l'intera società finisce per autoassolversi dalle proprie responsabilità scaricando tutto l'onere della colpa sui partiti.

Nel ruolo di vittima della partitocrazia si presenta anche il potere economico, ingranaggio fondamentale del meccanismo della corruzione politica che in proporzione, però, ha fruttato ai gruppi industriali grandi e piccoli assai più di quanto sia finito nelle casse dei partiti. Il sistema vessatorio delle tangenti su ogni commessa pubblica comportava certo una percentuale dall'1 al 10% da versare al politico di turno, ma i vantaggi che gli imprenditori ricavavano da questo piccolo esborso erano enormi, a cominciare dall'autorizzazione a vendere a prezzi fuori mercato e a rivedere in corso d'opera i costi iniziali. Quanto fosse diffuso questo costume nella vita economica italiana si comincia a capire fin dalle prime inchieste e dalle reticenti confessioni degli indagati. Come dichiara ai magistrati l'ex vicedirettore generale dell'Italstat, nel solo settore dei lavori stradali esisteva una lobby di ben duecento imprese che per vent'anni hanno alimentato il tesoro dei partiti. Ma la corruzione arrivava ancora più in alto fino a coinvolgere le più importanti industrie italiane, Fiat compresa. Nel '93, dopo i primi arresti, Agnelli recita un blando *mea culpa*; mentre l'amministratore delegato del gruppo torinese, Cesare Romiti, va a colloquio dai giudici di «Mani Pulite» che sembrano accontentarsi del suo appello ai colleghi industriali, invitati a denunciare gli illeciti.

Poi scoppia il caso Enimont, e l'onda d'urto dell'esplosione sarà così devastante da annientare definitivamente il sistema dei partiti. Dall'intreccio tra imprenditoria pubblica e privata, l'Eni di proprietà dello Stato e la Montedison dei Ferruzzi-Gardini, era nato nel 1988 un vero gigante della chimica mondiale, con un fatturato di 13.000 miliardi, del quale tutti i partiti di governo pretendevano la loro fetta, il 40% alla Dc e al Psi, il 10% al Psdi e al Pri. L'inchiesta sulla «madre di tutte le tangenti», aperta nel gennaio 1993, ha momenti di grande drammaticità: nel luglio si suicida in carcere l'ex presidente dell'Eni, Cagliari, e tre giorni dopo, per sfuggire all'arresto, si toglie la vita anche Gardini. Intanto, in Parlamento piovono gli avvisi di garanzia su tutti i segretari dei partiti di maggioranza, Craxi, Forlani, La Malfa, Vizzini, Altissimo, e sui più noti personaggi del Gotha partitico. L'indignazione popolare sembra raggiungere il culmine, ma è solo il ceto politico a farne le spese. Gli industriali che possiedono i grandi mezzi di informazione riescono a persuadere l'opinione pubblica della loro versione dei fatti: Gardini e la famiglia Ferruzzi sono dei concussi, costretti a pagare, come Agnelli, De Benedetti e cento altri che non si sono potuti sottrarre al ricatto dei partiti.

Invano Craxi alla Camera cerca di scagionarsi, denunciando che tutti erano a conoscenza dei finanziamenti illegali ai partiti, che tutti hanno accettato tangenti e che le imprese non sono le «innocenti vittime» di un ricatto, ma hanno guadagnato enormi profitti dall'illegalità del sistema. È una credibile verità, se si guarda alle 540 richieste di autorizzazione a procedere inviate al Parlamento in un solo anno, il 1992; ma il significato politico del messaggio craxiano, «tutti colpevoli-tutti innocenti», viene respinto. Un anno dopo, fallisce anche il tentativo del presidente del Consiglio, Amato, che con un decreto governativo cerca nella primavera '93 di chiudere Tangentopoli. Il capo dello Stato Scalfaro rifiuta di firmarlo, consapevole che un'ondata di protesta contro il colpo di spugna si sta levando dal paese. I cittadini non sono ancora paghi; vogliono che la «corrida», come la definisce Amato, continui, mentre nell'aula parlamentare trasformata in uno stadio, dai banchi della Lega volano manette, banconote e cappi da forca. La sete di giustizia sembra inestinguibile e ad alimentarla contribuiscono i primi processi, trasmessi integralmente dalla Rai-Tv, che fanno salire alle stelle gli indici di ascolto. Sul banco dei testimoni sfilano uno dopo l'altro tutti i potenti e si fatica a trovare sui loro volti le tracce dell'antica fisionomia; caduta la maschera del potere che li aveva resi intoccabili, sembrano cittadini qualunque, imbarazzati, intimiditi, persino un po' spaventati dalla curiosità che li circonda.

La fine dei partiti

Nell'autunno '93, tutti i partiti della maggioranza governativa si stanno ormai dissolvendo. I più piccoli scompaiono senza quasi che il paese se ne accorga: le loro organizzazioni sono deboli, pochi i funzionari, ancora meno gli iscritti; contano solo i dirigenti che, travolti uno dopo l'altro dalle inchieste giudiziarie, trascinano nella loro caduta Pli, Pri e Psdi. In parte lo stesso discorso vale per il Psi, anche se a renderne più sofferta l'agonia contribuiscono le più consistenti dimensioni della macchina partitica, la quantità del potere accumulato e la lunga tradizione (proprio nel 1992 il partito ha compiuto cent'anni). I giudici però rovinano la festa ai socialisti che celebrano in tono mesto il loro centenario. Fin dall'estate è scontro aperto nel partito dove Martelli, il delfino di Craxi, si rivolta contro il padre che nonostante gli avvisi di garanzia, non intende dimettersi. Nella resistenza ad oltranza del leader si consumano le ultime speranze dei socialisti di riuscire a salvare qualcosa dal crollo. Nel febbraio '93, Craxi si arrende; ma anche Martelli, a sua volta indagato, deve scendere dalla ribalta. In pratica, non c'è più nessuno in grado di rivendicare la guida del partito: tutti i potenti feudatari sono sotto inchiesta e su di loro pesa un discredito popolare superiore anche a quello che colpisce il personale politico democristiano. Si deve ricorrere ai dirigenti sindacali per trovare un segretario, prima Benvenuto, poi Del Turco; ma ormai in casa socialista l'aria si è fatta irrespirabile. Alla scadenza delle elezioni amministrative, nell'autunno '93, il Psi arriva spaccato, e nei due anni successivi si frantumerà in tanti piccoli pezzi, dispersi per tutto l'arco politico, dall'estrema destra alla sinistra.

Più complessa la morte della Dc, anche se neppure il partito cattolico si sottrae allo stesso destino di frantumazione. Nell'ottobre 1992, in un estremo tentativo di salvarsi la vita, i democristiani eleggono per acclamazione alla segreteria un esponente della sinistra, Martinazzoli, personaggio noto e stimato nelle ex roccaforti bianche dove adesso domina la Lega. Il nuovo segretario, però, non riesce con tutta la buona volontà a fare il miracolo. E, intanto, l'interminabile pioggia degli avvisi di garanzia continua battente, aprendo ogni giorno nuove devastanti falle nel corpo del partito. L'ultima si spalanca nel marzo 1993, travolgendo la potente corrente napoletana guidata da Antonio Gava, accusato di associazione a delinquere.

L'unità della Dc si fa ogni giorno più traballante, anche perché la Chiesa, da sempre garante della coesione interna, sta prendendo le distanze timorosa che il fango sul partito cattolico, un tempo sua creatura prediletta, possa gettare un'ombra anche su di essa. Nel 1990, Orlando aveva già inaugurato la catena delle scissioni con la fondazione della Rete; nella primavera '93 è stata la volta di Segni che ha dato vita al movimento dei popolari per la riforma; a fine anno è la destra democristiana a organizzarsi nel Centro cristiano democratico, mentre la sinistra rifonda il partito popolare italiano. Insomma, quando, nel gennaio '94, la Dc scompare ufficialmente, ci sono sulla piazza ben quattro organizzazioni cattoliche, e di queste due, il Ccd e il Ppi, si contendono a colpi di carta da bollo simbolo, sede e quanto resta dei fondi del vecchio partito. E non è finita: nel '95, esploderà un'altra guerra nel partito popolare, spaccato in due tronconi, uno di centro-destra e uno di centro-sinistra. Ancora una volta, alla scissione seguirà l'inevitabile coda giudiziaria per determinare chi di diritto è il legittimo proprietario del marchio, quello scudo crociato che sembra ormai il patrimonio più importante rimasto ai cattolici. Non si tratta di un puntiglio: per anni e anni milioni di italiani hanno votato il simbolo della Dc che era la forza egemone del sistema; adesso che i cattolici sembrano ancora incerti sulla loro identità politica, il richiamo alla tradizione può servire a colmare il vuoto, anche perché il paese stesso appare incerto di fronte al nuovo panorama politico.

Il difficile passaggio dal sistema proporzionale al maggioritario

Nella primavera '93, il secondo referendum elettorale promosso da Segni dà lo scossone definitivo al sistema politico italiano. Questa volta il quesito referendario riguarda l'eliminazione del collegio unico nazionale per il Senato che, di fatto, si trasformerebbe in un organo collegiale eletto col sistema maggioritario. Ed è proprio quanto vogliono i cittadini, se si considera che i «sì» stravincono con l'83% dei suffragi. Anche in questa occasione, però, la difficoltà di orientarsi tra gli articoli della legge fa dubitare che gli elettori abbiano capito fino in fondo a che cosa rispondevano; semplicemente sono convinti della necessità del cambiamento. E se il referendum serve a cambiare, sono tutti d'accordo a votare «sì». Il desiderio del nuovo è così forte da diventare un muro impenetrabile alla propaganda di chiunque difenda il vecchio sistema proporzionale; non si vogliono neppure ascoltare le voci contrarie delle opposizioni di estrema destra e di estrema sinistra, da Fini, a Garavini, a Orlando che certo non possono essere sospettati di intesa con il «nemico», la Dc e il Psi, naturalmente entrambi arroccati sul fronte proporzionalista. In ogni caso, il Parlamento, costretto a prendere atto della volontà popolare, cerca di varare una nuova legge elettorale che sia valida anche per la Camera. E non è facile trovare un accordo tra i gruppi parlamentari, quegli stessi usciti dalle urne alle elezioni politiche del '92, agli occhi di molti ormai delegittimati. Tuttavia, non si può procedere a rinnovare le Camere con il vecchio sistema; alla fine, come era prevedibile, l'accordo faticosamente raggiunto è un pasticciato compromesso che introduce il maggioritario, lasciando però una quota di proporzionale. Insomma, il 25% della rappresentanza parlamentare verrà eletto ancora col vecchio meccanismo, garanzia per i partiti minori e per le stesse forze cattoliche, ormai disperse in tante piccole liste.

La legge elettorale maggioritaria, appena varata, dovrebbe favorire un bipolarismo o addirittura un bipartitismo, la formazione cioè di due schieramenti o di due partiti capaci di alternarsi alla guida del paese, come avviene in tante democrazie avanzate. Nell'entusiasmo per il nuovo, però, pochi si preoccupano del vuoto lasciato dai partiti governativi, che non è stato ancora colmato da altre forze politiche. Letteralmente esploso il centro del sistema con la distruzione di Dc, Psi, Psdi, Pli e Pri, restano sul mercato elettorale solo la destra e la sinistra, il Msi e l'ex Pci, rappresentanti del vecchio mondo politico. La maggiore delle due formazioni, il Pds, è riuscito a conservare una parte delle antiche radici e una struttura relativamente solida. Il nuovo ha scarsa consistenza, ad eccezione della Lega, che guadagna ogni giorno consensi al Nord, ma non riesce a valicare i confini del Centro-Sud, dove è praticamente assente. È logico che in questa situazione i pidiessini si illudano di prevalere con relativa facilità, tanto più che le elezioni amministrative del '93 sono state un successo per la lista della quercia; soprattutto, hanno dimostrato l'affanno delle piccole e piccolissime formazioni politiche, ancora nel pieno di un processo continuo di composizione e scomposizione. Il maggioritario privilegia i grandi schieramenti o i grandi partiti; ma, grazie alla correzione proporzionale del 25%, è facile prevedere che si conserverà la tradizionale frantumazione della rappresentanza politica. Nessuno dei piccoli gruppi, eredi del vecchio o ancora alla ricerca di una nuova identità, intende rinunciare ad un proprio spazio, rassegnandosi a confluire a destra o a sinistra. Il vecchio sistema politico è appena morto, ma già affiora la nostalgia dei tre poli, un centro che governa, affiancato ai due lati dalle opposizioni. Insomma, il vecchio schema che per quasi cinquant'anni ha garantito il potere della Dc, proprio per questo ha un fascino straordinario, specie tra gli ex democristiani, privi ormai della grande casa comune.

Del resto, sono comprensibili le resistenze ad aggregarsi sulla destra dove il partito egemone è il Msi o sulla sinistra che è dominata dagli ex comunisti. Naturalmente, missini e pidiessini si danno da fare per apparire nuovi: anche Fini, segretario del Msi, arriva nel '94 alla tappa del cambiamento di nome. Quello scelto, Alleanza nazionale, deve marcare la rottura col recente passato neofascista e con quello remoto fascista; mentre Occhetto, che ha già compiuto il passo fatidico, accelera i tempi della revisione politica e ideologica, lasciando a Rifondazione comunista il monopolio del culto marxista. Ma con tutta la buona volontà, né il Pds né An possono bruciare i tempi fisiologici della trasformazione e, soprattutto, nessuno dei due ha la pretesa di conquistare immediatamente l'opinione pubblica. Forse, è proprio questa consapevolezza a far sottovalutare, specie a sinistra, l'improvvisa comparsa sulla scena di un nuovo protagonista politico, Silvio Berlusconi, l'imperatore delle televisioni private. Non è mai successo in tutta la storia italiana che un *outsider* riuscisse a sfondare sul palcoscenico politico fin dalla sua prima apparizione; persino Bossi, che pure vanta una rapida e brillante carriera, è ormai in corsa da quasi dieci anni e ha alle spalle due turni di elezioni politiche, l'87 e il '92. Insomma, nella migliore delle ipotesi, si prevede per Berlusconi una piccola affermazione quando, alla fine del '93, il proprietario della Fininvest decide ufficialmente di «scendere in campo».

Berlusconi «scende in campo»

Ovviamente, la sinistra non tiene nel dovuto conto la straordinaria potenza della enorme macchina di comunicazione nelle mani di questo neofita della politica che è anche un brillante uomo d'affari. Eppure, mai come adesso il binomio televisione-politica ha una forza d'attrazione eccezionale sull'opinione pubblica, che assiste incantata al crollo del vecchio sistema e con uguale zelo è pronta a fare il tifo per i nuovi concorrenti. Quanto al binomio azienda-politica, la trasformazione in partito della Fininvest e di Publitalia, concessionaria della pubblicità del gruppo e vera «macchina da guerra» di Forza Italia, è certo un fatto inedito; ma in molti sembrano dimenticare che, negli anni Ottanta, l'enorme potere della Dc e soprattutto del Psi era in larga misura legato alla mutazione intervenuta nelle loro organizzazioni, diventate delle moderne società per affari.

Per di più, la grande impresa Fininvest-Forza Italia possiede anche il Milan, la squadra di calcio che negli anni precedenti ha conquistato tutti i maggiori trofei; non è poco in un paese dove i calciatori sono degli idoli e le partite di pallone un rito collettivo per milioni e milioni di italiani. E Berlusconi parla in linguaggio calcistico, usa tutte le similitudini del gioco, dà al suo impegno politico il significato di una gara sportiva capace di scatenare la tifoseria. Si può capire con quanta ironica superiorità i dirigenti della sinistra guardino alle prime apparizioni pubbliche del cavaliere, così lontano dagli schemi tradizionali del politico di mestiere; persino Bossi, che pure è un personaggio inusuale, rientra bene o male in quel ruolo di tribuno popolaresco, già comparso sulla scena politica italiana in altri tempi. Nessuno, dunque, sembra prendere troppo sul serio questo imprenditore lombardo, questo «impresario» come viene definito dai tanti critici in Confindustria, che si presenta sui teleschermi delle sue televisioni in trasmissioni preconfezionate dove una perfetta regia ha curato la sua immagine in ogni particolare, dalle luci, al trucco, allo sfondo.

Eppure, nel giro di pochi mesi, alle elezioni politiche del 1994, Berlusconi travolge lo schieramento guidato dal Pds. Naturalmente, alla base del suo successo non c'è solo la pubblicità televisiva, che vende bene il prodotto Berlusconi-Forza Italia. Innanzi tutto, viene sottolineata la novità che, sempre importante sul mercato commerciale, è adesso diventata fondamentale su quello elettorale, dove i cittadini pretendono un vero rinnovamento politico. Certo, Berlusconi è nuovo alla politica, anche se ha avuto tanti amici tra i politici socialisti che gli hanno spianato la strada nella conquista del suo impero televisivo. Dalla tempesta di Tangentopoli sembra uscito con poche macchie, per lo meno fino a quando, dopo la sua vittoria, i giudici non cominceranno ad affondare il coltello nelle molte zone non chiare delle aziende Fininvest. In ogni caso, tutti sanno benissimo che il cavaliere non ha mai avuto bisogno di versare oboli ai partiti, quando poteva finanziarli con tangenti in natura, interviste in televisione, informazione favorevole, spot e pubblicità elettorale gratuita. Di queste «transazioni immorali» si era avvantaggiato soprattutto il Psi, e Craxi in prima persona. Ma non bastano queste accuse a spegnere il grande interesse che cresce giorno dopo giorno intorno al nuovo concorrente: Craxi appartiene al passato; Berlusconi è il presente, forse il futuro, un futuro roseo se tutte le promesse fatte in campagna elettorale si avvereranno.

La chiave del successo di Berlusconi va cercata soprattutto nelle speranze che il leader di Forza Italia riesce a suscitare. Mentre la vita politica si fa sempre più affannosa nel tentativo di costruire un nuovo sistema, il paese sta affondando nel mare della crisi economica. Per la prima volta i governi sembrano intenzionati ad affrontare con determinazione il problema dei conti dello Stato: dopo il governo Amato, nell'aprile 1993 alla guida dell'esecutivo è chiamato addirittura il governatore della Banca d'Italia, Ciampi, quasi a sottolineare che i rubinetti della spesa pubblica si devono chiudere, ma, naturalmente, i cittadini devono continuare a pagare le tasse, sempre più onerose. È così alto il prelievo che Bossi si conquista immediatamente una facile popolarità lanciando un appello allo sciopero fiscale, mentre nell'ottobre le confederazioni sindacali proclamano uno sciopero generale contro la manovra economica del governo. Ma i cittadini sanno anche troppo bene che Ciampi deve tagliare, a cominciare dalla sanità, un pozzo senza fondo di disservizi e di corruzione inaudita che risucchia una quantità impressionante di miliardi. La lira continua a calare sui mercati internazionali, la Borsa precipita, l'industria privata e pubblica licenzia. Alla fine del '93, tra colletti bianchi e operai, la Fiat calcola in 4.800 le eccedenze strutturali nei suoi stabilimenti, e, per i due anni seguenti annuncia altri tagli dai 5.000 agli 8.000 addetti solo per le officine di Rivalta e Mirafiori; critica è anche la situazione dei quasi 6.000 dipendenti di Arese, mentre i cassintegrati dell'Alfa Romeo sono già oltre 2.000.

Nelle aziende a partecipazione statale e nell'intero sistema bancario si respira aria di smobilitazione; mancano i soldi per pagare la tredicesima ai dipendenti della Rai-Tv, dove il crollo del sistema partitico sta facendo saltare tutti i vecchi equilibri interni. Nel dicembre '93, l'Eni cede una parte del capitale del Nuovo Pignone e nel marzo '94 l'Ilva presenta un piano di ristrutturazione che prevede 11.000 prepensionamenti. Si interviene anche sulle banche: tra il dicembre '93 e il febbraio '94 vengono messe in vendita azioni del Credito Italiano e della Comit di proprietà dell'Iri. Ma non basta: la lira continua a scendere e nel marzo '94 occorrono quasi 1.000 lire per un marco, mentre dai conti di cassa emerge un deficit di 159.000 miliardi, 15.000 in più rispetto alla cifra prevista al momento della finanziaria. Bisogna quindi colmare al più presto il buco, ma i cittadini tremano al pensiero di altri tributi e di altri tagli allo Stato sociale. Non stupisce che la campagna elettorale di Berlusconi risollevi gli animi: il cavaliere promette di abbassare le tasse e di creare dal nulla un milione di posti di lavoro. E gli italiani vogliono a tutti i costi credere al miracolo; tanto più che a disegnare davanti ai loro occhi un futuro roseo è un ricco imprenditore venuto dal nulla, un mitico *self-made man*, capace in vent'anni di trasformarsi da oscuro travet di spettacolo sulle navi da crociera nel proprietario di un gigantesco impero.

La sinistra guidata dal Pds non ha una ricetta altrettanto entusiasmante; anzi, mai come in questo momento appare grigia, preoccupata e pessimista con le prediche sull'austerità, i richiami alla comune responsabilità dei cittadini nello sperpero del patrimonio pubblico. Per di più, non convincono neppure i propositi di risanamento che vengono da un partito ex comunista, da sempre statalista; soprattutto il mondo degli affari diffida del Pds, che oggi si proclama disposto a privatizzare e smantellare la macchina dell'assistenza, ma domani, arrivato al governo, dovrà confrontarsi con i sindacati e col suo stesso elettorato, i primi a insorgere se viene fatto cadere anche un solo mattone dell'edificio statale. Insomma, meglio credere a Berlusconi, senza chiedersi come in realtà si possa uscire gratis dalla crisi. Del resto, nei momenti di grave difficoltà economica la sinistra ha sempre perduto: nel '48, gli elettori avevano voltato le spalle al partito della miseria; e nel '94, dopo quasi un cinquantennio, la sinistra è di nuovo sconfitta. A questo risultato contribuisce anche la propaganda anticomunista che viene rispolverata in tutti i suoi stereotipi dalla macchina di comunicazione della Fininvest. Sembra quasi di essere ritornati in piena guerra fredda, quando era d'obbligo demonizzare l'avversario politico; e questo clima finisce per contagiare tutti i protagonisti di questa campagna elettorale che, nata all'insegna del nuovo, appare ripetitiva degli scenari deteriori del passato.

Persino la polarizzazione tra i due schieramenti, il polo delle libertà e i progressisti, assomiglia più al muro contro muro anticomunisti-comunisti del '48, che alla civile contrapposizione tra forze politiche di una democrazia matura, approdata al maggioritario in vigore nei paesi più avanzati dell'Occidente. Nel ruolo di baluardo contro i rossi, mascherati da pidiessini, Forza Italia si è alleata con il Msi-An al Centro e al Sud e con la Lega al Nord; si è insomma candidata a ricoprire lo spazio di centro-destra lasciato vuoto dalla Dc, dal Psi e dai partiti laici minori; dall'altra parte della barricata c'è appunto il Pds che cerca di far da coagulo alle disperse forze di centro-sinistra, anch'esse comprendenti voti democristiani, socialisti e laici. Ma nella democrazia cristiana i voti moderati e conservatori hanno sempre superato i consensi della sinistra cattolica; mentre, a partire dagli anni Ottanta, nell'area laico-socialista si è ridotta la percentuale di elettorato di sinistra. Per quanto i tradizionali partiti siano scomparsi, gli elettori sono gli stessi e il loro voto conferma un orientamento a maggioranza moderato.

La transizione continua

Berlusconi, però, non riesce a godere a lungo della sua vittoria. Il Polo delle libertà messo in piedi in tutta fretta, è troppo disomogeneo per reggere alla prova del governo. Per quanto Fini stia cercando di rinnovare il partito, An ha ancora ben impresse le stimmate del neofascismo, che impediscono agli ex missini di sfondare nelle regioni settentrionali; nel Mezzogiorno invece, dove il Msi è sempre stato forte, Alleanza nazionale raccoglie insieme ai tradizionali voti di protesta anche tanti «voti di paura», che esprimono, cioè, il timore di perdere assistenza e finanziamenti. Scomparsi i «partiti della spesa pubblica» per antonomasia, il tradizionale statalismo del Msi è un buon viatico per le liste di An nel Sud. Il paradosso è evidente:

metà del paese vota Bossi e Berlusconi per liberarsi dall'invadenza dello Stato, l'altra metà vota Fini e Berlusconi perché spera che tutto rimanga come prima. La divisione storica delle due Italie è diventata anche elettorale e, a sanarla, non basta certo la triplice alleanza Fini-Bossi-Berlusconi, che all'indomani delle elezioni è già traballante. Bossi non perde occasione per definire fascista Fini che resta un concorrente temibile al Nord dove An cavalca alcuni temi qualificanti della propaganda leghista, la polemica contro l'immigrazione extracomunitaria e la moralizzazione della politica. Contemporaneamente, però, il leader del carroccio apre il fuoco anche contro Berlusconi, il «Berlusca» amico di Craxi, capo della grande e sofisticata organizzazione Fininvest, capace di divorare in un solo boccone il casereccio movimento leghista. Bossi sa bene che lo straordinario successo della Lega nelle regioni settentrionali è in parte frutto del cartello elettorale con il cavaliere; ma non esita a tradire l'alleato non appena si rende conto del pericolo.

Il governo è appena nato, ma fin dai primi passi sembra avviato sulla stessa strada dei vecchi e rissosi esecutivi partitocratici, minati dalle dispute interne e in balia dei franchi tiratori alle Camere. Inoltre, per effetto del diverso sistema elettorale applicato nei due rami del Parlamento, la coalizione guidata da Berlusconi ha una maggioranza così esigua in Senato da rischiare di affondare per una manciata di voti. A minare la stabilità dell'esecutivo contribuisce anche l'inesperienza e l'arroganza del nuovo presidente del Consiglio, che a meno di tre mesi dal suo insediamento fa un passo falso sul delicatissimo tema della giustizia. Nella fretta di accontentare gli amici di un tempo, travolti dalle inchieste giudiziarie, e timoroso di venire a sua volta colpito, il cavaliere compie l'errore di sottovalutare il potere dei giudici. Nel luglio 1994, il progetto del ministro Biondi di chiudere il capitolo di Tangentopoli fa la stessa fine del precedente tentativo del governo Amato. Tra l'uno e l'altro sono passati sedici mesi; ancora troppo pochi perché nell'opinione pubblica si sia smorzata l'eco della battaglia contro la corruzione politica. Lo spettacolo del vecchio sistema, crollato sotto i colpi degli avvisi di garanzia, è ancora così vivo negli occhi degli italiani da suscitare immediatamente un'ondata di solidarietà intorno ai magistrati del pool milanese, che accusano il governo di voler sottrarre alla giustizia i colpevoli della prima Repubblica. Al coro partecipano anche gli elettori del carroccio e persino tanti missini. Il nuovo potere trova sulla sua strada un nemico più forte del blocco progressista, sconfitto alle elezioni; mentre ancora sta cercando di consolidarsi, Berlusconi si scontra con i giudici, diventati molto più potenti dei vecchi politici al tramonto e dei nuovi politici ancora privi di forti radici nel paese. È guerra, una guerra destinata a trascinarsi fino ad oggi a colpi di indagini: quelle dei pubblici ministeri che indagano sugli affari della Fininvest, quelle dei ministri di Grazia e Giustizia che ordinano ispezioni sull'operato dei giudici.

E guerra dichiarano al governo Berlusconi anche i sindacati, che con la fine dell'estate mobilitano le masse contro la manovra finanziaria prevista per il '95. Sono passati solo cinque mesi dal varo del nuovo esecutivo; ma già la piazza chiede conto al presidente del Consiglio del milione di posti di lavoro promessi in campagna elettorale. Naturalmente la situazione è rimasta la stessa; la crisi economica non è migliorata; i conti pubblici sono sempre in rosso; la lira continua a scendere; e i ministri progettano di tagliare le pensioni. Tra un avviso di garanzia inviato a Berlusconi proprio mentre presiede un vertice internazionale, e migliaia e migliaia di lavoratori che sfilano a Roma nell'ottobre '94, il trono del cavaliere comincia a cedere. A renderlo ancor più pericolante non giova il conflitto di interessi tra Berlusconi presidente del Consiglio e Berlusconi proprietario di un impero televisivo, tanto più che il Polo delle libertà, appena insediato al governo, ha cominciato a spartirsi la torta pubblica, a iniziare dalla Rai, concorrente diretta della Fininvest. E nessuno più sottovaluta il potere dei media che adesso sono tutti concentrati nelle mani di una stessa forza politica. In assenza di leggi, però, Berlusconi rinvia all'infinito la soluzione del problema, offrendo così un'arma di polemica inesauribile alle opposizioni, ma anche alla Lega, che è diventata una vera spina nel fianco di Forza Italia. La rottura tra Bossi e Berlusconi si consuma tra polemiche e insulti in un Parlamento dove il livello del confronto si abbassa ogni giorno di più.

Il nuovo anno porta un altro governo e un altro inquilino a Palazzo Chigi, Lamberto Dini, numero due della Banca d'Italia, ex ministro del Tesoro nell'esecutivo di Berlusconi. Il capo del governo è un tecnico e i suoi ministri vengono anch'essi dal mondo delle professioni e dell'amministrazione dello Stato. Spetta a loro mettere ordine nei conti dissestati del Tesoro e far passare quei tagli alla spesa pubblica che avevano suscitato la protesta di migliaia di lavoratori. E quanto non era riuscito a Berlusconi e ai suoi alleati, vincitori delle elezioni del '94, ottiene invece l'esecutivo guidato da Dini dove non siede alcun parlamentare. Il mondo politico che si è sostituito alla vecchia partitocrazia, pur legittimato da un voto popolare come nuova classe dirigente, non ha ancora ottenuto la piena fiducia della società civile. Eppure, il ricambio nella rappresentanza è stato vistoso: in due turni di elezioni, '92 e '94, oltre il 70% dei parlamentari eletti varca per la prima volta le porte delle Camere; solo nel '46, quando è stata eletta l'Assemblea Costituente, si era avuto un rinnovamento più grande nel ceto politico. Ma la nuova leva del '94 appare ancora sbandata, priva dell'autorevolezza che gli antifascisti si erano guadagnati nella resistenza e senza quelle solide basi organizzative che avevano consentito quarantotto anni prima ai partiti di massa di guidare il paese fuori dalle macerie. Anche adesso l'Italia è in una situazione difficile, afflitta dalla più grave crisi economica e finanziaria mai vissuta dal dopoguerra; ma le forze politiche abdicano alla direzione dell'esecutivo, affidato appunto ai tecnici.

Invano Berlusconi, rimasto senza maggioranza alle Camere, chiede elezioni immediate; a solo un anno dalle votazioni del marzo '94, nessuno dei suoi avversari, vecchi e nuovi, vuole correre il rischio di un altro confronto elettorale, tanto più che, in sei mesi di governo, il proprietario della Fininvest ha raddoppiato il suo vantaggio nel mondo della comunicazione, portando la Rai-Tv sotto il controllo di Forza Italia e di An. Sarebbe necessario accordarsi sulle regole, fissare le incompatibilità, affrontare questioni che l'ingresso in politica di Berlusconi ha per la prima volta messo in discussione; c'è da riscrivere anche la legge elettorale che, appena varata, ha scontentato un po' tutti; inoltre si avverte la necessità di una complessiva revisione della Costituzione che da anni il Parlamento cerca invano di avviare. È evidente che una seconda Repubblica può nascere solo da una generale riflessione e da un largo accordo tra tutte le forze politiche sui fondamenti del nuovo sistema. Nel 1948, il vecchio patto costituzionale era stato siglato dai liberali e dai comunisti, dai cattolici e dai socialisti, nonostante le loro profonde, inconciliabili differenze dottrinarie e ideali. Nel '95 non c'è più l'abisso delle ideologie totalizzanti a dividere i partiti; tuttavia, essi non sono in grado di costruire insieme le basi di un rinnovato edificio istituzionale.

È il segno più evidente che non è ancora terminata la difficile fase di passaggio ad un nuovo sistema politico, né si è conclusa la ricerca di identità certe per le forze politiche protagoniste del cambiamento. La società politica appare in preda a processi di composizione e scomposizione che ogni giorno spostano le tessere di un mosaico ancora troppo frammentato. La pluralità dei soggetti politici non agevola la formazione di grandi schieramenti in armonia con la legge elettorale maggioritaria, che sembra quasi una camicia di forza ai molti nostalgici della proporzionale. La presenza alle estreme di An e di Rifondazione comunista ostacola la dinamica bipolare, attivando una corsa verso il centro dove si muove un'intera galassia di piccoli partiti, ciascuno pronto ad usare con la massima spregiudicatezza il proprio potere di coalizione.

Sul finire del '95, però, nei due maggiori partiti, FI e Pds, la presa di coscienza di questa paralisi politica riporta in primo piano il problema delle riforme istituzionali, ormai non più rinviabili. Persino Berlusconi sembra adesso disponibile al dialogo con D'Alema, il segretario pidiessino che ha preso la guida del partito dopo la sconfitta elettorale del '94. I due leader, insieme ai loro alleati, potrebbero sedersi intorno a un tavolo per accordarsi finalmente sulle nuove regole del gioco. Certo, ognuno dovrà fare delle rinunce, cedere qualcosa agli avversari; ma per lo meno, alla fine, la partita politica potrà riprendere senza trasformarsi in una mischia dove tutto è permesso, anche i colpi bassi. A far fallire l'accordo prima ancora che si apra ufficialmente la trattativa, è però Fini, talmente cresciuto in forza e in autorevolezza nel giro di un solo anno da diventare un concorrente pericoloso per lo stesso cavaliere. È proprio la crescita di An che Fini vuole a tutti i costi misurare prima di passare alla fase del dialogo.

La prospettiva di riscrivere insieme alle altre forze politiche un patto sui fondamenti non dispiace in via di principio; esclusi dall'«arco costituzionale» per quasi cinquant'anni, gli ex missini hanno fatto un balzo in avanti sulla strada della piena legittimazione grazie a Berlusconi, che ha aperto loro le porte del Polo e li ha fatti entrare al governo. A sancire questa nuova collocazione sarebbe dunque importante partecipare alla stesura delle regole di una seconda Repubblica che chiuda definitivamente con le discriminazioni del passato. Tuttavia, Fini vuole compiere questo passo da una posizione di forza; nel '95 ha ancora un ruolo di comprimario nel Polo delle libertà dove nessuno mette apertamente in discussione la leadership di Berlusconi, anche se le vicende giudiziarie e i molti errori hanno reso opaco lo smalto iniziale del capo di FI. Il segretario di An sembra convinto che da una consultazione elettorale potrebbe uscire un verdetto capace di rovesciare i ruoli tra i due alleati, o, quanto meno, di renderli paritari.

Il veto di An costringe il cavaliere a fare marcia indietro sulla strada del dialogo sulle riforme. A questo punto, l'unico sbocco possibile sono le elezioni che, concesse a malincuore dal capo dello Stato, vengono fissate per la primavera del '96. Il cinquantesimo anniversario della Repubblica viene dunque a coincidere con una tornata elettorale che potrebbe segnare una tappa decisiva nella transizione in atto ormai da quattro anni. In ogni caso, la scadenza dell'aprile '96 ha un potere evocativo straordinario: esattamente mezzo secolo fa, il 2 giugno 1946, gli italiani venivano chiamati alle urne per eleggere l'Assemblea Costituente che avrebbe fissato le regole della prima Repubblica. È solo una coincidenza; ma è difficile sottrarsi alla suggestione di vivere oggi un momento di rifondazione impegnativo quanto quello di cinquant'anni fa. Certo, manca quasi del tutto la tensione morale e ideale che percorreva con forza la società civile e politica appena uscita dalla guerra e dalla resistenza. Ma un bilancio del passato, una riflessione sul lungo percorso di crescita nazionale potrebbe essere utile a chi si accinge a costruire il futuro.

Indici

Indice dei nomi

Indice del volume

i Robinson